東南亞在臺僑生的政治文化現象

—以印尼、馬來西亞、緬甸僑生為例

成秋華　著

蘭臺出版社

開啟一個新的研究議題

成秋華老師所著的這本「東南亞在臺僑生的政治文化現象」，是非常有意義的一本學術著作，因為這是過去十多年來，研究東南亞的學術界幾乎忽略的一個研究議題。東南亞地區來臺灣唸書的僑生，已有相當長一段時間，可是國內學術界對這些僑生的研究卻相當欠缺。自民國 83 年實施南向政策以來，國內學術界對東南亞的研究風起雲湧，大都專注於三個領域：(1)東南亞各國的研究（政治、經濟、社會、及人類學），(2)臺灣與東南亞的政治與經濟關係，及(3)東南亞在臺灣的外勞及外籍新娘。如今，成秋華老師突破過去的研究範疇，開啟一個新的研究議題，這種研究的開創性值得肯定。

其次，這本著作的精華就是東南亞在臺僑生的政治文化現象，作者使用本書一半的篇幅，解釋及分析本書的中心議題；作者不僅使用問卷調查法，亦使用相當具有量化的「集群分析法」，這是為配合僑生的心理特質，而採用的事後區隔法，顯示作者對於問卷調查的細心，因為作者係根據實證資料的差異，運用統計方法將受訪者分成數個群體，再由這些群體分數的高低，來判定某特定變數是否具有影響力。此外，作者亦將集群分析法結合卡方分析，如此就更能顯示東南亞在臺僑生政治文化的現象。

最後，作者在進入主題之前，在第一章及第二章對東南亞各國的背景，亦有相當深入的分析及介紹，雖然篇幅有限，但是能將東南亞國家重點式的介紹及分析，對於主題的掌握很有幫助。作者對於政治文化亦有相當程度的分析及介紹，這是比較政治的領域，作者引用多位著名學者的研究，作為本書主題的理論基礎，這點亦值得肯定。

成秋華老師任教多年，長期接觸東南亞的在臺僑生，如今出版這本有關僑生的學術著作，不僅結合其多年的教學心得，對東南亞的學術研究領域，亦激起一陣漣漪。本人非常榮幸有機會為之作序！

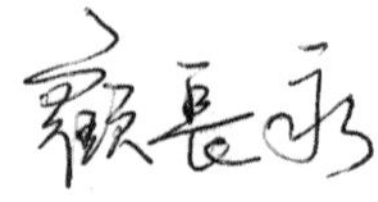

國立中山大學中山學術研究所教授
民國 97 年 3 月
高雄市西子灣

自 序

2007 年 9 月，由於民生困苦，東南亞的緬甸民衆及僧侶（身著紅色袈裟）上街頭抗爭，最後仍被專制的軍政府以武力掃除，撼動全世界，歐美各國持續以經濟制裁或公開評論的方式對緬甸政府施壓，因此，一向以「鎖國」與世界各國互動的緬甸政府也不得不與反對黨領袖對話，後續的反應有待觀察。

東南亞各國大都有被歐美國家殖民的經驗，獨立建國後的體制建立也深受影響，而且大部分的國家都有多元的種族、宗教、文化等需努力融合以建構完整的國族意識，此時，國家的政治精英扮演重要的角色。本文嘗試研究東南亞各國的政府與政治（以印尼、馬來西亞、緬甸為例），並且觀察東南亞來臺升學僑生的政治社會化模式、政治態度等現象，來說明各國「政治發展」的情形。

本文也是拙作「探討東南亞僑生的政治文化—以印尼、馬來西亞及緬甸僑生為例」之後續研究；為使兩者之結論能加以比較，故仍沿用「文獻研究法」來歸納三個國家的政府體制、國會、政黨運作及人民的參政概況，也以「行為研究途徑」，多變量統計分析方法，實證分析三個國家來臺升學僑生的政治社會化及政治態度現象;其中研究的對象由前文的「臺師大僑生先修部學生」擴大為「各公私立大學一年級僑生及臺師大僑生先修部學生」，結果是：無論在政治社會化途徑、僑生對僑居地政府政策的態度，政治社會化集群、政治態度集群等，「僑居地」都是重要變因，也就是來自不同僑居地的在臺升學僑生(是華人且具有中華民國僑委會核定之僑生身份，目前在臺求學之學生)，其政治社會化途徑、政治態度等「不具同質性」，但都是「混合型」的政治文化現象，只是混合的比例不同；而且無論是專以「臺師大僑生先修部學生」為實證對象，或以「公私立大學一年級僑生及臺師大僑生先修部學生」為實證對象，其結果大體上是一致的。

感謝匿名審查教授對本文的寶貴意見；本文匆促付梓，疏漏在所難免，尚祈各界多加指正。

目錄

圖目錄

表目錄

第一章　緒　論

一、研究背景

「中國與海外的交通關係，可遠溯漢代開始，當時因為造船科技不發達，大都以「東南亞」為範疇，漢書、梁書、晉書、隋書、唐書、新唐書等史書中的狼牙修、室利佛逝、三佛齊、單馬錫、都元、皮宗、赤土及羯荼等國名、地名都在此範圍之內；那時中國人來此，大都來來去去，很少在旅居地生根久住，」[1]直到清初鄭成功揭櫫反清復明大業、太平天國的反清運動，使平民謀食日艱，紛紛赴海外尋找機會，因此，定居長住的也愈來愈多。

目前僑居世界各地的華人[2]相當多，依據僑委會的統計（表1-1），截至民國 94 年底止，約有 3,838 萬人（不含香港、澳門）。

---

[1] 陳以令，〈轉型期中的東南亞華僑社會（上）〉，僑協雜誌，第 36 期，81 年 4 月，頁 4。

[2] 本文所指的華人是泛指具有華人血統及華人的後裔。

其中亞洲各地區華人約計有 2,944 萬人，占全球華人人口數 76.7%；以印尼約 757 萬人最多，占全球華人之五分之一；其次為泰國 705 萬人及馬來西亞 619 萬人，分占第二、三位；新加坡居亞洲第四，約有 269 萬人；其餘越南、菲律賓、緬甸估計各有百萬人。再以（表 1-2）來看，海外華人前十大排名中有七個國家是在東南亞。這些華人大都已歸化為當地國的國籍，僅有少部分的人可能還是無國籍的人士。海峽兩岸政府，稱他們為「華僑」，視他們為僑民，對他們仍負有照顧的責任及義務。

表 1-1　海外華人人口數　（民國 94 年底）（單位：千人；%）

地區別	人數	占總人數百分比	占各洲人數百分比
總計	38,381	100.0	
亞洲	29,437	76.7	100.0
印尼	7,566	19.7	25.7
泰國	7,053	18.4	24.0
馬來西亞	6,187	16.1	21.0
新加坡	2,685	7.0	9.1
越南	1,264	3.3	4.3
菲律賓	1,146	3.0	3.9
緬甸	1,101	2.9	3.7
日本	520	1.4	1.8
其他	1,914	5.0	6.5
美洲	6,970	18.2	100.0
美國	3,376	8.8	48.4
加拿大	1,612	4.2	23.1
其他	1,982	5.2	28.4

歐洲	1,022	2.7	100.0
英國	297	0.8	29.0
法國	231	0.6	22.6
荷蘭	145	0.4	14.2
其他	350	0.9	34.3
大洋洲	797	2.1	100.0
澳大利亞	615	1.6	77.1
紐西蘭	129	0.3	16.2
其他	53	0.1	6.7
非洲	155	0.4	100.0
南非	45	0.1	29.1
其他	110	0.3	70.9

資源來源：僑委會，僑務統計年報，95 年版，95 年 9 月

表 1-2 海外華人前二十大排名國家人口數（單位：千人；%）

（民國 94 年底）

排名	國家	洲別	人數
1	印尼	亞洲	7,566
2	泰國	亞洲	7,053
3	馬來西亞	亞洲	6,187
4	美國	北美洲	3,376
5	新加坡	亞洲	2,685
6	加拿大	北美洲	1,612
7	秘魯	南美洲	1,300
8	越南	亞洲	1,264
9	菲律賓	亞洲	1,146

10	緬甸	亞洲	1,101
11	俄羅斯聯邦	亞洲	998
12	澳大利亞	大洋洲	615
13	日本	亞洲	520
14	東埔寨（高棉）	亞洲	344
15	英國	歐洲	297
16	法國	歐洲	231
17	印度	亞洲	189
18	寮國	亞洲	186
19	巴西	南美洲	152
20	荷蘭	歐洲	145

資源來源：僑委會，僑務統計年報，95 年版，95 年 6 月

二次大戰後，東南亞各國用戰爭、談判或其他方式掙脫原殖民母國，紛紛獨立建國，成立政府，建立制度來統治其國內人民。由於東南亞國家大都是多種族[3]的國家，獨立之初，大部分國家因襲殖民母國的政治制度，該國之主要族群[4]成為統治者；但是由於華人移民到東南亞後在政治上與經濟上的活動較其他少數

[3] 世界各國的人民，其族群組成的背景不完全相同，有以某一種族為主要族群國家；也有多種族形成的國家；或一個主要種族加上數個少數種族組成的國家。前者又稱為「單一民族國家」，在這類國家的人民由於血統、文化、宗教……等背景相似，有較高的同質性，較不易產生衝突。後二者又稱為「複合民族國家」，人民的背景較多元或具有異質性，因此，其利益較分歧。

[4] 主要族群是指種族的人數，在全國人數中比率較高的族群。

民族來得活躍，使得東南亞國家對華人採取特定的政策，來因應華人與當地社會（族群）的互動。依據學者 V. Suryanarayan 的研究：「華人開始向東南亞國家大規模移民，源自殖民強權勢力進入東南亞時期。在一些缺乏工人或居民缺乏經濟主導權的國家，華人發揮了影響力，他們經由勞工掮客的仲介，或憑一己之力移民至東南亞國家。事實上，華人是勤勉的，且不會給當地殖民政權帶來麻煩，他們對當地政治沒有明顯的興趣，是殖民地的順民，所以當地統治者也樂見他們移民來此。不過隨著時間的推移，華人竟慢慢成了主導當地商業、工業、專業領域中的團體。到了 20 世紀，工人階級以外的律師、醫師、教師及文官等中上階級，亦移民至東南亞各國。早先第一批的工人階級移民是『候鳥（birds of passage）』，常常遷徙，不久居一地，不過後來也慢慢開始定居，與當地居民通婚情形也開始增加。」[5]

不過，這些華人常常必須受到來自母國的拉力和壓力。在開始時，主要是來自經濟方面，他們大部分賺來的錢都必須匯回中國。但隨著民族主義觀念的發酵，母國的拉力似乎變得更大。

在政治上，中國境內的革命運動，也與海華（即海外華人）有關。清末，政府頒國籍法，採取「血統主義」，即公民權是依血統，而非依居住地取得；而且在馬來亞、荷屬東印度及菲律賓都設有領事館。孫中山先生是移至檀香山的移民，在香港受高等教育。也因為這個原因，國民黨開始接受海華的資助。1911 年革命後建立的政府設立「僑委會」來專門為海外僑胞服務，從這些現象，可看出政府對海華的重視。但這些做法「卻引起東南亞國

[5] V. Suryanarayan 著，金欣潔譯，〈東南亞海外華人與海外印度人之比較〉，海華與東南亞研究，2 卷 1 期，2002 年 1 月，頁 77-78。

家殖民政權及東南亞國家內部民族主義份子的疑慮。」[6]雖然如此，海華仍在中日戰爭期間以財力支持南京政府及重慶政府。有部分海華甚至在東南亞國家繼續支持資助反日團體，並一直反抗日本佔領東南亞國家。

後來，「共產主義自中國傳播至馬來亞及新加坡，馬共向當地的華人招攬革命同志，並訓練其成為軍隊的領導人。不過馬來人及印度人卻極少加入馬共。因為在馬來人觀念裡，馬共雖有馬來亞之名，實際上卻是由少數華人操縱的政黨。這也正是為什麼，馬共無法成為一跨越族群的政黨，最後招致失敗的原因。另一方面，在第二次世界大戰後，馬共爭取權力期間，中共曾給予強力意識形態的支持。」[7]此一情況，更造成馬來亞民族主義者的疑慮，他們甚至認為「海華」其實就是中國潛在的「第五縱隊」。

雖然東南亞各國政府對華人有上述政治上的顧慮，但是各國政府都必須正視華人已存在的事實及經濟上的力量。[8]所以東南亞國家獨立之後，對華人都採取特定的政策來規範華人與當地社會（族群）的互動關係。我們以廖建裕博士的分析，來說明此種情形，他認為東南亞國家對當地的華人採取三種不同的政策。

（一）同化政策（Assimilation）:「同化」是指二個不同群體演變成一個相同群體的複合過程。印尼、泰國、菲律賓政府對華人採取此種政策。這三個國家透過教育及社會機制的控制（包括

---

[6] 同註 5。

[7] 同註 5。

[8] 東南亞的華人，是最晚移民至東南亞的族群，被東南亞各國視為「外來者」及「移民者」。在西方帝國主義統治東南亞期間，華人由於刻苦耐勞得到較多的機會與經濟活動，因而致富。

政府的作為），限制或打壓華文教育，華人若學習自己族群的文字、語言、及文化，將受到種種的困難，經過一段時間之後，華人就被當地的社會所同化。因此，在這三個國家的華人，已經不使用中文拼音式的姓名，而採用當地語言式的姓名。此外，這三個國家的華人大都不會講中文，亦不認識中文，除非他們就讀中文學校。總之同化政策就是使得華人與當地社會結合，不論從語言及教育，都使華人與當地社會一致，因此，隨著時間的經過，華人被「強迫性」或以「自由性」地融入，逐漸認同當地社會。依據 Leo Suryadinata 之研究：「這三個國家實施同化政策的過程卻有所差異；印尼最為嚴格，印尼政府在 1960 年代由於受到印尼共黨政變的影響，曾將所有的華人學校、華人報章雜誌、及華人的社團組織，全部都予以限制成立，印尼的華人要學習中文，只有靠著自己在家教育。泰國政府在 1950 年代亦曾實施『大泰族唯族主義』，打壓華人的教育及華文出版品，加速華人的同化。但是後來泰國及菲律賓的同化政策則逐漸寬鬆，華文學校、華文媒體、及華人社團組織仍然可以自由地成立。因此，華人在印尼的同化是強迫性的去認同另一個族群，Donald Horowitz 將之稱為『合併式的同化』（incorporation）；而華人在泰國及菲律賓的同化，是自由性的去演變成一個更大的族群，Donald Horowitz 將之稱為『融入式的同化』（amalgamation）。」[9]

（二）融合政策（Accommodation）：Martin and Franklin 認

[9] Leo Suryadinata, *Ethnic Chinese as Southeast Asians*, Singapore: Institue of Southeast Asia Studies, 1997, PP.11-15. 引自廖建裕著，林蘋蘋譯，〈東南亞華人：華僑？海外華人？或東南亞人？〉東南亞季刊，3 卷 1 期，1998 年，頁 20-46。

為:「融合政策，係指不同的族群藉著適當的安排彼此一起生活，但又能保有各個族群的特色及認同。」[10]馬來西亞及汶萊政府對華人採取此種政策。「融合政策」指幾個不同的族群，為了工作及生活的和諧，在各自保有自己族群的特色及認同情況之下，一起共同的生活及工作。以馬來西亞為例，其國內有馬來人、華人及印度人三大族群。儘管馬來人占總人口比例的多數，但華人亦占相當大的比例（約 28%左右）（表 1-3）。其族群融合政策是指華人學校、華文媒體，及華人的社團組織都可以成立，華人在這兩個國家可以自由合法的學習中文，華人可以保有中文的姓名，亦大都認識中文。不過，政府規定馬來文是當地的國語，在小學時即必須修習馬來語課程，因此，華人亦大都能說馬來語，與當地的馬來人溝通並無困難。

表 1-3　預估東南亞海華與海外印度人人數

國別	總人口	海外華人	海外印度人	海外華人佔該國總人口比率(%)
緬甸	43,700,000	1,700,000	330,000	3.89
泰國	58,000,000	5,800,000	20,000	10.00
馬來西亞	18,600,000	5,200,000	1,446,166	27.96
新加坡	2,800,000	2,000,000	195,100	71.43
印尼	184,300,000	7,200,000	35,000	3.91
菲律賓	64,300,000	800,000	2,516	1.24
柬埔寨	9,000,000	400,000	2,500	4.44
寮國	4,400,000	1,800,000	110	40.91

[10] Martin and Franklin, Accomodation，引自廖建裕著，前揭文章。

越南	69,000,000	800,000	1,500	1.16
汶萊	273,000	25,000	2,162	9.16
總計	454,373,000	25,725,000	2,035,054	100.0

資料來源：① V. Suryanranyan 著，金欣潔譯，〈東南亞海外華人與海外印度人之比較〉，海華與東南亞研究，2 卷 1 期，2002 年 1 月，頁 89。

②海外華人佔該國人口比率是由本研究整理。

（三）文化多元主義政策（Cultural pluralism）：所謂文化多元主義，係指注重各個族群的不同文化，並不強調同化或融合，新加坡是最典型的代表。「新加坡雖然是華人為主要的族群（華人占 71%），但由於地緣關係，地理位置處在印尼及馬來西亞兩大回教國家之間，族群及文化議題格外敏感；因此，為了維持及建立一個和諧的社會，新加坡獨立以來，即強調多元族群的特色。其政策是尊重各族群，允許各族群發展自己的教育體系，建立自己的媒體，及成立各個族群的社會團體；因此，直到如今，新加坡的三大族群都擁有自己的語言、文化、及民間團體；但是，為了各個族群的聯絡及溝通，各個族群都必須學習英文，因此，英文亦成為新加坡的官方語言。」[11]在東南亞各國中，新加坡是唯一華人占有絕大多數的國家，可是卻由於政治及社會因素，並未建立一個以華人或中文為主的國家，在世界各國的政治發展史上，這是非常特別的。

另外，越南、寮國、及柬埔寨三個社會主義國家，其對華人的政策與前述國家稍有不同。在共產黨統治這三個中南半島國家之前，這三個國家對華人大都採取融合政策，即允許華人設立學

[11] 同註 9。

校及社會團體組織。但是，當共產黨統治這三個國家（1975 年）之後，其對華人大都採取壓迫性政策，不僅沒收華人的資產，對華人的教育及社團組織，都採取嚴格的控制及禁制。因此，這三個國家對華人的政策和前述印尼大致相同，屬於強迫式的合併性同化。但是自 1990 年起，當這三個國家開始實施改革開放的政策之後，政府為了吸引臺商的投資，對華人的管制亦開始放鬆；以柬埔寨為例，現在已可設立學校、華文媒體、及華人社團組織。但是「由於過去被共產黨嚴格的控制，華人在當地的同化逐漸加深，面對屬於華人族群的特定活動（如宗親會及同鄉會等），參與的程度已經較不積極。」[12]

由上述的分析可知，華人族群與當地社會的互動，因地區不同有很大的差異。東南亞各國幾乎都是多種族的國家，而且，依據現代民主政治的觀點，「人民」是構成「國家」的四個要素（人民、領土、政府與主權）之一。現代民主國家主權屬於人民，政府應該要發揮「保護人民安全」、「促進社會多元文化發展」、「保障人民生存」等職能，並且採取各民族平等政策，以使各民族能和諧、團結地融合一起，也願意為自己的國家社會共同奮鬥。但各國政府（除新加坡外）並沒有包容、尊重多元的民族與多元文化，也沒有擬定平等的政策來引導各族群融合，因此，大部分華人在東南亞始終沒有主動地對該僑居國家產生政治及文化的認同。在 20 世紀期間，華人在東南亞大都受到歧視，甚至被迫害，這是一段血淚心酸的過程，經過一段長期的調適之後，華人在東南亞或主動或被動地逐漸落地生根，也對當地國慢慢地產生政治認同及文化認同。學者顧長永教授也認為，「在現代化及都市化

[12] 顧長永，《東南亞政治學》，臺北：巨流，2005 年，頁 37-38。

的發展趨勢下，各族群（人民）之間的互動將增加，種族的自然融合及同化將是東南亞國家的趨勢。」[13]

二、政治文化的基本意涵

政治文化研究是當代政治科學領域中的重要部分。「對於了解特定制度下的政治行為、觀察各個國家不同的政治面貌及理解歷史中一個國家特殊的發展模式，甚至對於把握文化衝擊交融之下現代國家間的關係，這一研究途徑都深具啟發意義。」[14]

在說明「政治文化」的含意之前，先概略闡釋「政治」、「政治本質」及「政治目標」等名詞。

（一）政治：

孫中山先生說：「政是眾人之事，治就是管理，管理眾人的事，便是政治。」[15]因此，政治應是以「人」為本。

另外，中山先生也說：「我們解決社會問題，一定要根據事實，不能單憑學理。」[16]這種以事實為基礎的政治原理先天上具有「實踐」的性格；因此，他又說：「能夠實行，才可說是真學理。」[17]所以，我們對政治問題的認識，政治本質的闡釋，都應該以「事實」為基礎，以「人」為根本，才能切合實際需要。

（二）政治本質：

探討政治本質的學者很多，較常被提到的有：

---

[13] 顧長永，前揭書，頁51。

[14] 王樂理，《政治文化導論》，臺北：五南，民國91年，頁1。

[15] 孫中山，《國父全集》，第一冊，中國國民黨黨史會，54年版，頁51。

[16] 孫中山，前揭書，頁139。

[17] 同註16。

(1)希臘哲人派強調：「本質」是獨立的實在之永恆而客觀的特質。

(2)亞里斯多德認為：本質基本上是一個生物學的概念。一物之本質即其目的。因為一物充分發展後成為某物，就稱之為它的本質。因此一物之本質不在它是什麼，而是它能變成什麼。所以它不是一個靜態的概念，而是一個發展的（動態的）概念。「正如在生物學上，一顆種子的本質，只能藉觀察它的成長而發現；同理在政治上，只有觀察一國的發展和趨勢，才能發現它的本質。」[18]

(3)馬基維里（Niccolo Machavelli）：強調政治就是一種權術，一種手段。只要能夠保持和提高國家職能的政治目的，則一切狡詐、殘酷、背義、非法的手段，都要在所不計的使用；另外，「斯賓諾莎認為政治的結論，就是大家要服從強有力的權威者，而權威者的權力就是他的武力，換言之，「強權即公理」（Might is right）。」[19]他們二人都重視權力，認為政治本質，基本上就是統治權的高度運用，為達政治目的，使被治者聽其驅遣，絕對服從，這是政治的必然要求。不過前者倡「君王術」，其權力運用的方式頗為廣泛；後者重強勢作為，以武力為統治者之基礎，屬於威權領導。

(4)華萊士（Crahom Wallas）：在其所著「政治中的人性」（Human nature in Politics）一書中，主張「用心理學的觀念分析

[18] A. R. M. Murray, *An Introduction to political Philosophy*，王兆荃譯，幼獅文化，4 版，民國 77 年，頁 65。

[19] 黃奏勝，《倫理與政治之整合與運作》，中央文物供應社，民國 71 年，頁 121。

政治的活動，以探究政治本質。」[20]

上面就西洋政治思想之發展，說明政治本質之要義。至於中國政治思想，以儒道法等家為其主流，其所顯示的政治本質，亦頗具特色：

「(1)儒家的德治原理：儒家以道德為政治本質。朱熹註引范氏曰：「為政以德，則不動而化，不言而信，無為而成。所守者至簡，而能馭繁；所處者至靜，而能制動；所務者至寡，而能服眾」。此德化之治，是為政之最高原理。德治之所以能化民成俗，實因儒家以「內聖外王」為其基本要求。

(2)道家的無為自化原理：道家認「無為省事而任自然」，為政治的本質所在。老子謂：「道常無為而無不為。侯王若能守之，萬物將自化」。因人人無欲知足，自然不會妄取妄求，社會紛爭亦可減少，因而可避免爾虞我詐及貪污腐化之風，政治清明亦可顯。

(3)法家的任法以治原理：法家主張「為政以法」，其基本要求則在富國強兵，以治平天下為務，故其政策以「任法」為先。因法具有客觀性與普遍性，所以對於全體的公共事務，完全任法而治，不徇人情，不講特殊，以公平為原則。」[21]

從上述中西政治思想的本質可瞭解，「儘管政治理論是分析的、描述的，但它也具有規範性以及評價上的關聯。」[22]因此，

[20] Crahom Wallas, *Human nature in politics*，引自江浩華，〈政治本質探微—中山先生哲學思想疏證〉，國立僑生大學先修班學報，第七期，頁 246。

[21] 儒家、道家、法家之政治思想參考：江浩華，前揭書，頁 247-249。

[22] J. Donald Moon，〈政治研究的邏輯〉，郭秋永譯，《政治科學大全》，幼獅文化，民國 77 年，3 版，頁 304。

政治體系、政治制度及政治活動，自然有其應達成的目標。

（三）政治目標：

⑴「柏拉圖在其『法律論』中（The Laws）指出：「法律的目的在『最高之善』。（The highest goodness）與『全體之善』。（goodness as a whole）故政治的最目的，是建築在公平正直的道德基礎上。」[23]

⑵亞里斯多德雖把政治學從倫理學中分出來，而獨立成一門學科，但認為倫理學對政治學有其深遠影響，故在其名著「政治學（Politics）中，認定「國家的積極目的在使人人都能得到最完美的善良生活，就是愉快而高尚的生活。一言以蔽之，國家是人類為了過著最好的道德生活之組合」。[24]

即使上一節馬基維里強調「君王術」的權力運用，但其目的仍是為了「保持和提高國家職能的政治目的。」並不以私害公。

所以，國家（政府）必須滿足下列的基本功能：

1.國家應保護人民的基本需求與利益；

2.「國家會給自身創造合法性，並保證社會和諧，有時必須借用武力；

3.國家會適當保護自己及經濟、社會的優勢力量，免於外來攻擊。」[25]

誠如，前面亞里斯多德所言：「在政治上，只有觀察一國的發展和趨勢，才能發現它的本質。」而且，政治有如一部機器，假定所有機件都極健全，但在某一運作上出了差錯，或產生不良

[23] 葉祖灝，〈蔣總統政治思想闡微〉，師大學報，21 期，民國 65 年，頁 10。

[24] 同註 23。

[25] 彭懷恩，《政治學新論》，臺北：風雲論壇，頁 65。

影響，致使運轉不靈，而不能有好的發展，也不能達到政治的目的，自非本質上的問題。但一個已存在的國家，其政治系統（真實系統）發展到目前為止，是否發揮了功能？未來是否有向好的方向發展的潛能，都會影響人民對該國政治的認知、信仰及態度（即政治文化）。所以探索政治發展的潛能及掌握發展的過程，才能明白一國政治的真象。

（四）政治文化：

「人類學者使用『文化』一辭，指涉人類社會中一切非自然產生的事物，包括人造實物（artifacts）、制度、觀念……等。」[26]國內外學者對「政治文化」的定義非常完整且豐富，我們可以將「政治文化」定義，歸納成三個面向：

(1)政治文化的第一個面向：對政治行為與政治評價的主觀取向。

①阿爾蒙（Almond）創造「政治文化」概念，將其涵義限於非物質的層面，即「對社會事物的心理取向」、「特別是政治取向即體系內成員對政治體系及其各部份，以及對國人在體系中的角色之態度。」[27]

②佛巴（Sidncy Verba）指出「政治文化包括對政治的實徵信仰，表意符號與價值系統所交織而成的體系，它畫定政治行為發生的背景，是政治活動的主觀取向，包括一個政治體系的最高遠的理想，以及普通一般行為規範，我們稱政治文化為體系，因為我們假定一個社會之內諸政治觀念、感情和態度，並不是偶發或雜亂無章的。相反地，它們交織而成模式，

[26] 呂亞力，《政治學》，臺北：三民，民國 82 年，頁 382。

[27] Almond, Gabriel A., *Comparative Political Systems*, *Journal of Politics*. Vol. 18,（Aug. 1956）, P.396.

並且彼此之間具有互相加強的作用。」[28]江炳倫教授認為：佛巴稱此政治觀念為原始的信仰（primitive beliefs）；在一個政治體系內，它最具深遠的影響力，是政治事件與個人反應之間最主要的連鎖。

(2)「政治文化第二個面向，是感情的取向，意指對政治對象喜好或厭惡感、忠誠或隔閡，以及自我是否願意關心。

(3)政治文化第三個面向，是以價值來評估政治事件並賦予意義，以及提供個人行動選擇的標準。」[29]江炳倫教授認為：「在政治領域內，價值往往是一些高超的倫理道德原則與私人利益的混和產物，評價與行動，則尚包括對當前特殊情境的認識界定以及個人的人格傾向和慣常作用。」[30]

另外，白魯恂（Lucian W. pye）在「政治文化與政治發展」一書中，界定政治文化為「一套態度、信仰與情感，此種態度、信仰與情感使政治過程有秩序及意義，同時為政治體系設定基本前提與規則，以規範體系中的行為。」[31]他認為，政治文化包括了政治理想與政治體系中的運作規則，因此，政治文化是指在政治上之心理方面的集體形式表現。

學者阿爾蒙與鮑威爾亦認為，「政治文化是政治體系中的成

---

[28] Pye, Lucian W., and Sidney Verba（ends）, *Political Culture and Political Development* N.J.: Princeton University Press, 1965.
引自江炳倫，《政治文化導讀》，臺北：韋伯，2003 年，頁 17。

[29] 同註 28。

[30] 同註 28。

[31] Pye, Lucian W., and S. Verba, *Political Culutre and Political Development*, Princeton: Princeton University Press, 1965, P.7-8.引自江炳倫，前揭書，頁 18。

員對政治的個人態度與取向模式。這是構成政治體系的主觀部分，成為政治行動的基礎，並賦予政治行動的意義。這種個人取向包括了幾種組成因素，包括了認知取向，即(1)關於政治現實與信仰的正確及不正確的知識；(2)情感取向，即關於政治現象的情感認同、涉入與排斥；(3)評價取向，關於政治現象之判斷與意見，這涉及到價值的問題。」[32]

Almond & Verba 依據「認知」、「情感」及「評估」三種取向的架構，建立三種政治文化的面向，依據四個對象，將政治文化分成三類（表 1-4）：

有「地方性政治文化（parochial political culture），臣屬政治文化（Subject political culture），及參與政治文化（participant political culture）。

四個對象是：一般政治體系、政治輸入（決策來源和過程）、政治輸出（政策執行和後果）和自我政治能力等。依據人民對於四個對象的認知、情感和評價的有無或高低，可將政治文化歸為上述三類。」[33]

表 1-4　政治文化的類型

政治文化的類型				
	體系為對象	輸入為對象	輸出為對象	自我政治能力
地方性的	0	0	0	0
臣屬的	1	0	1	0

[32] Almond & Powell, *Comparative Politics Today*: *A World View*, P.43.

[33] Almond & Verba, *The Civic Culture*: *Political Attitudes and Democracy in Five Nations*, N.T. Priceton University Press, 1963.引自江炳倫，前揭書。

參與的	1	1	1	1

（1表示最高頻率，0表示缺乏認知等等）

資料來源：Almond & Verba，引自江炳倫，「政治文化導讀」，臺北：韋伯，2003年，頁64。

由（表1-4）可看出，地方性的政治文化：是指在一些社會裏，「沒有專業化的角色；頭目、酋長、『道士』都扮演著政治、經濟和宗教等多重的角色，這些社會的成員對於那些角色的政治取向，未與他們的社會和宗教取向區別開來。地方的態度取向，對於由政治系統所發動的變遷，比較欠缺期望。地方對於政治系統並無任何期望。」[34]

臣屬的政治文化：在一個社會裏，「對於分化的政治系統和系統的輸出面，有高度的態度取向，但對於特殊的輸入目標和積極參與的本人的態度取向，接近於零。臣民已瞭解有專業化的政府權威；也許以它為傲或不喜歡它；它評價政府權威是合法的，或不合法的。但關係是針對整體系統、政治系統的輸出、行政或『命令由上往下』的層面；它基本上是一個被動的關係……。」[35]

參與的政治文化：若一個社會裏的「成員對整個系統、政治和行政結構及過程有明顯的態度取向：換言之，是對政治系統的輸入和輸出層面有態度取向。參與的政體內的個別成員，也許贊成或不贊成本人在政體內扮演『積極份子』的角色，雖然他們對

[34] Water A. Rosenbaum，《政治文化》，陳鴻瑜譯，臺北：桂冠，民國73年，頁70。

[35] 同註34。

於該角色的情感和評價，接受的或反對的，有很大的不同。」[36]

另外，江炳倫教授提醒我們：「上述的文化分類，並不表示一種文化面向出現，則其他的面向就被完全取代。臣屬文化並不一定要揚棄對家族、鄉土或宗教等基本團體的認同和情感；同樣地，參與文化也可以建立在地方性的和臣屬性的指向的礎石之上。我們可以說，大多數國民都同時具有這三個種類的文化指向，但其混合的情況各異其趣：有的較為偏向於地方性的，有的較為偏向於臣屬性的，有的則較為偏向於參與性的。」[37]

文化混合另一個更為重要的意義，是「每個政治體系都會包括具上述三種政治文化指向的人士，只是在比例上可能有重大的差別。有的是以一種文化模式為主，有的則是兩種或甚至三種文化都佔有相當的比重。因此，除了上述三個典型的政治文化類型之外，也有一些常見的混合型政治文化。」[38]例如：

(1)「地方性—臣屬的政治文化」—「若政治體系以專制官僚統治的手段去袪除地方性的指向，如果成功，則對以後發展參與的文化和政治輸入結構，可能也有其不良的作用。因此，在文化上，地方性指向與臣屬指向能在某種層次上平衡併存；在政治結構上，地方自治與中央權威能互相呼應，應是初步促進民主政治發軔的最佳背景。」[39]

(2)「臣屬—參與的政治文化」—「國民已有相當多人得風氣之先，對民主制度期望殷切；但另一部分人卻依然安於順民的角

---

[36] 同註 34。

[37] 江炳倫，前揭書，頁 63-69。

[38] 江炳倫，前揭書，頁 65。

[39] 同註 38。

色，甘心永遠處於被動性的境地。在歐洲近代歷史上，德國和法國都經歷過這兩種政治文化指向長期相持不下，而在結構上則出現民主與專制政府屢次互為更迭的不安局面。」[40]學者李美賢對印尼的政黨政治研究，認為「印尼的政治文化隨著政黨政治的發展，一直是存在著多元性，否定了 1990 年以來的多黨政治是「新的」政治文化。」[41]因此，在印尼隨著普選多元化的落實及中央與地方關係的改善，人民「參與的文化」已愈來愈成熟。

(3)「地方性—參與的政治文化」—「一些新興國家，原來僅是殖民政權把許多原不相屬的部落或區域拼湊在一起的行政管轄單位而已。獨立後，大多數人民對整個體系的指向並未成熟，對中央政府的權威尚持疑惑抗拒的心理，但政治作業規範卻快步邁上民主參與的大道。政治野心家最容易在這種情況下得逞，他們高舉民主參與的旗幟，但心底下並不真正關注整個國家的福祉和命運；其所汲汲追逐者，無非是一部分人或僅是一人之私利而已。」[42]

國內學者對「政治文化」的定義，則有：

(1)江炳倫教授認為：「一個社會的政治文化，乃是其歷史背景與目前處境交互盪漾的累積結果。個人經過長期的學習和耳濡目染，把當前社會上流行的主要觀念和價值慢慢內化為自己的行為和評價的準繩，便在不知不覺中成為此文化體系的一份子。」

---

[40] 江炳倫，前揭書，頁 67。

[41] 李美賢，〈解析政治文化與印尼政政治發展的（無）關連性〉，海華與東南亞研究，1 卷 1 期，90 年 1 月，頁 132。

[42] 江炳倫，前揭書，頁 68-69。

[43]

(2)顧長永教授認為：「所謂政治文化，係指經由對公共事務的學習及信仰的過程，而產生的政治認知、價值及群體互動的模式；這些抽象的政治概念會反映在實際的政治活動或公共事務的處理，而且會產生一定程度的影響。每個地區、族群及國家都有其特定的政治文化，各國政治文化有其相異之處，甚至彼此不相容；但也有相似之處，擁有相類似的政治認知。」[44]

(3)陳鴻瑜教授則認為：「1960 年代西方學者諸多政治文化的研究途徑，乃是從心理特性來研究對政治發展之影響，例如，賴特斯所說的不願接受政治責任的人格特性，班費爾德所說的與道德無關的家族主義（amoral familism），勒納所說的移情能力（empathy），阿爾蒙和弗巴所說的「公民文化」。他們使用種種不同的名稱來衡量不同的心理現象，此心理傾向可以總稱為「政治文化」。「政治文化」概念很少集中於政府、政黨、壓力團體等正式和非正式組織，或社會內觀察所及的政治行為的實際模式，而是著重於公民對政治結構和系統的信仰。這些信仰包括對政治生活狀態的認知和信仰，或對政治生活最終目的所持的價值取向對政治系統所持的態度。」[45]

綜合上述學者的政治文化定義，本研究的「政治文化」界定是：政治體系內的公民經過政治社會化後，對政治結構和系統的認知、情感、信仰及態度等。

（五）「政治社會化」的基本意涵：

---

[43] 江炳倫，前揭書，頁 16。

[44] 顧長永，前揭書，頁 55。

[45] 陳鴻瑜，《政治發展理論》，臺北：桂冠，民國 81 年，頁 71。

人非生而知之，是學而知之；個人從誕生那一刻起，便生活在社會所提供的環境中，因此，他便不斷地受到這個環境給予的刺激，周遭的人、事、物也不斷地影響他的思考、態度及行為，久而久之，個人就發展出一套適應社會的心理取向及行為模式；所以「社會化」是「一種陶冶與塑造的過程，把許多個人從「自然人」改變為「社會人」的過程。」[46]Almond & Powell 認為：「政治社會化是政治體系的成員發展對政治的價值、情感、態度、意見，使其能與政治建立關係之過程」。[47]但是，每個人的個性也會對其適應之程度與狀態產生影響，結構功能派的社會學者認為：「不成功的社會化多半是指造成許多適應不良，或具反社會傾向與行為的個案之社會化，其後果可能使社會的既定秩序產生動盪或不安」；[48]衝突學派的社會學者則認為：「不成功的社會化是造成太多個案有過份的適應，跟隨大眾的意見而失去個性的社會化，其後果是人們失去批判精神，對既定社會的缺失任其繼續存在，結果社會可能呈現僵化。」[49]伊斯頓（David Easton）也指出：「政治體系的生存與穩定，要依賴政治社會化的成功，否則；政治體系在沒有政治共識（Consensus）的情況下，容易產生裂痕而導致衝突發生。」[50]因此，一般在討論「政治文化」時，也會論及「政治社會化」。

[46] 呂亞力，前揭書，頁 368。

[47] 引自江炳倫，前揭書，頁 18。

[48] 引自呂亞力，前揭書，頁 368。

[49] 同註 48。

[50] David Easton, *An Approach to the Andlysis of Political System*，引自彭懷恩，《政治學新論》，臺北：風雲論壇，民國 92 年，頁 152。

三、研究動機與研究目的

Almond 與 Verba 認為：「穩定與強力的民主政府之發展，並不依靠政府與政治結構，而要視其國民對政治構成的取向，亦即政治文化而定：除非政治文化能夠支持政治系統；否則，政治系統成功的機會渺小。」[51]

而在本章第二節「政治文化」的定義中，Almond 特別強調：在政治體系中，成員對政治體系及各部份的心理取向及其所持的角色及態度。因此，陳文俊教授認為：「有眼光的政治家若想要建立一個穩定與強有力的政府，除力求政治制度的樹立、成文憲法的制訂以及政黨的創立，以刺激民眾參與政治之外，還要培養國民一套適合民主政治系統運作的政治態度。」[52]

但是，東南亞華人是僑居在不同政治體制的國家（例如：馬來西亞的種族霸權政體，[53]緬甸專制的軍政府體制以及政府體制

---

[51] Almond, A. Gabriel and Sidney Verba (ed.), 1963, The Civic Culture: Political Attitudes and Democracy in Five Nations Princeton: Princeton University Press.

[52] 陳文俊，臺灣地區中學生的政治態度及其形成因素：青少年的政治社會化。臺北：財團法人資教中心出版，1983，頁 1-2。

[53] 請參考，陳鴻瑜，《東南亞各國政府與政治》，頁 570-573。另外，依據宋鎮照教授之研究，在馬來西亞，蘇丹威權及父權統治的傳統政治文化以及高級文官、政治領袖有同一種族、同一階層甚至同一家族的背景」，即（傳統的聯繫關係，或政治精英「合縱連橫」的政治結盟關係），容易形成所謂的「行政國家」；學者 Ariff 也認為，「傳統的馬來王室體系，與其說是威權貴族獨裁（autocracy），倒不如名之為「寡頭統治」的政治體系（oligarchy）。其權力重心源自於上層統治階層，例如蘇丹、首相、將領等所謂的『大人物』（Orang Besar）所共同組成的，成為主要的決策者。」因此馬來西亞也有學者將之歸類為「競爭寡頭政體」。請參考 Mohamed

一直在轉變的印尼等）；他們的政治態度是什麼？另外，華人族群雖然分散在不同國家，他們也有一些共同點：

（一）華人在家中或多或少都受到儒家文化的影響。

（二）在東南亞各國，華人（除新加坡外），都不是主要族群。

（三）華人在融入各僑居國家的過程中，都曾遭受到不平等的待遇。

（四）東南亞各國獨立建國後的政治建制過程，因為「種族意識」，特別強調「主要族群」的政權，甚至與華人發生嚴重的「族群衝突」（例：印尼、馬來西亞等），這些歷史過程，是否會使華人對僑居國家產生某種「政治次文化」？

因此，東南亞華人在融入僑居國家、認同政治系統以獲取政治定向與行為模式的政治社會化過程是經過一番漫長的學習與適應經歷；他們在政治文化特色上是否會因為前述的共同點存在某些同質性？若不存在同質性，則其產生差異的原因是什麼？可否經由這些異同的歸納對其政治文化特色做適當之分類？據此，本文的研究目的是：（一）將印尼、馬來西亞、緬甸之僑生視為一個系統，探討其政治文化是否具同質性？（二）若不具同質性，造成差異的原因有那些？（三）是否可對這些不同僑居國家的僑生政治文化特色做適當的歸類？

Ariff, *The Malaysian Economy: Pacific Connection*（New York: Oxford University Press, 1991），引自宋鎮照，前揭書，頁 155。

四、研究「東南亞僑生政治文化」問題的意義

近年來，臺灣與東南亞各國互動密切，在經濟、政治、社會、文化、教育與民間非政府組織間，均有聯繫交流與互助連帶關係。本文研究東南亞僑生的政治文化，具有下列幾方面的意義：

1.在經濟方面

1990 年代以後，國際經濟有全球化及區域主義的趨勢，我國因為外交的困境無法突破，在東亞區域整合的過程中，有被「邊緣化」之慮；雖然能參加 APEC 與亞太各國有對話的機會，但 APEC 已經被視為「一個鬆散的不具有約束力的合作論壇形式」；[54]一般說來，經濟整合的層次分成：自由貿易區、關稅同盟、共同市場、經濟同盟、完全整合（表 1-5）。目前，「東亞經濟整合，主要還是處於較低的層次──自由貿易區，重心放在關稅減讓和貿易障礙的排除，尚未全面觸及到較深的層次─經濟整合的層次。」[55]

表 1-5　經濟整合層次

	貨物自由流通	共同對外關稅	人力、資金、生產要素自由流通	貨幣與經濟政策的協調	中央化的一致性經濟與金融政策	單一政府	例證
自由貿易區	○	╳	╳	╳	╳	╳	北美自由貿易區

[54] 魏燕慎，〈中國與東盟十加一自由貿易區與東亞可持續發展〉，收錄在袁鶴齡主編《亞洲地區經濟發展的契機與挑戰》，若水堂股份有限公司，2003 年，頁 83。

[55] 李隆生，〈以東協為軸心的東亞經濟整合：從區域主義到全球化？〉，亞太研究論壇第三十三期研究論文，2006 年 9 月，頁 112。

關稅同盟	○	○	×	×	×	×	歐洲經濟共同體南美南方共同市場
共同市場	○	○	○	○	×	×	歐盟
經濟同盟	○	○	○	○	○	×	歐盟（發展中）荷比盧 Benlux 經濟共同體
完全整合	○	○	○	○	○	○	東西德的統一

資料來源：陳欣之（2004）；柯春共（2005）；El-Agraa（1999：1-2）。引自李隆生，〈以東協為軸心的東亞經濟整合：從區域主義到全球化？〉，亞太研究論壇第 33 期研究論文，2006 年，頁 112。

「東亞經濟整合最終目標，是透過貿易協定和區域經濟合作，促進互動和互信，進而產生區域認同。」[56]雖然東協與日本，東協與中國，東協與南韓（洽談中）陸續簽訂達成自由貿易區的協議。但距離實際整個東亞自由貿易區形成理想，還有很多的問題要努力及克服。因為東亞經濟的整合前景，充滿了許多困難：

首先、東協與中國的產業及貿易結構較相似，互補性不足，難以達成垂直整合，而且彼此在爭取外資和出口訂單方面，競爭非常激烈；例如：「涵蓋十個東南亞國協的自由貿易區（AFTA）正想大展身手，但光是「關稅減讓」便是各有盤算，難以統合，馬來西亞堅持保護其國營汽車製造商—普羅東（Proton），菲律賓亦相同；整個東南亞地區產量最豐的農作物—稻米，則排除在關稅協議之外。」[57]

第二、「隨著東協對外開放程度日深（以對外貿易佔 GDP 的

[56] 吳玲君，〈中國與東亞區域經貿合作：區域主義與霸權主義之間的關係〉，問題與研究，44(5)，2005 年，頁 1-27。

[57] 商業週刊，〈東南亞國協各有算盤，經濟難統合〉，872 期，2004 年 8 月 9 日。

比重為例，1996 年為 64%，2004 年增加到 123%），貧富不均的現象也跟著變得更嚴重（以人均 GDP 的標準差／人均 GDP 為例，1996 年為 1.1，惡化到 2004 年的 1.6），這可能會對未來經濟整合的進程帶來調整的壓力。」[58]

第三、世界貿易組織（WTO）讓一些開發中國家恐懼已開發國家挾其工業化的優勢產品，大量生產的農產品，豐沛的國際性資金，掠奪或攻占自己國內的經濟市場和發展機會，深怕貿易自由化將自己置於「經濟殖民地」化的困境。因此，「全球各地國與國之間的自由貿易協定以及多國的自由貿易協定的「區域經濟」，成為了各個國家尋求經濟結盟的重要手段。」[59]但區域經濟合作的效果往往受到全球主義和雙邊／多邊主義的削弱。全球性機構的存在使區域組織難以扮演有用的角色，例如當某個會員國對其他會員國做出減讓時，根據普遍最惠國待遇原則，其它非會員國也可以得到同等好處；另一方面，雙邊協定、理論上較多邊協定更容易簽訂，長期而言可能造成區域協定的邊緣化。所以，「東協和東亞的區域主義發展，受到全球多邊主義很大的羈絆。」[60]

第四、美國對於東亞經濟整合的態度，「1993 年 10 月 5 日，美國國務卿克里斯多福在東協擴大外長會議上宣布：「美國現在滿懷興趣、毫無敵意地看待『東亞經濟核心會議』的發展，希望該組織對更關放的貿易制度起促進作用。」而且在同年 11 月 24

[58] 同註 55，頁 116。

[59] 謝正一，〈東協十國區域經濟與可持續發展未來—本區域社會發展條件之分析比較〉，華人經濟研究，4(1)，2006 年 3 月，頁 46。

[60] 同註 55，頁 117。

日，美國柯林頓總統也表示，他不反對成立「東亞經濟核心會議」。[61]另外，依據日本的評估：美國近年亦積極與美洲國家暨亞洲國家建立自由貿易協定，也克制發表任何反對東亞推動自由貿易的談話，顯示美國並不反對目前東亞的經濟整合。[62]

最後、20 世紀結束前，基於地球環境持續惡化的事實，聯合國已經嚴重關切對於經濟發展與環境保護的關聯。例如：全球每年減少三萬平方公里的熱帶雨林，許多物種仍然陸續消失，土地沙漠化的面積持續擴張，各國貧窮差距依然快速增加。「面對經濟發展和環境保護的難題，聯合國在 2002 年 8 月的「永續發展高峰會」，建立了共識，那就是提昇和健全「社會發展」的內涵和績效，人類才有可能享有永續發展的未來。否則經濟發展將因為環境資源管理不善而落空，經濟發展的成果，將因為社會發展的缺失而形成更嚴重的社經問題，環境保護的目的，也將因為社會發展的缺失而落空。」[63]

依據謝正一教授的研究：東協十國永續發展的總合社會發展指標，[64]得到（表 2-2）及（表 2-3）。其中，「急需改善的項目有：

---

[61] 陳鴻瑜，《東南亞國家協會之發展》，國立暨南國際大學東南亞研究中心，民國 86 年，頁 165。

[62] 日本經濟產業省，〈日本通商白皮書〉，頁 184，引自陳欣之〈東亞經濟整合對臺灣政經之影響〉，全球政治評論，第 7 期，2004 年 7 月，頁 36。

[63] 謝正一，〈東協十國區域經濟可持續發展未來—本區域發展條件之分析比較〉，華人經濟研究，4(1)，2006 年 3 月，頁 61。

[64] 依據謝正一教授之研究，聯合國在可持續發展的社會發展課題中，我們可以大致看到以下的一些重點內容和方向。

①各國內部和國際上的良好施政是可持續發展不可缺少的，在各國國內，健全的環境、社會和經濟政策，呼應人民需要的民主體制、法治、

⑴民主體制、反腐敗措施、性別平等。

⑵尊重人權與基本自由。

⑶消費和生產形態向永續發展移轉。」

而且從（表 1-6）及（表 1-7）可看出各國的經濟及社會發展有極大的落差，因此，他認為「東南亞共同體的區域經濟，將是一個鬆散的自由貿易區」而且「東協十國必須體認改善社會條件，才有可能獲得永續的發展」。[65]

表 1-6　中國與東協十國主要經濟指標：2003 年

	土地面積	人口（百萬人）	國內生產總值（億美元）	國民平均所得（美元）	經濟成長率（%）
中國大陸	960.0	1292.3	14099.0	1100.0	9.1
東協十國	449.44	540.8	7186.2	1328.8	5.0

反腐敗措施，性別平等和有利的投資環境，均為可持續發展的基礎，由於全球化之緣故，外部因素已經成為決定開發中國家及其國民努力成敗的關鍵重要因素。

②和平、安全、穩定和尊重人權與基本自由，包括進行發展的權利，是實現可持續發展和確保可持續發展使人人獲益所必不可少的。

③已開發國家和開發中國家之間的差距指明，要維持並加快全球實現可持續發展的動力，需要繼續建立具有活力和有利的國際經濟環境，這種環境支援國際合作，尤其是在全球，技術移轉、債務和貿易等領域，並支援開發中國家全面和有效參與全球決策過程。

④承認可持續發展的倫理道德之重要性，因此強調有必要考量在執行廿一世紀議程時之倫理道德。包括

1.消除貧窮

2.改變不持續消費形態和生產形態

3.保護和管理經濟和社會發展的自然資源基礎

4.在日益全球化的世界促進可持續發展

[65] 同註 63，頁 63。

印尼	192.0	219.9	2465.0	1120.9	4.5
馬來西亞	33.0	24.4	1037.0	4250.0	5.3
越南	33.1	81.4	390.0	479.1	7.2
菲律賓	29.9	80.1	818.0	968.3	4.9
新加坡	0.07	4.3	913.0	21825	1.1
泰國	51.4	62.8	1410.6	2385.6	6.8
汶萊	0.57	0.4	47.0	13396.4	5.0
緬甸	67.6	49.0	49.2	100.5	2.5
寮國	23.7	5.4	19.1	351.6	5.9
高棉	18.1	13.3	37.3	280.9	5.0

資料來源：華僑經濟年鑑2003年中華民國僑委會

中華經濟研究院東南亞投資研究資料庫

引自謝正一，〈東協十國區域經濟與可持續發展未來—本區域社發展條件之分析比較〉，頁58-59。

表1-7 東協十國綜合社會發展指標之評等

東協十國 社會發展指標	菲律賓	泰國	馬來西亞	新加坡	印尼	汶萊	越南	寮國	緬甸	高棉	總積分
1.婦女、青少年、弱勢團體、少數民族關係	B	C	C	A	C	C	B	D	D	D	52
2.與發達國家及跨國公司集團合作關係	C	B	B	AA	B	C	C	D	E	D	53
3.政府政策及實施能力	C	B	B	AA	C	B	B	E	E	E	51
4.民主體制、反腐敗措施、性別平等	C	C	C	B	C	C	C	D	E	D	44
5.國際關係	B	B	B	A	B	B	C	D	E	D	56
6.有活力和有利的國際經濟投資環境	C	B	B	A	C	C	B	D	E	D	52
7.尊重人權與基本自由	B	B	B	B	C	C	C	D	E	E	48
8.消滅貧窮與貧富差距問題	C	B	B	A	C	B	C	D	D	D	54
9.消費和生產形態向可持續發展移轉	D	C	C	A	C	B	C	D	D	D	48
10.保護自然資源基礎	C	C	C	A	D	C	D	E	E	E	38
11.氣候變化綱要公約溫室氣體排放	B	B	B	A	C	B	C	C	C	C	62
12.全球化的負面影響	C	B	B	AA	C	B	C	D	E	D	53
13.參與全球化政策和執行的程度	C	C	C	B	C	D	D	E	E	E	36

東協各個國家十三項指標積分	71	81	81	114	67	75	67	35	23	33	
評等分為5級：AA10 分 A9 分 B7 分 C5 分 D3 分 E1 分											

資料來源：同表1-6。

由上述分析可知，我們應持續的關注東亞經濟整合的進程與發展，也應深入瞭解東協十國社會發展是否可以真正改善，成功的達成區域整合，以進一步辨識我國因應的方向與策略。準此，本文藉著探討東南亞各國（以印尼、馬來西亞、緬甸為例）的政府體制、政黨、國會的運作及人民參與政治的狀況，來觀察各國的政治發展與實證僑生的治文化，應該有助於我們認識東南亞國家社會發展狀況。

2.落實政府「南向政策」的呼籲：

由於中國實施宏觀調控，臺商的投資風險提高；東協各國國內市場需求擴大且目前仍有人力成本的優勢，與國際的連結性強，無礙於產品外銷歐美的通路等因素，政府一直呼籲「南向政策」以分散臺商過度依賴中國市場之情況。「一般說來，在選擇投資地點時，若與語言、種族、宗教等有關的文化現象相似，就能縮短企業投資時的心理距離，而為了物料的配送方便、管理容易和適應氣候等問題，實質的地理距離近更是不可少的條件；東南亞各國早有不少華僑居住，可以協助在當地語言不通的臺商，再加上地理位置易於和國內的網絡保持連鎖關係，這些背景都降低了海外投資的困難度。」[66]另外，每年有大約 5,000 位（表 1-1）東南亞僑生到臺灣來接受高等教育這些僑生畢業後返回僑居地是當地臺商積極網羅的對象，因為臺商對僑生所接受的教育制度、教育系統的熟悉，可減少其在處理跨國、跨文化、人力資源管理方面的心力。因此，本文研究東南亞僑生的政治文化也有助於臺商瞭解僑生的政治理念及政治態度。

3.社會面：根據內政部的統計數字，截至 2007 年底為止，臺灣的外籍女性配偶的總人數共有 39.9 萬人，來自東南亞國家的有 13.7 萬人，大陸與港澳地區的配偶有 26.2 萬人。在 2007 年，臺灣男性之結婚對象，配偶為外籍與大陸人民者，有 24,700 對，佔全年結婚對數的 18.29%。[67]「由此趨勢來看，跨文化異國通婚的家庭正在臺灣形成中，可預期臺灣婚姻國際化的可能並不是一種暫時性或補充性的社會現象，而是長期性的婚姻趨向。」[68]

因此，教育部特別重視「外籍配偶子女教育」，委託國立暨南國際大學東南亞研究所製作「認識新原鄉—推廣東南亞文化計畫」，希望建立一套了解東南亞文化，養成多元文化觀的教學參考資料。期望本文的研究有助於瞭解東南亞各國政府、政治與僑民政治文化的傾向。

---

[66] 貿易雜誌，〈尋找東南亞發展的美好經驗〉，第 163 期，2005 年 1 月，頁 51。

[67] 依據內政部網站統計資料而來。

[68] 王宏仁〈愛他就是要關心他，國立暨南際大學專注於臺灣與東南亞關係研究〉，高教簡訊，175 期，2005 年 10 月 10 日，頁 17。

五、研究方法與研究架構

（一）「政治文化」研究的變遷

從「古希臘的柏拉圖（Plato）以來，政治理論在本質上是一種純推理性的哲學論述，甚至於政治著作都還是文學作品的一部分，例如，柏拉圖的《共和國》就是一部重要的文學典籍。迄十九世紀初，由於受了工業革命之刺激，及其所形成的資本主義社會文化氛圍之影響，政治理論在形式上有了劇烈的轉變，它擺脫了哲學方法的束縛，轉而著重對當時社會問題做實證的研究，形成了古典政治經濟學的理論，」[69]但在這個時期，政治學還不能以獨立學科的面目出現。

「一九二五年，美國芝加哥學派（Chicago School）的領導人梅里安（Charles E. Merriam），首倡政治行為研究，他對於「政治學走上科學化」理想之實現，無疑起著相當大的鼓舞作用。此一學派著重以實證主義（Positius）之精神應用到政治研究上，主張政治研究應該脫離傳統的哲學與歷史研究法，而走向科學實證之途。」[70]而後，後行為學派（post-behavioralism）則強調「傳統研究方法與行為研究應該並重，不可偏廢一方；由於受到科學方法之影響，在橫斷面的政治研究上，視野也有了突破性的開展，歐美的政治學者把注意焦點從西方政治制度之研究轉移到非西方國家政治之研究，特別是針對第二次世界大戰後從殖民地獲得獨立的亞洲、非洲和拉丁美洲的新興國家。」[71]

「從一九五〇年代開始，政治學者們利用比較方法研究發展

[69] 陳鴻瑜，《政治發展理論》，臺北：桂冠，1992，頁 1-2。
[70] 陳鴻瑜，前揭書，頁 1。
[71] 陳鴻瑜，前揭書，頁 3。

中國家的社會變遷，比較不同政治系統的運作過程或功能。他們使用現代化的理論，來解釋已發展和未發展（或低度發展）國家之間的差異，並探尋其原因。」[72]受到馬克士·韋伯（Max Weber）的傳統與現代二分法的影響，他們廣泛地使用「現代」和「傳統」等概念的用語，但這些理論對於新興發展中國家的運用，「是以某種模式來簡單地分析社會，或者認為社會可以單線地從傳統轉變到現代，這種單線目的論的現代化理論，後來都受到強烈的批評與責難。」[73]因此，一九六六年，阿爾蒙和鮑威爾（G. Bingham Powell, Jr.）合著《比較政治學—發展的研究》（*Comparative Politics: A Developmental Approach*）一書承認：「早期論著的架構只適合於特定時間內橫斷面分析政治系統，而不能探討發展模式，及解釋政治系統為何變遷和如何變遷。」[74]而在「政治文化」研究方面，Almond & Verba 在「公民文化」一書對美國、英國、西德、義大利、墨西哥等五國做量化的跨國調查資料之比較研究，使得政治文化之研究得以從過去僅憑文字上之印象，進展到可以測試之假設。一九六〇年代「政治文化」開始在政治學界被重視，根據白魯恂的看法，因為「政治文化一方面可以運用心理學的微觀分析法（micro-analysis），另方面也可運用社會學的宏觀分析法（marco-analysis），並且可以把這兩種研究途徑相連。另外，政治文化是幫助學者重新思考非西方政治體系所面臨的政治發展

---

[72] 同註 70。

[73] 陳鴻瑜，前揭書，頁 5。

[74] Almond, Gabriel A., and G. Bingham powell Jr. *Comparative politics: A Developmental Approach*, Little, Brown and Company, Inc., 1966, P.13.引自陳鴻瑜，前揭書，頁 5。

問題，他提出：『一個社會的政治文化之特質，必然深深地影響其發展的過程。』」[75]這樣的看法，指出「政治文化」與「政治發展」有其連結之處，使政治學界掀起了政治文化研究的熱潮。但是七十年代，許多學者將「政治文化」視為殘餘變項（residual variable），凡是不能用其它因素解釋的，就用政治文化來解釋，反而使政治文化喪失了其解釋力，再加上理性抉擇理論的興起，政治文化理論完全被拋在一邊，因此對於政治文化之研究曾經沉寂一時。但是到了八十年代末期，Aaron Wildavsky 在 1987 年美國政治學會的演講—"Choosing Preferences by Constructing Institution: A Cultural Theory of Preference Formation"—提出政治偏好根植於政治文化的觀點，並且主張政治文化應成為重要之研究計劃（research program）。同時，Ronald Inglehart（1988）在"The Renaissance of Political Culture"一文更進一步指出政治文化研究的復甦。因此，在這些學者（Wildavsky, 1987; Inglehart, 1988, 1990）的帶動下，政治文化研究又再度興起，成為熱門之研究領域。

儘管政治文化在比較政治領域中佔有不可磨滅的地位，但其間的爭論亦不少，「首先，對於政治文化的定義本身到採取什麼樣的研究方法已爭論不休，而採取何種方法又經常受到使用定義的影響；另外，對於政治文化的解釋力或其所扮演的角色也有相當分歧的看法。究竟政治文化只是一個背景變數，還是的確具有科學上對政治行為的解釋力呢？例如：是政治文化影響政治結構或政治變遷，還是政治因素決定一切？又或者是由政治文化決定

[75] Lucian Pye，引自彭懷恩，《比較政治學》，臺北：風雲論壇，頁 143。

經濟的發展，還是經濟的發展影響了政治文化呢？」[76]

關於「政治文化」的研究，國內學者呂亞力教授認為，「『政治文化』這一概念，已成為政治研究中常常出現的一項概念，然而，由於這一概念指涉涵蓋面甚寬廣，實徵研究者作研究時，往往藉其自認重要的核心部份，作成指標，而又由於眾多研究者認為之核心並不相同，故此一概念之正確釐定仍有困難。但是一個社會（或體系）內的成員，受到許多相同的影響—共同的歷史、語言、生活方式……其政治取向明顯地與另一社會是不同的，故政治文化概念自然是有意義的，然而，在不同社會，其政治文化的同質性也各個不同。」[77]

另外，彭懷恩教授則認為，「當代政治文化研究的各種「典範」及觀點並陳，實則反映「後現代」時期（postmodern age）的多樣性變遷方向；由於近代變遷的速度太快，使個人價值也處於高度動態變化的狀態，再加上新舊文化的分合，使當代政治文化呈現多樣化，無主流狀態的混亂，使學者不易掌握文化的現象，遑論提供解釋；基此，學者必須針對不同政治體系採用不同的理論，而不能抱殘守缺堅持一項典範，才可能對變動不居的政治社會，提出具解釋力的分析途徑。」[78]因此，英格哈特建議，「在進行比較政治研究時，不只是要描述各國政治文化的現象，希望探討這些政治文化是否能予以類型化，以從事跨國比較，同

[76] 黃秀端，〈政治文化：過去、現在與未來〉，東吳政治學報，第 8 期，1997，頁 48-49。

[77] 呂亞力，前揭書，頁 383。

[78] 彭懷恩，《比較政治學》，頁 147。

時也研究政治文化如何影響民主的進程與政治的動態面。」[79]

陳鴻瑜教授用政治文化觀點解釋政治系統的穩定與變遷時，認為「儘管價值觀念與結構變遷之關係，難以十分清楚，但就如中國人常說的『當人心思變時，動亂必起』這句話，多少可證明阿爾蒙等政治文化論者的觀點有幾分正確性。」[80]

而歐美的學者白魯恂在 1985 年出版的「亞洲的權力—權威的文化面」一書，強調「政治文化的因素仍是解釋政治體系的重要變項。」[81]

英格哈特（Ronald Inglehart）也宣稱：「公眾的信仰是政治的決定性因素。一旦文化模式建立後，就具有自主性，能夠長期影響政治及經濟事件。」[82]他進一步指出，「對政治文化影響民主的批評者是錯誤的，因為大眾的價值及態度是產生民主政體的主要決定因素。」[83]1980 年以來，學者檢討政治文化雖承認這概念的不易界定，但懷爾達（H. J. Wiarda）指出「傳統政治文化與制度已被證明具有顯而易見的壽命及長久性。」[84]

因此，本研究以衛爾道夫斯基（A. Wildavsky）對美國政治經驗研究之看法做為「政治文化」研究途徑之結論，他認為：「公

---

[79] R. Inglehart, Modernization and Post-Modernization: Culture, Economic and Social Change in 43 Societies，引自彭懷恩，前揭書，頁 158。

[80] 陳鴻瑜，前揭書，頁 47。

[81] Pye, Lucian W., *Asian Power and Politics: The Culture Dimension of Authority*, （Cambridge: Harvard University Press, 1985）.

[82] Ronald Inglehart, *Culture Shift in Advanced Industrial Society*, （Princeton: Princeton University Press, 1990）.

[83] 同註 81。

[84] H. J. Wiarda，引自彭懷恩，前揭書，頁 144。

民的政治偏好確實根植於政治文化，因此他大力提倡政治文化研究，認為透過文化組成因素的比較，可對比較政治提供有用途徑。」[85]

（二）本文研究方法

基於上一節政治文化研究變遷的結論，本文以文獻研究法歸納東南亞地區的印尼、馬來西亞及緬甸等國家政治系統之運作並以行為研究途徑，實證歸納來自這些地區僑生的政治社會化、政治信仰、政治態度的類型。

一般說來比較政治的研究途徑有制度研究途徑，行為研究途徑、系統研究途徑、體制研究途徑及國家研究途徑等。康納瓦（Mchran Kamrava）特別強調「政治是在國家機關與社會互動的過程與脈絡上被形成與實行的。」[86]因此比較不同政體的「國家社會」政治運作模式，才能瞭解各國的政治概況。晚近，一些政治學者研究拉丁美洲國家個案時，發現「國家機關在政治與社會現象中的角色，也看到國家在政治革命與國際關係領域上是重要的行動者。」[87]史卡希波（T. Skocpol）也說：「對於任何現代社會而言，國家是由一組功能分工的行政、治安及軍事組織所構成，並由一個行政權威所領導、協調；國家基於公權力運作於民間社會，也汲取民間社會的資源（例如：課稅、徵兵等）。並利用這些資源去創造、支持它的行政性及強制性機關組織。」[88]

[85] A. Widarsky，引自彭懷恩，前揭書，頁145。

[86] M. Kamrava，引自彭懷恩，《比較政治學》，臺北：風雲論壇，民國90年，頁20。

[87] 彭懷恩，《比較政治學》，頁20-21。

[88] T. Skocpol, *State and Social Revolution*，引自彭懷恩，前揭書，頁21。

總之，此派學者檢視政治體系的「制度性結構」，特別是政府權力的正當性基礎及解決內外問題的能力。

因此，本文以文獻研究方法歸納比較這三個國家的政府體制、國會、政黨及人民參與政治的運作現象以瞭解各國的政治概況；也以行為研究途徑，問卷調查來自三個東南亞國家的僑生政治社會化、政治文化及政治態度等資料，以多變量統計分析方法，進行橫斷面的實證分析。其程序是：（一）以因素分析法萃取形成政治運作現象的重要因素；（二）以這些因素做為集群分析的準則，將受訪者的政治社會化及政治態度資料做有意義的歸類（集群）；（三）將這些群別分別與人文變數、地理變數、行為變數等進行卡方分析，以便瞭解各集群（類）僑生政治社會化及政治態度的類型。以進一步釐清處在不同僑居地（不同政府體制）的僑生，其「政治文化」是否有差異？及是否有不同的特色？

（三）處理「印尼、馬來西亞、緬甸在臺僑生的政治文化」此研究問題的基本觀點與邏輯架構

本文以「東南亞僑生的政治文化」為對象系統，為深入體認「東南亞僑生」在所處環境及情境中，對於「政治文化」之內、外部相關群體（例如：政府體制、國會、政黨運作、其他種族及個人等）所產生的「互動關係」，以瞭解該對象系統（政治文化）的重要性質，因此；對東南亞國家政治運作的過去動態發展做一個連續性的回顧。因為，「歷史」是研究人的感情生命、文化信仰的延續與衝突以及社會價值的變遷等多次的連鎖反應[89]。而且「歷史」是系統在其所「經歷時間」內，所發生「運作改變」或

[89] 蔡石山，〈1911 年革命與海外華人〉，收錄在《辛亥革命與南洋華人研討會論文集》，政大國關中心，民國 75 年 9 月，頁 35。

「狀態改變」的全部經過。[90]所以，藉由觀察印尼、馬來西亞、緬甸各國其政治系統中的政府體制、國會、政黨、人民參與政治的機制等次系統在經歷的時間（二次大戰後獨立建國迄今）內所推動的運作改變以及人民的政治態度與政治行為等來探討東南亞僑生與其政府的關係；藉由「關係」的角度連結複雜的真實現象；也就是說，藉由觀察各國政治體系的次系統的「狀態改變」來瞭解這三個國家的政治系統以及研判其是否有「民主政治發展」的潛能？據此，本文處理其研究問題的基本思考邏輯架構如下：因此，本文擬定研究架構如下：

一、以文獻研究法，採討東南亞華人族群與僑居地的互動概況，以認識「東南亞」僑生所處的政治環境。

↓

二、文獻研究「政治文化」的意涵及政治文化研究的變遷，說明探討「東南亞僑生政治文化」此問題的意義，並且文獻歸納，一般學者對「東南亞國家政治文化」特性的觀察。

↓

三、研究印尼、馬來西亞及緬甸等三個國家的政府與政治系統運作的動態發展過程，並說明其與政治文化之關聯。

↓

四、東南亞僑生（印尼、馬來西亞及緬甸）政治社會化、政治態度之實證分析，並解析其形成政治社會化、政治態度群別類型之原因。

↓

五、結論

[90] 謝長宏，《系統概論》，臺北：華泰，民國 88 年，頁 126。

六、研究限制與困難

受限於時間、經費，本研究僅對臺灣師大僑生先修部學生及各大學一年級僑生進行抽樣調查與分析，並沒有對所有來臺升學之東南亞僑生進行抽樣調查，得到有效樣本數 865 份大約只佔所有來自此三個東南亞國家所有大學院校僑生的 16%，[91]因此所得到之結論，可能與所有東南亞僑生母體有差異，但問卷之內容符合信度（表 1-8）及效度[92]要求，因此，研究結果值得提出報告

[91] 由（表 3-1）及（表 3-2）的 94 學年度為例，來自印尼、馬來西亞、緬甸學生合計有（1388+686+2531）+（312+272+166）=5355 本研究共得到 865 份有效問卷，大約佔 94 學年度來自此三個地區就讀各大學院校及臺師大僑生部學生合計的 16%。

[92] 問卷的效度（Validity）係指問卷之有效程度，亦即能夠真正測得變數性質之程度。效度高低之判斷比較主觀，係以邏輯基礎之存在與否為依據，並不像信度一樣有許多量化的衡量指標。對於效度之要求，一般分為三種，即內容效度、效標相關效度、構念效度等。

⑴內容效度：

係指衡量工具的內容適切性，亦即涵蓋研究主題的程度。涵蓋程度愈高，則愈滿足內容效度之要求。以問卷為例，只要問卷內容來自於理論基礎、實證經驗、邏輯推理、專家共識等，且經過事前預試，就具有合理的內容效度。因此，內容效度之認定相當主觀，無法運用任何統計量檢定之。

⑵效標相關效度：

係指衡量結果與所欲衡量之特質間的相關程度。效標（Criterion）係指足以代表衡量特質之變數。以問卷為例，假設研究者想衡量消費者之產品強度，並發展五個題目衡量之。其中，產品強度就是效標，五個題目是衡量變數；效標與衡量變數間之相關程度愈高，則效標相關效度愈高。不幸的是，效標本身是構念，無法直接觀察，與變數間之相關也就不易計算，無法用統計方法衡量之。

⑶構念效度：

供各界參考。

但由於研究的是敏感的政治議題，本研究共發出 1211 份問卷，只得到 865 份有效問卷，因此對各別僑居地進行分析時，印尼、緬甸樣本數稍嫌不足（誤差設為 0.05 時），再加上，沒有僑居地華人政治文化的相關研究報告，供本研究在問卷設計或研究結果之比較，此乃本研究最大的困難。

表 1-8 本文問卷之信度分析

題數	標準化 Cronbach 係數（α）	信度
政治社會化 X_1-X_{10}	0.414109	中度
政治社會化 X_{11}	0.799680	高度
政治社會化 X_{12}	0.822502	高度
政治態度 A_1-A_5	0.641600	中度
政治態度 A_6	0.754372	高度

註：① Cronbach 發展出檢驗信度之準則，其中，$\alpha<0.35$，代表低信度，$0.35<\alpha<0.7$，代表中信度，$\alpha>0.7$，代表高信度。

②題數代號（X_1-X_{10}）及其他，請看問卷（附錄）

七、文獻回顧

（一）Gabriel A. Almond 和 Sidney Verba：曾對政治文化有三分法，即地方性政治文化、臣屬政治文化和公民參與政治文

係指能有效衡量某一構念的程度。構念泛指具體的特質或抽象的概念，無法直接觀察，必須間接藉由若干變數衡量。實務上，只要問卷題目之發展來自於理論基礎、實證研究、邏輯推理、專家共識等邏輯基礎，則可認為具有相當高的效度。

本文之問卷題項，皆具有理論基礎，因此，可以認為符合效度之要求。

化，這種分類多少與社會發展的層次有關，但江炳倫教授認為，「基本上這個類型並不是描述發展中社會文化特徵的最好工具。因為所有國家政治文化的類型來看，都是混合的，而我們很難確定那一種混合狀況最是符合政治發展的標準。」[93]後來，阿爾蒙和佛巴僅到出一個變項——文化的世俗化（secularization），作為政治文化發展的指標。「所謂世俗化，是指人們對週遭世界的看法和反應，具有理性、分析和實證的精神。人們研判每件事物的因果關係，並相信人具有改造環境的能力，這種態度與信心，與現代科學、工業發展、教育和大眾傳播系統的發展有密切相關。」[94]此時，政治文化可分成已世俗化、非世俗化及兩者之間形態三大類。

（二）派深思也用模式變項（pattern variables）來區分傳統和現代社會，其模式變項包括結構及文化主觀（特殊主義及普遍主義、身分標準及成就標準、感情作用及感情中立等）二個面向。

江炳倫教授認為，「無論是世俗化也好，派深思的模式變項也好，都應當視為連續體（continua）看待，即從傳統到現代兩個極端之間可以不斷地畫分為無數段；想像中，過渡中或發展中社會的政治文化，應該是居於這些變項的中間型態；其實並不然，發展中國家無論是在社會方面，在政治行政方面，或是在文化方面，皆具有某些特殊的徵象，不是從傳統和現代政治文化中擷取一些特徵並加以混合就可加以描繪的。其所以如此，是因為它們大多數在最近的過去一段期間，都曾經受過西方的文化和科

---

[93] 江炳倫，《政治文化導讀》，臺北：韋伯，民國2003年，頁123。

[94] Almond, Gabriel A., and Sidney Verba, *The Civic Culture*. Princeton, N. J.:Princeton University Press, 1963, PP.17-20.

技的猛烈侵襲。在固有文化與外來文化互相激盪之下，許多社會體系喪失了原有的平衡力，並陷於如何從傳統的灰燼中重建具有活力且能適應現代世界環境需要的新文化的困境中。」[95]

（三）白魯洵（Lucian W. Pye）在討論發展中國家的認同和合法性危機時，指出它們的政治文化大致有四個特色：「(1)人們對政治的潛能和界線缺乏共識，各種紛雜的社會化過程在世代間和階級之間造成嚴重的裂縫；(2)對傳統的價值和觀念應扮演什麼樣的角色，亦無一致的看法；(3)過分重視意識形態和文字語言的神奇力量，理想與現實脫節；(4)不知如何運用現有的政治角色和權力來從事國家建設工作，權威制度化的程度偏低。」[96]

（四）學者江炳倫教授認為，發展中的社會，其政治文化所呈現的特徵，幾乎都與因受外來勢力和現代科技文明的衝擊有關。所以不論各國原來的文化傳統特色為何，都會呈現許多相似和可以比較的地方。他歸納出下列幾項發展中國家政治文化的特色：

「1.對傳統和現代化如何取捨的矛盾心理

非西方社會與西方國家開始接觸之後，無論是否曾經淪為殖民地，都不得不承認後者科技和經濟勢力的優越。但是為著維護民族的自尊心和認同感，這些社會的領導人，均倡言西方的優越僅屬於物質文明方面，惟有自己的社會才擁有真正高尚的精神文化。西方的物質文明，不妨擇優仿傚，但它必須有助於本國民族

[95] 江炳倫，前揭書，頁 124。

[96] Pye, Lucian W., *Identity and the Political Culture*, in Leonard Binder *et al.*, *Crises and Sequences in Political Development*. New Jersey: Princeton University Press, 1971, PP.106-110.

文化的發揚光大。

2.普遍的文化異質性

在現代工業社會，由於溝通網路的發達以及人們接觸的頻繁，所以大多也已達同質型的文化；它們多是趨向於世俗化的、人文主義的類型。然而過渡中社會的文化，由於區域間的差異、西化教育造成文化歧異所形成的社會化不連續現象、新一代及上一代對事物看法不一所產生的「代溝」外，另外，一般知識分子，對許多有關政治和道德倫理的基本問題，如何建立和行使合法性的權威，如何解決各個政治發展危機等，常有南轅北轍的看法。

3.高度的形式主義

在發展中國家，文化模式與行為模式之間往往呈現很大的差距。造成這個現象的主要原因，可以從「文化超前」的角度加以分析。「文化超前」（culture lead）是指：思想觀念先發生變化，但實際行為模式卻不能與之相配合。在變動力大部分來自體系之外的今日新興國家最容易看到。這些社會的領導階層和知識分子，有時候可能是站在世界思想潮流的尖端，並且以此自我炫耀，但其實際行為模式往往與思想相差有很大的距離。「文化超前」的結果，是形式主義（formalism）的氾濫。從表面上看，新興國家的許多章法制度，都是相當現代化的；人民在口頭上或甚至在抽象的理念上，也多贊同現代化的原則，或企圖達到現代化的標準，但是在實際的、具體的行動方面，所表現的卻往往與此相反。

4.濃厚的理念色彩

理念型政治文化所以盛行，一方面是因為許多傳統文化本來就甚為專制武斷，不容許理性的辯證和容忍禮讓的態度有所發展的機會；一方面是由於殖民地生活和現代化經驗所引起的徬徨感和挫折感在作祟。在異質型的文化，價值和規範都甚分歧和不確定，體系又久缺健全的制度可以匯集協調各主要團體的利益和意見。因此，政治精英只有搬出較抽象的、原則性的和廣泛的某種理念，以暫時紓解他們所面臨的嚴重的認同和合法性危機。

5.儀式化

在發展中國家，政治場合的繁文褥節，往往已達到足以干擾正常行政工作推行的地步。甚至許多人認為只要把適當的儀式做好，在文字或口頭上懂得使用適當的辭句，做官的就能夠步步高陞。某些傳統的儀式，在人民大眾的心目中，已不再具有任何意義，但是由於習慣惰性使然，大家依然舉行如昔。這種對已失去原來意義或被利用來達到另一種目的的儀式的留戀，可以叫做儀式主義（ritualism）。」[97]

（五）顧長永教授就東南亞國家的政治發展，歸納出東南亞地區有六項政治文化的特質，這些特質對東南亞國家的政治活動及政治發展，都具有相當大的影響：

「1.恩從關係（Patron-Client Relationship）：所謂恩從關係是指政治體系中領導者與被領導者的一種施恩保護與跟從被保護的關係；藉著這種關係，領導者（或上位者）提供政治的保護、支持及提拔，而被領導者（或下位者）則提供忠貞、服務及勞力。這種恩從關係是一種特定的上與下的互動關係，係指以特定領導人為中心，所建立的垂直性的人際關係網絡（路）。這種恩從關係的網路可以圖 1-1 表示之。恩從關係所建立的人際關係，大都對政治發展負面的影響，因為恩從關係經常破壞既有的政治體

[97] 參考江炳倫，前揭書，頁 125-133。

制，甚至造成貪污腐化。」[98]

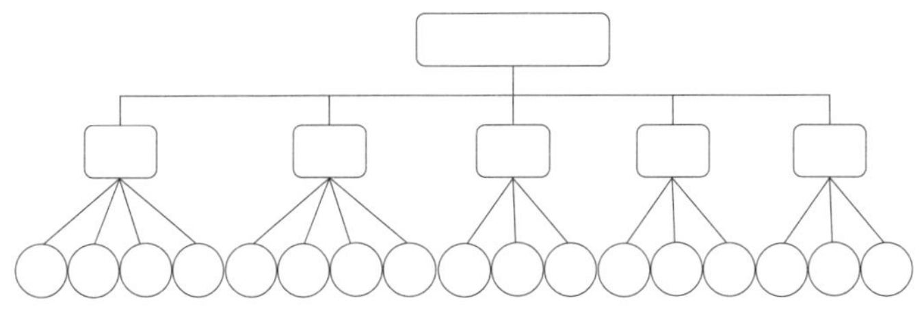

圖 1-1 恩從關係網絡

資料來源：顧長永，「東南亞政治學」，頁 59。

2.貪污（Corruption）

除了新加坡和馬來西亞之外，所有東南亞國家依舊在國際反貪污監督機構「國際透明組織」（Transparency International）編纂的「清廉印象指數」（Corruption Perceptions Index）中，排名敬陪末座。在一百三十二個排比的國家中，越南排名一百，印尼排名一百二十二，緬甸更慘居一百二十九名。」[99]以印尼為例，在蘇哈托統治印尼的期間，其個人及其家族成員所累積的財富及企業，已經達到天文數字，無從予以精確的估算。蘇哈托身為國家領導人，可以不當的獲取利益，印尼其他的公務人員，就上行下效，因而形成一種普遍的現象。「雖然自 1967 年以來，源自印尼社會的反貪污聲音並沒有停歇過。但是在新秩序時期，這股反貪污的力量並不大，這最主要是因為蘇哈托當局的箝制之下，這些力量並無法聚集，也無法持續，自然也不可能迫使蘇哈托進行改

[98] 參考顧長永，《東南亞政治學》，臺北：巨流，頁 59。

[99] 商業週刊，〈官官相護助長東南貪污風〉，849 期，2004 年 3 月 1 日，頁 108。

革。不過，自 1990 年代中期以後，這種現象已逐漸改善。在後蘇哈托時期，隨著反貪污組織的成立，源自社會的反貪污力量似乎獲得凝聚。它們經常發布新聞稿，也具備調查與蒐證的能力，在許多重大的貪污案件的發展上，它們的觀點已逐漸成為印尼人民參考的主要依據。他們的活動對印尼政府產生壓力，進而具備了監督政府施政的功能。」[100]

3.尊卑關係

「在東南亞各國及東方文化，尊卑關係相當普遍的，幾乎每個國家都有這種政治文化。所謂「尊者」包括較大年紀者、輩分較高者、地位較高者；而卑者，則包括輩分低者、地位較低者。當卑者與尊者在一起時，卑者對尊者就會很自然的表現禮貌、順從、及謙恭的態度，而尊者就會表現出照顧及包容之情。當談論事情及議題時，卑者較少發言，大都尊敬尊者的意見；當雙方意見相左時，卑者大都捐棄自己的意見，而接納尊者的看法。這種尊卑關係其實就是一種服從權威的表現，在東南亞各國相當普遍。

4.種族意識

所謂種族（族群）意識，係指在政治發展過程中，認知到各個不同種族或族群存在的事實，而且在政策制定的過程中，考量種族及族群因素的現象。

東南亞國家大都是多種族的國家，每個國家不僅擁有一個主要的種族或族群，而且還擁有許多少數族群。這些不同族群的文化、生活方式、宗教信仰不同，有些甚至連語言都不同。當然，

[100] 謝尚伯，〈貪污研究與印尼的反貪污運動〉，臺灣東南亞學刊，3 卷 2 期，2006 年，頁 96-97。

不同的族群亦擁有不同的政治意識，他們的政治利益亦會有所不同。在西方帝國主義殖民時期，族群之間的衝突並不明顯，主要原因是帝國主義擁有優勢的政治統治力量，有時又對各族群實施「分而治之」(divide and rule)的政策，各族群難以抗衡。可是，當東南亞國家在二次大戰後，各自建立自己的主權國家，族群意識開始抬頭；因此，各個族群之間，開始發生政治利益及經濟利益的競爭及衝突。東南亞各國的領導菁英分子，在建國的過程中，大都注意到其國內的種族問題及族群意識，因為這攸關其國內政治的穩定及經濟的發展。因此，族群意識不僅是東南亞國家一個重要的政治文化，對各國的發展亦有重大的影響。

5.宗教信仰

東南亞國家有三大宗教：一為回教，二為佛教，三為天主教。這三大宗教都產生非常濃厚的宗教文化，在信仰這三個宗教的國家及地區，其人民的政治活動、生活方式、及社會互動，都深深受到這三個宗教的影響。因此，在這些國家，宗教不僅包含信仰的出世層次，亦影響到社會文化的入世層次。在回教地區的印尼、汶萊、馬來西亞、及菲律賓南部的岷答那島都具有很強的回教認同，政治學者 Muthiah Alagappa 甚至認為回教是政治統治合法性的一項重要因素。

6.發展意識

所謂發展意識，這是指一個向上及追求進步的意願，這個意願是廣為社會大眾（包括政府及人民）所接受；此外，這個意願的展現是結合各方的努力，同時願意共同克服所面臨的困難，以追求社會大眾最大的利益。東南亞國家大都是以農立國，人民多數居住於鄉村地區，較少與外界接觸，其思考模式及生活方式具有相當高的穩定性。可是，發展意識卻鼓勵追求新的及更好的目標，其過程是動態的，隨時都需要面對新的挑戰，甚至包括過去所沒有的經驗。就政治而言，東南亞國家自從獨立之後，即由於初期的不穩定，當政者利用高壓的手段以控制政權，這對政治的穩定具有一定的作用，但是人民的民主與自由卻因此而受到箝制。可是，全球第三波的民主化運動展開後，東南亞國家也受到影響而開始推動民主化的運動。各國人民努力追求公正、自由及平等的政治權利，及受到公正法律對待的司法權利。」[101]

（六）彭懷恩教授認為，「戰後獨立的新興國家，大多是原先的殖民地，殖民政府往往為統治方便，用人為的方法（經緯度）來劃分統治區域。戰後，這些不同殖民區域紛紛獨立，形成許多新的國家，但內部卻存在不同的部落、語言、民族團體，造成嚴重的政治問題。除此之外，發展中國家的偏狹政治文化，因為人民對政治毫不關心，使政治淪為少數政客、軍人等野心人士的逐鹿地盤，千萬人民成為政治鬥爭的芻狗。撰寫《比較政府》的著名學者費納（S. Finer）就指出，沒有現代化的政治文化，加上內憂外患的環境下，軍人統治就成為開發中國家普遍存在的現象。」[102]

（四）張錫鎮教授研究緬甸及印尼的政治文化，認為：

「1.在緬甸的政治文化中，對政策影響最直接的有三方面：

(1)在宗教和道德規範下，人的社會地方關係有等級制；緬甸有著八百多年的封建專制傳統，同時又是佛教占統治地位的社會。長期的封建宗教統治形成了一整套倫理道德規範。這些道德規範規定了人們一定的社會地位和相互關係，以及他們在道德上

[101] 同註 95，頁 66-90。

[102] 參考彭懷恩，《政治學新論》，臺北：風雲論壇，民國 93 年，頁 174-175。

應盡的職責和義務。

⑵懼怕權威和宿命論

就政治權力和政治地位來說，只分成兩個等級，即官吏和百姓。在漫長的君主時代，官吏就是壓迫奴役的代名詞。他們的共同職能就是欺壓百姓，他們自己則官官相護。處在官吏階層對立面的則是百姓。他們承受著來自官吏的重重壓迫、剝削和奴役。

懼怕權威和權力主要是由於害怕官吏的報復。人們公開反對地方官吏的橫徵暴斂和為非做歹，或者向更高一級官吏控訴之前，他們首先遭到的是地方官吏更加殘酷的打擊和迫害。緬甸語中有這樣一種說法：「近處的劍比遠處的劍更鋒利。」而且緬甸官吏階層的依附庇護關係和官官相護。他們認為任何向權威的挑戰都是徒勞無益的。所以，人們不得不接受殘酷的現實，聽天由命地任權力和權威蹂躪。

⑶唯上和逢迎的行為準則

緬人當然不甘心處於被奴役的地位。因此，為了能夠求得生存和安全的途徑便是逢迎官吏，取悅上司，對官吏和上司唯命是從，從他們那裡獲得庇護。」[103]

2.印尼的政治文化

印尼有一萬三千六百六十七個大小島嶼，三百多個不同的種族群，使用著五十多種語言。這種地理環境和種族狀況使這個國家在文化上的多元性。外來文化的傳播和影響又使情況更加複雜。

「印尼有三大傳統文化：⑴「阿班甘」（又譯「紅派穆斯林」，爪哇名義上的穆斯林⑵「聖特里」（虔誠的穆斯林）和⑶「普里

[103]張錫鎮，《東南亞政府與政治》，臺北：五南，2000年，頁243-248。

亞伊」(Priyayi，貴族官僚。)它們分別代表了不同的宗教信仰和價值觀。由於印尼社會文化的多樣性決定了它的政治勢力的多元性。目前印尼的政治權力結構就是以這種文化結構為基礎的。三大政治勢力分別具有鮮明的文化色彩。由官僚統治集團控制的專業集團可看作是普里亞伊文化的代表，建設統一黨代表著聖特里文化，而民族黨是阿班甘的代表。

這種文化多樣性所導致的政治多元化的現實就是造成印尼長期社會矛盾、分裂和衝突的主要根源，而最突出的矛盾就是伊斯蘭化和非伊斯蘭化兩大趨勢的對抗。然而社會的發展和國家的安全又要求包括各種族在內的全民族的統一和團結。這就構成了印尼社會處在矛盾中的現實：多元而統一，排斥而聚合。潘查希拉正是為適應這個矛盾社會的需要而誕生的。它之所以有如此強大的生命力，就在於它包含了印尼社會矛盾的兩個方面。一是承認和保護印尼社會政治文化、政治勢力的多樣性。二是它又強調了各種政治文化和政治勢力的統一性。」[104]

---

[104] 依據學者張錫鎮教授之研究，形成這三大傳統文化的原因及特點是：

(一)「阿班甘」文化的主要代表者是爪哇內陸的農民。他們的社會經濟背景是農村和農業。他們受到印度教、伊斯蘭教文化的影響，但由於他們處於遙遠閉塞的鄉村，這些外來文化的影響並不深。他們仍然保留著固有的泛靈論信仰和其他混合信仰，同時他們也吸收了印度教和伊斯蘭教甚至西方文化。阿班甘文化的主要特點是，第一，在宗教信仰上，最大限度的包容性和最小程度的排他性，能使各種信仰的人平等相處；第二，比較注重宗教儀式，而忽視宗教教義；第三，以家庭為宗教活動基層單位。雖然具有這種文化特性的人也自稱為穆斯林，但往往被稱作「名義上」的穆斯林。

(二)「聖特里」文化類型的主要代表者是爪哇沿海的商人。他們的社會經濟背景是市場和商業。他們受到外來文化，特別是伊斯蘭文化影響的時間最長，衝擊最直接。這些人基本上失去了本地宗教文化傳統，完全伊斯蘭化了。聖特里宗教文化的主要特點是，第一，在宗教信仰方面，有較強的排他性，比較強調伊斯蘭教的純潔性。這主要表現在嚴格的伊斯蘭儀式上，如每天五次祈禱，星期五清真寺的禮拜，一個月的齋戒，背誦古蘭經，如果可能，還到麥加朝聖。第二，宗教活動的基層單位不是家庭而是一個宗教社區的清真寺。具有這類宗教文化特性的人往往被稱作正統的穆斯林。這些人的伊斯蘭教權主義觀念極強，比較強調伊斯蘭的統治地位。聖特里文化還分出兩個支系，一是保守派，他們既忠於正統的伊斯蘭教義和信仰，也願意對本地習慣作某些讓步，但他們不願把現代化問題與伊斯蘭教相聯繫。二是改革派（或稱現代派），他們力求使伊斯蘭教更加純潔化，主張伊斯蘭教為現代化服務。

（三）「普里亞伊」文化帶有印度文化的痕跡。它的主要代表者是爪哇政治統治階層，獨立以前，主要是世襲的王公貴族階層；獨立後，則是官僚統治階層。他們的社會背景主要是城市的社會經濟集團。這種文化的特點，第一，宗教色彩和意識比較淡薄。主要表現形式是傳統的宮廷文化形式，包括一整套舞蹈、戲劇、音樂、詩歌以及各種爪哇神秘主義哲學。第二，比較注意政治地位和社會等級。第三，在宗教上的傾向不夠穩定，介乎阿班甘和聖特里之間。作為這類文化的載體，官僚統治階層也不是一個一成不變的社會文化集團。它往往由於來自阿班甘和聖特里兩大背景的成員的加入而在宗教文化上變得更加複雜。但由於當代印尼政治統治集團成員多來自軍隊，而軍隊成員又多具有阿班甘的文化背景，因而，它與有聖特里文化背景的社會集團保持著較大的距離。

另外，在印尼獨立初期，對於國體爭議的矛盾非常激烈，正統的穆斯林主張以伊斯蘭教作為國家的立國之本。民族主義者和非穆斯林則堅持反對正統穆斯林的要求，主張宗教信仰自由。「潘查希拉」的誕生是鬥爭雙方相互妥協的結果。潘查希拉的內容是：⑴神道主義；⑵人道主義；⑶民族主義；⑷民主主義；⑸社會公正。同時再憲法的其他條款中也照顧了雙方的利益，一方面規定國家以信仰神道為基礎，另一方面國家保證每個人的宗教信仰自由。依據學者蔡維民的研究，印尼華人是支持新秩序下潘查希拉國家的，因為這使他們的經濟利益和信仰得到了保障。華另外，本文的研究對象是東南亞地區的華人政治文化，因此，中國的政治文化也是我們認識東南亞華人政治文化可以參考的重點，彭懷恩教授根據國內外學者對中國政治文化的研究，歸納中國政治文化特徵有下列幾點：

「（一）權威政治文化：

在帝制時代，居高位者都是藉著自我合理化的手段行使權力。對於那些能夠堅持當道意識型態的人，他們予以高官厚祿。官員則始終認為，從傳統的意識型態中可以找到解決任何問題的答案，而儒家學說就長期扮演了這麼一個合理化工具的角色。中國文化都要求官員自律自清，希望他們能夠道德和智慧兼備，並且為全民福利著想。兩者也都對意識型態抱著「定於一」的觀念。

就整體政治文化觀之，中國政治體系的治亂循環的關鍵是權

裔的宗教在印尼就受到潘查希拉的保障，一所印尼華裔佛學院的領導特別強調，潘希拉作為國家的立國之本，保障了他們的信仰並使他們的信仰合法化。在另一方面，潘查希拉所帶來印尼的世俗政治和新秩序下的社會穩定，軍隊有效的阻止了反華暴力；基督教團體也依賴於潘查希拉原則，而且在此原則下，非常關注印尼如何維持世俗政治。基督教會團體認為教會處在兩難的困境中，一方面他們要努力使自己成為印尼的一部分，儘管他們在印尼是少數派；另一方面，他們還要努力為印尼的民主和社會公正而鬥爭。他們認為潘查希拉原則應該是印尼國家的組成部分。相對於其他宗教，伊斯蘭的保守派對於潘查希拉就相當不滿，在敬虔的穆斯林眼中，潘查希拉簡直是反對伊斯蘭團體的一種工具。達盧爾伊斯蘭在西爪哇發動的反政府軍事武裝起義基本上就是要推翻潘查希拉國家，要求建立伊斯蘭國家。軍方一直都是支持憲法的，一方面軍方將領有不少人是非伊斯蘭教徒，所以軍方也不直以保衛潘查希拉國家為己任。也因此軍方這也使得印尼軍方和伊斯蘭基本教義派團體係一直相當緊張。

威。若是執政階層的正當性不被置疑，則政治秩序將可維持，否則出現了權威危機。近代中國的變動主要原因也是因為西方文化的影響，傳統君主專制的權威型態瓦解，但新一代的領導人並未真正將國家導入「理性——法制」（rational-legal）的權威，於是政治體系始終未能建立民主法治的權威觀念。

（二）面子文化：

從社會學的觀點，中國人的「面子工夫」，其實是一種「印象管理」（impression management），是個人為了讓別人對自己產生好印象而故意做給別人看的行為。學者黃光國就以此來觀察中國人權力遊戲，他一針見血的指出：『由於面子不僅牽涉到個人在其關係網中的地位高低，而且涉及到他被別人接受的可能性，以及他可能享受到的特殊權利。』

（三）關係政治：

誠如艾波特（Kenneth Abbot）所分析：「中國文化最顯著的特徵就是強調社會和諧與人際關係。」為了要達到價值的權威性分配，中國政治文化中的「拉關係」就成為非常重要的工作。加博（Bruce J. Jocobs）歸納，中國政治文化中的關係基礎包括幾方面：1.地緣；2.血緣；3.同事；4.同學；5.結拜兄弟；6.姓氏；7.師生關係。」[105]

另外，值得參考的是，葛永光教授分析儒家文化對東亞地區人民的影響，認為，在東亞國家中，中國大陸、臺灣、香港、新加坡、日本、韓國、越南、及有大量華人居住的泰國、馬來西亞、印尼、菲律賓等，都多少受到中國文化中的儒家文化的影響。因此，儒家的文化、價值觀廣泛地影響此區域人民的行為與態度。

---

[105] 參考彭懷恩，前揭書，頁 177-179。

而儒家文化的內涵可分三方面來探討：

「1.倫理價值層次

如 Arthus Jones 所說的，儒家價值是教導人民要，『忠於權威、忠於家庭、尊敬長者、和勤勉』。又如 Herrlee Creel 所說的，儒家強調教育，堅持每一個人都應有機會根據其能力和品格向上提升。

2.權力的層次

儒家文化強調家庭的重要性，也強調尊重權威的必要。因此，所有的權力與權威都以一種上下階層體制呈現，政府的權威就如同家庭結構一般，統治者就如同家庭中的家長般，具有無上的權威。政府最終的價值，就如同家庭一般，是要在成員間維持穩定、和諧的關係，並照顧成員的福利。由於儒家文化尊重權威，這使得儒家社會的領導較易有秩序的運作。政府的權威受到尊重，也使得「國家領導發展」的模式得以推行。

3.制度的層次

儒家最重要的制度就是家庭制度。儒家的家庭制度基本上是一種父權制度，父親在家中有無上的權威。在此一家庭結構中，孝道是家庭得以維繫的核心。家庭中有一非常清楚的權威結構，講求父尊子卑、兄友弟恭。」[106]

---

[106] 參考葛永光，〈新興國家與政治發展：東亞經驗分析〉，收錄在李炳南主編《政治學與現代社會》，中央大學出版，2005 年 9 月，頁 352-354。

第二章　印尼、馬來西亞、緬甸的政府與政治

一、前言

近幾十年來，由於政治科學的趨勢強調心理學洞察內心的方法，而使政治分析的單元趨向於單個行為或單獨決策，但白魯恂提醒我們，它出現了一種危險，即在發掘公眾行動背後的人性基礎時，大家好像都忽略了一個同樣重要的現實就是政治共同體是一個能動的、集體的存在。也就是說，整個政治系統是由個體組成，但個人的政治行為受到有權力的人（或政府）所擬定的制度、政策影響。而有權力的政府在擬定制度，政策也受到個人（人民）政治態度，政治行為的影響。下面的當比柏爾金的圖（圖 2-1），它可以表達政治文化、政治行為和政治制度的複雜關係。由這個圖，我們可以看出：一個國家（民族）的宗教、語言、歷史或生活經驗等文化是政治文化的來源，也會形成政治文化的特徵，進

而影響公共政策的制定、執行等輸出面，當個人接收到這樣的輸出，會影響其個人的政治行為。

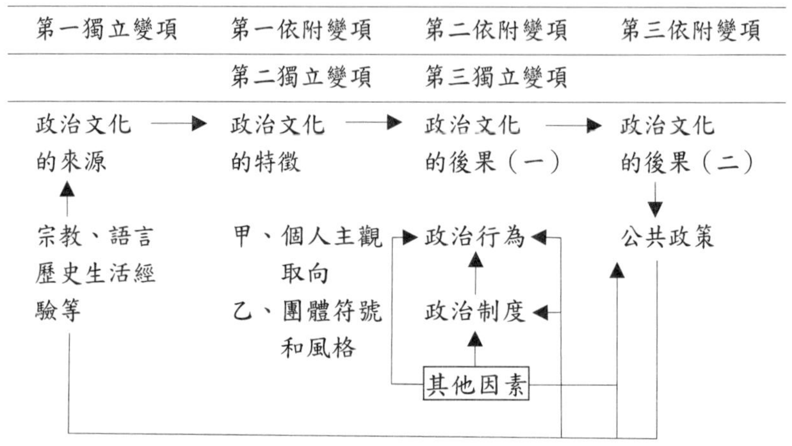

圖 2-1 政治文化、政治行為和政治制度關係圖

資料來源：當比柏爾金 原著，引自江炳倫，「政治文化導讀」，臺北：韋伯，2003 年，頁 41

因此，研究某一個國家的政治發展，可以從該國的政治文化及政治制度著手。白魯恂認為，政治文化可以把宏觀分析和微觀分析兩種方法集中到一個共同的焦點上，即把研究整個系統以及構成系統的人的行為與動態結合起來。例如，為了釐清政治文化的來源，有必要探討系統這個整體的歷史發展，也要了解當前呈現這種政治文化的個人的生平經歷。運用歷史方法，我們可以追溯各種機構以及價值模式的演變過程，這些構成當前政治文化的主體。「觀察政治社會化模式，認識個人接受政治文化的方式，我們可以發現這些機構和個人的生活有非常密切的關係。掌握個

人的社會化過程和公共機構的運行情況之間的聯繫，將大有助於我們認識政治系統延續和變化的動態情況。」[1]

準此，本章先探討印尼、馬來西亞、緬甸各國政治系統的結構及其演進的過程，下一章再實證分析此三個國家僑生的政治文化、政治社會化模式及政治態度傾向。

而依據「系統理論」，探究、分析一個系統，首先要瞭解的是系統的結構，及系統的程序（process）。

（一）系統的結構，是指一個實體系統在某一指定（或給定）時間裏，其各次系統，在三度空間中的安排或配置狀況。也就是指在三度空間中，各次系統所佔有的位置（location）、所佔有的空間範圍（即在空間上的規模大小）、以及所佔有位置相互關係等。

對於系統結構的觀察或描述，其核心固然是結構本身的實際狀況是怎樣，但要詮釋或瞭解所觀察到的結構的意義，則必須要有「結構改變」的概念或認識。因為，從結構的改變上，一方面反映了系統在「時間之河」的經歷狀況，另方面則顯示出，系統所具有的重要特性，像是那些特色是會因時間而改變，以及那些特性是不會因時間而改變。系統的結構改變，與其次系統性質的改變，兩者間有著極為密切的關係。有時是，因為次系統性質的改變，而造成系統結構的改變；有時則是，因系統結構的改變，而造成次系統性質的改變。

「討論及強調系統的結構，除因為結構反映了系統整體構造的輪廓外，最主要的是，因為結構隱含著『穩定性』及『少變性』。」

[1] Pye, Lucian W.，引自王樂理，《政治文化導論》，臺北：五南，頁 91-92。

[2]

事實上，也由於結構所具備的「穩定性」及「少變性」。才能將對結構所作的觀察與認識，當作探究、分析系統行為的基礎。「因為系統組成因子的性質能決定系統結構的穩定性，從而決定系統結構的可被觀察性，所以就以系統組成因子的「性質」，作為結構的表徵。」[3]例如：本章探討印尼、馬來西亞、緬甸等國家政治系統的結構：政府體制、國會、政黨、人民參與政治等屬性，可以作為描述各國政治制度的基礎。

（二）系統的程序，是指一個系統內的功能或資訊，在歷經時間流逝過程時，所發生的所有改變。因此，將一個系統的每一種類功能及資訊，就其在系統內經歷時間所發生的所有改變經過，予以總合，則此一總合性之「改變經過」的描述，即稱為該一系統的程序（system process）。

因此，我們想瞭解印尼、馬來西亞、緬甸各國的政治概況，便可以觀察各國政治系統中最主要的次系統：政府體制、國會、政黨及人民參與政治制度之結構、發展過程及這些機構在被觀察的時間內是否發揮其應有的功能？

二、印尼、馬來西亞、緬甸的政府及政治

東南亞各國（除泰國外），在近代都有曾被西方國家殖民之經驗，且西方國家的政治體也都深深地影響東南亞各國在二次大

---

[2] 結構的穩定性與少變性，是指在給定時間裏所觀察到的系統，其各次系統及構件於三度空間中的安排、配置方式及相互關係，是不會因為輕微的外來干擾，或是內部功能的些許調整，就會出現大幅、明顯的改變。

[3] 謝長宏，《系統概論》，臺北：華泰，民國90年，頁155。

戰後獨立建國的制度建立，因此本章研究的時間尺度是以各國的殖民時期為起始點，以文獻研究方法探討各國獨立建國的過程及獨立後的政治發展，包括：政府體制、文官制度；另外，也分析國會、政黨的運作機制及人民參政狀況等。

（一）印尼

1.殖民時期

(1)荷蘭：荷蘭人在 16 世紀末進入東南亞，到 1619 年在巴達維亞（今天的雅加達）建城。從此荷蘭人的勢力逐漸擴張，從爪哇島逐漸擴張到其他島嶼，他們對印尼政治與經濟兩方面的影響有二方面：

①政治方面：在古代，印尼群島散佈著大大小小的部落，大多行酋長制。「直到七世紀，出現一個頗具規模的佛教王國——室利佛逝（Sriwijara），勢力範圍到達蘇門答臘、馬來半島和砂勞越。九世紀中，與嶽帝王朝（Sailendra）合併，勢力更為強大，直到十四世紀才被滿者伯夷王國（Madjapabit）所敗。十五世紀末，回教勢力入侵，滿者伯夷亡國被兩大回教王國——住在東爪哇的瑪打藍（Mataram）及西爪哇的萬丹（Bantam）所取代。」[4]荷蘭人到達印尼後，憑藉其優勢的海事技術及先進的船舶交通，再利用各王國及部落之間的矛盾，經過多年後，逐步將散布在各地的印尼王國、部落納入其勢力範圍，這些荷蘭人控制的範圍也成為後來印尼獨立後的政治版圖。此外荷蘭人在統治印尼期間，也訓練了一些本土的菁英分子，

[4] 陳鴻瑜，《東南亞各國的政治與外交政策》，臺北：渤海堂，民國 81 年，頁 97。

他們接受較良好的教育，進入政府的官僚體系，這對印尼政治制度的建立及現代化有很大的貢獻。尤其是在荷蘭人於 1900 人實施「荷蘭道德政策」（The Dutch Ethical Policy）之後，更多的印尼人被引介進入政府部門工作。

②經濟方面：荷蘭人到印尼時，印尼當時最主要的經濟及市場是天然資源（香料），這些資源本來是由當地的蘇丹所經營及控制。可是，荷蘭人藉著荷屬東印度公司（Dutch East India Company）的優勢貿易條件，漸漸打敗印尼蘇丹，最後終於完全掌握香料的貿易。「在 18 世紀期間，荷蘭人就幾乎完全掌控印尼的香料貿易，獲取大量的利益，成為印尼經濟的主人。」[5]在東印度公司時期，荷蘭人強迫生產香料的農民，以低價賣給荷蘭人，並強迫種植規定的農作物，「亦強迫非農業的勞工，每年必須服役六十天，對農民勞工與資源之搾取，可說極盡其強制奪取之能事。」[6]而「在傳統的印尼社會裡，地主與貴族階級對農民頗尊重，對農民的要求一向不忽視。然而，自從荷蘭人實施間接統治後，地主與貴族的權力增大，社會地位也提高，為荷蘭人爭取更多的利益或者是為取悅於荷蘭人，卻嚴厲地控制與管理印尼人（農）民，甚至剝削農民的利益，成了「東印度公司」收納貢物的執行者。」[7]此時，華人扮演中間代理商的角色，以批發或零售方式賺取利潤，但卻被印尼人誤以為華人是荷蘭人壓制印尼人的代理人，最後，

[5] 顧長永，《東南亞政治學》，臺北：巨流，2005 年，頁 5。

[6] 宋鎮照，《東協國家之政經發展》，臺北：五南，民國 85 年，頁 259。

[7] 同註 6，頁 261。

「華人往往變成馬來種族報復的「代罪羔羊」，以舒緩馬來人對荷蘭人不可抗拒之高壓統治，以及心理上所承擔的仇恨與不滿。」[8]

1830 年的「強迫栽種制度」[9]激起印尼民族主義的意識，也有反抗荷蘭人的暴動發生，但直到 1870 年荷蘭才停止這種制度。

20 世紀初期，印尼本土的民族主義開始蓬勃發展，其中最重要的領導人物就是上一節所提到荷蘭人栽培的本土菁英份子，例如：蘇卡諾（Bung Sukarno）及笈多醫生（Dr. Tjipto Mangankusumo），他們二人於 1927 年 7 月組織「印尼國民黨」（Partai National Indonesia, PNI），號召印尼人團結合作，雖然蘇卡諾數度遭逮捕入獄，最後終於在二次大戰之後，打敗荷蘭人而使印尼成為一個主權獨立的國家。

(2)日本：第二次世界大戰中，日本占領了中國華南地區之後，便把戰爭魔爪伸向東南亞。日本打著「大東亞共榮圈」、「亞洲人的亞洲」、「支持民族獨立」等幌子向東南亞擴張。在進攻印度尼西亞時，日軍軍力不足，因而未能發起大規模進攻，直到 1942 年 1 月，才開始占領婆羅洲。3 月，荷蘭總督正式投降，日本占領了印尼全境。在日本占領印尼期間，日軍當局急需與印尼

[8] 同註 7。

[9] 依據顧長永教授之研究，「強迫栽種制度」實施是由於荷蘭新上任的爪哇總督 Vanden Bosch 為挽救財政危機，替荷蘭人攫取更多的利益，因而要求印尼人種植荷蘭人所指定的經濟作物（如咖啡、蔗糖等）。印尼人在當時是處在非常封閉的傳統農業社會，他們只種植自己所需要的食物，並未想到經濟作物。可是荷蘭人卻需要這些經濟作物，增加其財源及維持其帝國主義的統治。在荷蘭帝國主義的壓迫之下，印尼人無從抗拒，只好被迫接受。

上層人物合作。他們把印尼的著名民族主義領袖蘇卡諾從荷蘭人的監獄中釋放出來並且給予某些政治承諾，以爭取其合作。蘇卡諾對日本人抱有幻想，因而答應與日本合作。他參與了日本卵翼下的「印尼獨立籌備委員會」。正如同西方的帝國主義，日本在東南亞各國亦進行經濟資源的剝削，瓜分西方帝國主義所遺留的資產。但不同的是，西方帝國主義是長時期的、逐漸的運用東南亞地區的資源，而日本卻是為著戰爭的需求而強行利用這個地區的資源。日本在東南亞地區強徵男子當兵，強行徵收經濟物資，強迫當地女子充當慰安婦，強迫房舍當做軍營等，都是明顯的例子。因此，日本所使用的方式是強制性的、脅迫性的、及急迫性的，比西方帝國主義更具有剝削及工具性的目的。因此，儘管日本帝國主義剛進入東南亞之時，尚能獲得一些被動式的合作與支持，但沒隔多久，有些東南亞國家的民眾，就開始反抗日本帝國主義的統治，甚至比反抗西方帝國主義還更為激烈。1945 年 8 月 17 日，日本投降之後，在青年左派組織領袖的催促下，蘇卡諾和另一民族主義領袖哈達（Mohammad Hatta）簽署了獨立宣言，並舉行了儀式，宣布印度尼西亞共和國獨立，之後，建立了中央政府，並組建了共和國及自己的軍隊「人民治安軍」。這被稱為印尼的「八月革命」。

但這一革命的成果很快就面臨了威脅。荷蘭殖民勢力在二次大戰後很快又回到了印尼。為緩兵之計，荷蘭與印尼透過談判達成協議，建立「荷蘭—印尼聯盟」。但不久，荷蘭就撕毀了協定，對印尼共和國控制區展開全面進攻，即「第一次警察活動」。在聯合國「斡旋委員會」的調停下，雙方又達成協議，從而使印尼共和國喪失了更多的領土和主權。這時，印尼共和國內部的左派和右派發生了衝突。於是荷蘭趁機發動了第二次

「警察行動」。此時，「剛獨立的印尼政府，並不是荷蘭的對手，被迫簽下妥協讓步的協定，蘇卡諾及哈達甚至在 1948 年 12 月被荷蘭人逮捕入獄。」[10]後來，因為國際勢力介入，荷蘭才被迫重開談判。[11]1949 年 8 月，在海牙簽署了「圓桌會議協定」。在協定中規定，荷蘭在 1949 年底向印尼移交權力，但仍要求印尼共和國和一些傀儡邦結成聯邦，作為荷蘭—印尼聯邦的組成部分，而且荷蘭仍有權干涉印尼的內政、外交和軍事。1949 年 12 月，荷蘭向新成立的印尼聯邦移交權力後，人民強烈要求廢除「圓桌會議協定」，取消聯邦，建立統一的印度尼西亞共和國。結果，共和國政府與各邦領袖達成了解散聯邦，建立新國家的協議。1950 年 8 月 15 日，蘇卡諾正式宣布統一的印度尼西亞共和國成立。從此，印尼走上了獨立發展的道路。

2.獨立建國後的政治發展

獨立後不久，印尼曾通過一個 1945 年憲法，該憲法賦予總統很大權力，實行總統制。1950 年國家統一以後，又頒布了一部臨時憲法，將總統制改成了議會內閣制，權力落到了內閣總理手

[10] 顧長永，前揭書，頁 97。

[11] 依據顧長永教授的研究，當時的印度總理尼赫魯（Pandit Nehru），召集一個亞洲及非洲等第三世界國家的國際會議，聲援蘇卡諾，並向荷蘭人表達抗議。當時二次大戰之後的國際局勢，已成為美、蘇對峙，而蘇俄正積極將其共黨勢力延伸到東南亞及亞、非洲國家；印尼是東南亞的大國，深受荷蘭人統治之苦，是反西方帝國主義的重要國家，自然就成為蘇俄拉攏的對象。美國為避免印尼倒向蘇俄，同時為緩和來自亞、非國家的壓力，於是出面向荷蘭政府施加壓力。荷蘭人見大勢已去，又不具統治的正當性，就在美國的斡旋之下，荷蘭與印尼於 1949 年 8 月至 11 月在荷蘭的海牙舉行會議，最後並達成協定。

裡，「總統」成了沒有實權的國家元首。這個階段（1950-1957）印尼實行的是西方的「議會民主制」，在外交上，他們取得一些成就，例如：高舉反帝大旗，成功地舉辦亞非會議，提高了印尼的國際地位。然而在內政方面，形勢卻日益惡化。政治舞臺上，各派政治勢力鬥爭激烈。地方分裂勢力的反叛活動迭起，政府內閣更迭不斷，形成了七年政治動盪時期。經濟方面，政府無暇顧及經濟恢復工作，致使經濟狀況日趨嚴重，人民生活水準下降。面對這種政治動盪局面，蘇卡諾總統決定改變當時印尼政治制度。1957 年 2 月，他提出了「指導式民主」（guided democracy）的改革方案。他認為印尼政局不穩的根源在於錯誤地實行了西方的民主制度。按照他的改革方案，內閣政府應該由來自議會有政黨代表組成，形成一個「互助合作內閣」，從而消除任何反對黨。這個內閣政府在一個有權威的領袖指導下實現政府的和諧一致，從而提高政府的效率。

但是，許多政黨認為實行「指導式民主」是要恢復總統個人的權力，因此，遭到很多人的反對。蘇卡諾不得不求助於陸軍參謀長納蘇蒂安將軍。在軍隊的支持下，宣布全國實行軍管。在軍事管制下，恢復實施 1945 年憲法，蘇卡諾再度掌管了行政權。不久，蘇卡諾任命了一個「互助國會」和包括各主要政黨代表的內閣。在建立指導式民主過程中，陸軍的勢力迅速滲透到了一些政治和經濟部門，在軍管條件下，實際上軍方已控制了部分政府權力。作為中間勢力的代表，蘇卡諾感到陸軍這個右翼勢力正在上升，並且逐漸對他的政治地位構成威脅。於是，蘇卡諾開始採取一系列措施，提高左翼勢力共產黨地位，以平衡和制約陸軍勢力。這樣，右翼的陸軍和左翼的共產黨的矛盾便迅速激化。「1965 年 9 月 30 日，印尼共黨發動政變，結果失敗，蘇哈托在右派軍人支持下控制政權，1968 年 3 月成為印尼總統。」[12]蘇哈托上臺後的首要任務是建立秩序，實現政治穩定，他採取的最主要措施是簡化政黨，他把所有的穆斯林政黨合併成一個大黨「建設統一黨」，把民族黨和基督教黨等其他小黨合併成「印尼民主黨」。這樣，全國九個政黨合併成兩個政黨。與此同時，他又不斷強化壯大他的執政黨「專業集團」（又稱戈爾卡）（Golkar）。該組織包括二百多個職業和社會團體，以及各級政府的公務員，其核心是軍隊。另外，蘇哈托禁止「反對黨制度」，只奉行「協商一致」原則，所以兩大政黨不得不和執政的戈爾卡保持一致。事實上，由於合併成的兩個政黨內仍保留原來的政黨組織，所以這兩個黨內部矛盾重重，領導核心軟弱渙散。這種情況削弱了它們對政府構成威脅的可能性，而且還為政府提供了干涉其內部事務的便利。

儘管印尼的政治穩定是在專制的條件下實現的，但這確實為印尼的經濟發展創造了條件。蘇哈托使印尼的年人均收入從六〇年代的七十美元提高到九百多美元。1984 年，印尼實現了大米自給，貧困線以下的人數從六〇年代的五千四百萬下降到 1997 年的二千七百萬。因此，蘇哈托被譽為「建設之父」。但 1997 年亞洲金融風暴重創印尼經濟，1998 年 5 月首都雅加達發生嚴重暴動，蘇哈托被迫辭去總統之職。由副總統哈比比繼任，他為了順應民意的壓力及穩定政局的前提下，同意起訴蘇哈托並採取若干改革措施，其中包括釋放蘇哈托時期被判刑入獄的異議份子、民主運動人士及其他所謂「政治犯」，解除黨禁並恢復憲法保障人民言論、集會遊行等基本人權，開放政黨參加大選等。自 1998

---

[12] 陳鴻瑜，《臺灣：邁向亞太整合時代的新角色》，臺灣書店，民國 85 年 10 月初版，頁 32。

年政黨解禁之後，成立了將近 100 個政黨，主要政黨則有戈爾卡黨、回教建設統一黨、印尼民主黨、民族覺醒黨及國民使命黨等五個。

為了因應新的政黨政治環境，哈比比也進行人民協商會議（MPR）的組織改造，MPR 席次減為 700 個，其中 462 席次直接民選，外加軍方代表 38 席，共同組成 DPR（人民立法會議）另外再加 200 席，構成最高民意機構 MPR。但是這些改革措施並未能完全滿足大學生及改革派的要求，同時社會大眾認為哈比比總統在處理蘇哈托家族不義之財、官商勾結及經濟衰落等問題上績效不彰，因此要求更換政府的聲勢高漲。於是在 1999 年 6 月進行國會大選，政黨政治終於在此次選舉中轉變型態，「戈爾卡」已不是國會最大黨，而是由前印尼總統蘇卡諾之女梅嘉瓦蒂所領導的「印尼民主奮鬥黨」獲得最多的支持，取得 153 席領先，佔國會席次的 33.74%，其次才是原執政的「戈爾卡」取得 120 席，回教建設統一黨獲得 58 席，回教精神領袖瓦希德（Abdurrahman Wahid）之「民族覺醒黨」取得 51 席，回教溫和派領袖賴斯領導之「國民使命黨」取得 34 席。「這是印尼政黨政治史上的第一次自由選舉，但在這次選舉中並無任何黨派取得絕對多數。」[13]緊接著在 1999 年 10 月 20 日舉行總統、副總統選舉，哈比比總統代表「戈爾卡」參選，在 10 月 19 日無法通過 MPR 之信任投票而宣佈退選，其領導的專業集團轉而支持瓦希德，再加上軍方及各回教黨派之支持，瓦希德擊敗梅嘉娃蒂，當選第四位總統，這是印尼首次以民主方式選出總統。瓦希德擔任

---

[13] 王遠嘉，〈印尼政黨制度民主化轉型之困境〉，亞太研究論壇，第 32 期，2006 年 6 月，頁 101-102。

總統後帶給人民莫大之期望，瓦希德主張族群平等，人民有言論與結社之自由，對華裔族群採取開放懷柔等政策，與前蘇哈托時期大不相同，對印尼政黨政治的推動值得肯定。但畢竟其所屬的民族覺醒黨並不是國會第一大黨，領袖地位始終受到威脅，印尼人民協商大會在 2001 年 7 月 23 日，選舉梅嘉娃蒂為印尼第五任總統。此時，印尼國會的最大黨「印尼民主奮鬥黨」，同時也是執政黨終於在印尼落實。

梅嘉娃蒂主政期間，施政措施飽受批評，經濟復甦緩慢，連續三年遭到恐怖份子重大襲擊，對企業投資信心與國家形象有不良影響，使得聲望日跌，不過她最大的成就是推動總統直選及國會直選，並且設計出兩階段總統複選制，對印尼的民主政治發展有很大的功勞。「2004 年 7 月舉行第一階段總統直選，沒有任何候選人數過半，由得票最多的兩組候選人複選，分別是民主黨的尤多約諾及尤索夫卡拉（Jusuf Kalla）、鬥爭派民主黨梅嘉娃蒂及哈沁慕薩迪（Hasyim Muzadi）。同年 9 月 20 日舉行第二次總統複選，由民主黨尤多約諾勝出，以 61%的得票數擊敗對手梅嘉娃蒂，當選第六任總統。」[14]選舉過程平和，沒有刻意製造族群矛盾和社會分裂，選民沒有被撕裂為尖銳對立及壁壘分明的兩派，完全柔性的政治訴求，軍人干政的影響力微乎其微，這些現象都有利於印尼的政治發展。」[15]

「尤多約諾上任後，保證在三個月內在消除貪污、提高政府行政效率、維護社會治安、平定內亂、重振經濟、擴大就業機會、

[14] 同註 13，頁 103。

[15] Wanandi, Jusuf. The Indonesian General Elections 2004, *Asia-Pacific Review*, 11(2), 2004, P.115-131，引自王遠嘉，頁 103。

加速司法改革、改善投資環境等。」[16]再加上執政黨擁有的行政資源，原本可預計在地方選舉大獲全勝；但關係地方行政首長選舉的 2004 年第 32 號法令的規定：「在議會選舉中佔有議席的政黨才有資格推出候選人。」此項規定被認為只有利於幾個大黨，後經由十多個小黨及社團向釋憲法院提出釋法申訴，要求取消這項規定，結果申訴成功。釋憲法院把相關條款改為：小黨聯盟在議會選舉中總得票率 15%或在議會中佔有 15%議席，可以聯合推出候選人。這使得候選人數目大增，也削減了大黨操縱選情的可能，再加上尤多約諾總統是軍方出身以及被迫退出國會的軍警也企圖趁著地方首長選舉掌握各地區行政大權。因此，「許多民運及人權組織發出警告：地方首長選舉可能被軍方當作重返政壇的跳板，這種現象將不利於印尼民主的發展。」[17]

後來，雖然地方選舉仍由戈爾卡等在內的幾個大黨掌握主要政治資源，但 2004 年國會改選後，尤多約諾所屬的民主黨只贏得 2%的選票，由反對黨控制國會，削弱總統權力，面臨極大的施政壓力，印尼國內政黨政治面臨「朝小野大」的困境。

尤多約諾在其任內接連發生重大事件，例如經濟問題依然沉重，政府必須保障和協助貧困窮人度過難關；2004 年 12 月發生亞齊省海嘯災難，帶來慘重的人命財產損失；國際油價飆升衝擊經濟復甦，影響了取消燃油補貼政策的美好願景，引起社會反彈；2005 年巴里島爆發恐怖攻擊事件，使國際懷疑印尼政府的防

[16] 余歌滄，〈總統候選人力爭華人支持，印尼華人是關鍵少數〉，亞洲周刊，18(47)，民國 93 年 11 月，頁 7。

[17] 余歌滄，〈印尼首位民選總統誕生，他影響八百萬華人命運〉，亞洲周刊，18(18)，民國 93 年 5 月，頁 24-25。

恐能力，有損外國廠商投資印尼意願及打擊印尼觀光業等。其實尤多約諾總統任內也努力於若干施政措施，包括為了打擊貪污，在總統府內設置專門舉發官員貪污等不法行為的電話專線及電子信箱，也的確將前任及現任政府高官涉入貪污和其他不法情事者送入法辦，包括省長級高官、中央及地方民意代表、宗教知名人物等；另外，「2005 年 8 月與亞齊獨立運動達成和平協定，結束近三十年的武裝抗爭等。」[18]但「這些措施與就職時宣稱的目標落差太大，加上任命的內閣閣員仍有許多非專業人士擔任，實施地方自治的結果，也使爪哇本島精英及民族主義者，不能滿意，在無法取得國會最大黨領袖地位的尤多約諾總統，以討好國會和在野黨的方式領導政府，導致施政成果有限，也被認為是印尼政黨政治民主化轉型的不利發展因素。」[19]

另外，區域自主與分離主義的壓力是印尼民主化後國家整合急需克服的問題。在印尼獨立初期曾經實施過短期的聯邦制；在指導式民主與新秩序政權時代，透過爪哇中央集權造成與外島的對立，這樣的壓迫引發的抗爭衝突使一些地方族群的地域主義轉變為分離主義運動（如：東帝汶）。「印尼民主化以後，為了回應來自地方利益的需求，國會重新改造，除以政黨比例代表議席外並增加「單記不可讓渡制」（Single Non-transferable Vote, SNTV）所產生的「地方代表理事會」來，處理有關中央地方關係、地方

[18] Singh, Bilveer, The 2004 Presidential Elections in Indonesia: Much Ado about Nothing? *Contemporary Southeast Asia*, 25(3), 2003, P.431-448，引自王遠嘉，頁 106。

[19] 區鉅龍，〈印尼總統尤多約諾執政一週年政績之評析〉，印尼僑聲，17(6)，頁 24-25。

自治的法制工作，以便在國會中能夠反映地方的直接需求。」[20]

依據學者戴萬平先生之研究，印尼中央與地方的關係進程可分成：聯邦階段、地方自治階段、中央集權階段、民主化階段等（表 2-1）。第一屆的「地方代表理事會」已經在 2004 年 10 月 1 日正式就職，從實際的政治運作來看，「地方代表理事會」每年至少需集會一次，實質處理地方自治的事項，這至少意味不會淪為以往「人民協商會議」地方代表的「橡皮圖章」。而且，「地方代表理事會」是以個人身分不是以政黨身分決定當選與否，這樣的獨立性不僅可以代表選民的直接託付，直接思考地方選民的需求，並擺脫以往印尼政壇出現的政黨利益與政黨政治的泥沼。而且中央政府修正相關法令、改革中央為主的權力結構、權力下放、並透過「地方代表理事會」建立制度性的對話管道來看，已經具備「去中心化」（decentralize）初步誠意。「長期而言，如果印尼政府持續履行承諾，以實際的權力分立政策獲得外島居民的重新信任，大部分的學者還是樂觀認為，分離主義的力量還是有限。」[21]因此，中央與地方關係並不會如外界所憂慮的，造成印尼解體的危機。

表 2-1　印尼中央與地方關係的演變

期間	法律基礎	政治體制	行政關係	財政劃分	綜合指標
後殖民時期 1900-1942	Law 1903 Law 1922	地方授權 授權給「省」	地方授權 地方授權給爪哇土著（爪哇傳統	授權地方可自行徵稅	地方分權

[20] 戴萬平，〈印尼中央與地方關係的發展與展望〉，亞太研究論壇，27 期，2005 年 3 月，頁 157。

[21] 同註 20，頁 172。

			貴族）		
獨立初期 1945-1949	1945 年憲法* Law22/1948 圓桌協議	單一共和國 民主原則下的授權 採取聯邦制	 行政權下放 地方自主	 財政下放 財政自主	中央集權 地方分權
舊秩序時期 1949-1965	1950 憲法 Law 1957 1959 總統命令	廢除聯邦制 地方分權 指導民主	中央集權 行政權下方 中央集權	中央集權 中央集權 中央集權	中央集權
新秩序時期 1965-1998	Law18/1965 Law5/1974	宣稱權力下放 行政權集中在中央的軍隊與官僚	中央集權 中央集權	中央集權 中央集權	中央集權
民主化時期 1999-now	Law22/1999 Law25/1999 憲法修正案	權力下放 民主化 強化地方立法權 「地方代表理事會」的設置	權威與責任重新分配 地方利益直接反映中央	財政支出調節權下放 財政收入中央分配	地方分權

資料來源：戴萬平，〈印尼中央與地方關係的發展與展望〉，亞太研究論壇，27 期，2005 年 3 月，頁 173。

3.政府體制

(1)中央政府體制：印尼的獨立是爭取來的，並非荷蘭願意讓其獨立，因此印尼統一後並沒有採用荷蘭的「內閣制」；而原來的王國及蘇丹所擁有的統治權，在西方帝國主義實施直接統治後，已廢除其世襲君主；因此，印尼實施「共和」國體，採用「總統制」，總統是元首、最高行政首長及武裝部隊最高司令。因為總統是行政首長，所以直接領導內閣。內閣成員由總統任免，協助總統工作，每屆任期五年。在內閣，有關重大問題的決策不是透過投票決定的，而是採取協商一致的原則。「從內閣部長的背景看，他們主要可分為三部分，即軍方人士、受過西方教育的經濟專家以及戈爾卡成員，沒有反對黨代表。」[22]

「除了內閣以外，幾個政府機構也有重要的行政職能。一是國家發展計畫委員會，主要負責國家計畫的制定、協調和執行；二是恢復安全和秩序行動指揮部，是一個負責國內安全和情報的機構；三是國家情報協調局，其職責是對情報進行分析，對其他情報機構進行協調和監督。」[23]另外設有最高評議會（Supreme Advisory Council）是總統的諮詢機構。其職責是向總統提供諮詢意見，回答總統的詢問，對總統無任何約束力。該機構由來自各方面的社會賢達組成。他們不得擔任公職以保證他們的獨立性、整體性和非黨派地位。最高評議會成員的最後批准權屬於總統。該評議會成員有四十五人，最高評議會設主席和副主席各一人，由總統任命。」[24]

(2)總統、副總統的產生方式：在印尼是分開選舉，並不是聯合競選。所以，他們可能來自同一政黨，也可能來自不同政黨。以印尼為例，在蘇哈托總統的時代，由於其強勢及威權的領導，因此印尼當時的副總統都是出自戈爾卡，與蘇哈托是同一政黨。可是，當哈比比繼位後，高卡爾逐漸式微，在 1999 年 10 月的總統大選，瓦希德及梅嘉瓦蒂分別當選總統及副總統，他們兩個就分屬不同的政黨。就理論和實務而言，總統及副總統

[22] 張錫鎮，《東南亞政府與政治》，臺北：揚智，2004 年，頁 85。
[23] 張錫鎮，前揭書，頁 85-86。
[24] 同註 22。

屬於同一個政黨，當然有利於政權的穩定及政策的實施，較不容易發生政爭。「但卻會造成貪污腐敗。當總統與副總統屬於不同的政黨時，二人之間就較容易發生政治理念及政策實施的衝突，例如：瓦希德就任印尼總統初期，亦經常與副總統梅嘉瓦蒂發生歧見，瓦希德總統後來專斷獨行，引發與國會的衝突，副總統梅嘉瓦蒂就公開與反對黨唱和，最後造成瓦希德總統的下臺。」[25]

2002 年 8 月，印尼國會修憲後，總統、副總統改由人民直選，尤多約諾當選總統後，其所屬政治聯盟是國會各黨的利益結合，並未與總統有直接的合作關係，不但行政權與立法權有衝突，總統的權力也遭他黨合作或背叛而增減，不易確立總統責任，也不利於朝「競爭兩黨制」之政黨輪政、責任政治邁進。另一方面，「回教政黨並未成為一般認為的多數黨，反而是軍人有假借「政黨政治」來發展勢力的趨勢，印尼政治終究擺脫不了軍人干政的命運，只是由軍事強人獨裁轉變成各大軍人勢力利用政黨進行權力爭奪，在缺乏強人整合及文人政黨制的情況下，是否會邁向不利政黨政治發展的「極端多黨制」方向，值得進一步觀察。」[26]

⑶文官制度

1950 年，印尼獨立之後，便開始建立國家的文官制度。首先，成立了一個人事局，這是管理文官的最初機構。1961 年公布第 18 號法律規定了印尼文官制度的主要條款。1972 年，取消了人事局，另設立中央文官管理機構的「公共人事行政局」(Institute of

[25] 顧長永，前揭書，頁 123。

[26] 同註 13，頁 108。

Public Personnel Administration)。「1974 年，政府公布了「第 8 號法律」，規定了文官的職責、任務、權力以及招聘原則。」[27]

「公共人事行政局」是為印尼文官系統中最高權力機構，直屬總統領導，其基本職責是「改進、維持和發展國家的文官管理，以保證政府機器正常運轉」。所有公務員分為兩大類，即結構性文官（Structure Function），又稱為政務官，和職能性文官（Functional Function），又稱為事務官。政務官中分為五級。第一級包括內閣部長、將軍、總局長等；第二級包括局長、主任等；第三級包括分局長等；第四級包括處長等。事務官也有相應的級別。依據張錫鎮教授之研究，「印尼人樂於接受並習慣於等級制度。他們崇尚在這個社會等級中的官職，成為政府某一級雇員意味著自己享有一定的社會地位。所以相當多的印尼人都希望步入仕途。」[28]

印尼的文官系統在蘇卡諾時期和蘇哈托時期有很大的差異。在蘇卡諾時代，由於實行多黨自由競爭的政黨制度，各個政黨為了擴大自己的勢力和對政府的影響力，都積極向官僚機構中滲透。每個黨都向政府的各個部門安插自己的親信，或者在各個部門招募黨員。「結果，一些政府部門變成了一些政黨的封地、堡壘和據點。例如，印尼民族黨（P.N.I.或 Indonesian National Party）勢力基本控制了『內務和情報部』（Ministry of Home Affairs and Information）。該部成了民族黨在官僚機構中的大本營。」[29]各黨透過官僚系統來培養和強化文官們對政黨的忠誠。使得整個文官

[27] 張錫鎮，前揭書，頁 113。
[28] 同註 22，頁 114。
[29] 同註 22，頁 115。

隊伍四分五裂，並成為服務於各政黨的工具。為了解決這樣的局面，蘇卡諾想透過「經濟宣言」（Dekon 或 Economic Declaration）和納沙貢（Nasakom，即 Nasionalis〔民族主權〕、Agama〔宗教〕和 Komunis〔共產主義〕）原則來挽回和團結官僚系統，但沒有成功。

蘇哈托政權開始以後，為使官僚機構成為他的統治工具，他對印尼文官隊伍採取了一些措施：

一、他認為印尼共產黨勢力已滲透到文官機構，所以，新秩序政府要清除官僚體系中的一切親共左派份子。

二、蘇哈托宣布「1970 年第 6 號法令」；該法令禁止所有武裝部隊成員、法官、檢察官、國防和安全部及財政部長及官員、印尼銀行行長、副行長、一切公務員及基層的村長等加入政黨。

三、1966 年 2 月，政府決定把內務部管轄的所有文官統一編成一個專業員工團，稱作「內務部雇員團」（Department of Internal Affairs Employees Corps.）最後，內務部雇員團成了戈爾卡的組成部分，因而，也自然成了政府控制下的工具。根據這種組織的改組，凡是政府的雇員甚至對領袖都必須加入內務部雇員團，而且要簽署一個正式聲明，承認是戈爾卡的成員；如有拒絕，將被解除文官職務。內務部長阿米爾・馬哈茂德（Amir Machmud）宣布，所有文官必須忠於潘查希拉[30]（Pancasila）及 1945 年憲法

[30] 依據張錫鎮教授的研究，蘇卡諾於 1926 年發表了一篇著名的論文。這篇題為〈民族主義、伊斯蘭教、馬克思主義〉的論文構成了蘇卡諾政治思想的主要基礎之一。在這篇論文中，他首次提出這三大思想體系和政治勢力有可能而且有必要實行聯合，以實現未來的民族獨立。1945 年 6 月太平洋戰爭即將結束時，印度尼西亞面臨著團結建國的急迫任務。然而，在「獨立準備調查會」（Committee for the Investigation of Indonesian

和政府綱領。「這些做法，很明顯的違反了前述的「非政黨化」原則，但蘇哈托政府推說，戈爾卡並非政黨，只是社會各界人民群眾組成的政治組織。然而，我們從印尼政治實踐中，看到專業集團確實在行使一個政黨的職能，是一個不折不扣執政的政黨。」[31]

最後是官僚體系軍人化，蘇哈托直接任命軍官文官隊伍且加

Independence）中卻存在著尖銳的分歧：正統的穆斯林主張建立伊斯蘭國，其他民族主義者則主張建立世俗國家。當兩派對於建國原則爭論不休的時候，蘇卡諾發表了潘查希拉的重要講話。潘查希拉是印尼建國五原則的譯音（Pantja Sila 或 Pancasila），其內容是：一、民族主義；二、國際主義（或人道主義）；三、協商一致（或民主）；四、社會繁榮；五、神道，即在信仰神的基礎上建立獨立的印度尼西亞。他認為，這五條原則包括了各主要政治勢力的意識形態，既包括了民族主義者強調的民族主義；也包括了社會主義者所強調的社會正義；還包括了穆斯林所堅持的宗教信仰；接著，他又把這些原則歸結為一項核心原則，即「互助合作」。

最初，蘇卡諾的潘查希拉對緩和各派間的意識形態矛盾產生了暫時的作用。後來當他要把這五項原則寫進憲法的時候，矛盾又激化了。正統的斯林堅決主張「國家建立在神道的基礎上，國家有義務保證對伊斯蘭教徒實行伊斯蘭教法」，而且要求印尼總統必須是一個穆斯林。民族主義者和其他非正統穆斯林則堅決反對正統穆斯林的要求，主張宗教信仰自由。鬥爭結果，達成了妥協。民族主義者和非正統斯林同意將第五項原則的「神道」提升到首位，作為其他各條的統帥；而正統的穆斯林也放棄了自己的其他要求。1945 年憲法序言中潘查希拉的排列順序為：第一，信仰神道；第二，正義和文明的人道；第三，印尼的統一；第四，協商一致的民主；第五，社會正義。同時，在憲法的其他條款中也照顧了雙方的利益，一方面規定國家以信仰神道為基礎，另一方面國家保證每個人的宗教信仰自由。

[31] 同註 22，頁 116。

強軍人對官僚機構的控制和監督。到「1970 年末，半數內閣成員以及 2/3 以上省長均為軍方所任命；在地方，56%的地方官員為軍人；在官僚體系中，78%的局長（Director-generals）及 84%的各部會的秘書長皆為軍方所任命。很多外交官職位也多為現役或退役軍人。」[32]因此，在印尼，整個官僚系統受制於軍隊，而軍隊又聽命於蘇哈托。

印尼文官體系腐敗問題極為嚴重。例如，中央政府下達給地方的建議經費以及其他基金或補助款，常常是只有一半真正到達了基層，用於一些建設項目。另一半則在途中被各級官員所侵吞。「腐敗的原因是，沒有強有力的法治，另一方面，官僚系統有太多的軍人也是一個原因。」[33]從這裏，我們看到蘇哈托利用這些軍人來控制整個文官系統，進而控制老百姓，因此這些軍人往往利用職權之便肆無忌憚地為自己謀利，形成一種上下交相利的政府體制。

貪污問題到了後蘇哈托時期並未減少，甚至已經出現擴大並擴散的現象，依據 McLeod 的研究，他認為「行政、立法與司法體系內的人員於後蘇哈托時期皆比往常更積極地從事貪污，而且在推行民主化後，印尼各級議會不再是橡皮圖章，但它並沒有發揮制衡行政機關的功能，反倒是成為處處勒索的民意機關；享有較多權力與較高預算的地方政府也沒有善盡職責而廣興建設，反而是將經費挪為己用；至於司法單位與執法人員則屢屢出現因互爭地盤而出現鬩牆的現象。」[34]因此，學者謝尚伯認為，「在後

[32] 同註 22，頁 117。

[33] 同註 22，頁 118。

[34] McLeod, Ross H., The Struggle for Regain Effective Govemment under

蘇哈托時期，貪污問題隨著法令更替從中央政府蔓延至地方政府，而握有權力的議員、地方首長以及各部會官員成為新的貪污階段，他們組成小團體並開始瓜分經濟利益，只是不同於新秩序時期，後蘇哈托時期的貪污模式並不是以特定人物為中心，反而是散見於各地方政府與各部會內。」[35]

4.國會

依據印尼憲法，人民協商會議（MPR）為國家最高權力機構。但在人民協商會議內部還有一個立法機構——國會（或稱人民代表議會〔House of People's Repressentatives〕）。人民協商會議和國會分享立法權。人民協商會議負責起草和修改憲法；制定國家的大政方針政策；選舉總統和副總統。其他一般的立法權歸國會。國會是一個一院制的議會，有一個議長和五個副議長，內設十一個立法委員會。人民協商會議和國會通過決議或法案一般採取一致通過原則。如需投票通過，須 2/3 多數同意。「國會通過的法案必須由總統批准才能成為法律，如果總統拒絕簽署，不得在同次國會會議期間再次呈遞總統。」[36]

1987 年（蘇哈托時期），人民協商會議成員擴大為一千名議員，其中五百名為國會議員。在五百名議員中有四百名是由公民直接選舉產生的，另外一百名由總統指定，大都由軍方人員擔任。另外五百名人民協商會議議員一半也由政府指定的軍方人士

Democracy in Indonesia. Bulletin of Indonesian Economic Studies, 42(3), 2005.9, 367-386 引自謝尚伯，頁 83。

[35] 謝尚伯，〈貪污研究與印尼的反貪污運動〉，《臺灣東南亞學刊》，3 卷，頁 85。

[36] 同註 22，頁 85-86。

產生，另一半來自各黨派及民間團體。

人民協商會議議員任期五年。每五年舉行一次全國大選，但只選舉四百名國會議員；加上指定的其他人民協商會議議員，共一千人組成新一屆人民協商會議。然後在第二年舉行新的人民協商會議的全體會議，選舉產生正副總統。這種選舉往往不是投票，而是透過協商，協商，再協商，最後達成一致。所以「往往以鼓掌通過的方式選出總統。」[37]但蘇哈托下臺後，印尼在 1999 年的修憲，將 MPR 的功能實質化，並改為每年召集會議一次，亦可召開臨時會。

隨著 1999 年憲法的修改，國會議員的產生方式有很大的改變，新上任的哈比比總統在各界壓力之下，進行政治改革，其主要目的就是要透過改變國會議員產生的方式，以減少軍人的干政；根據 1999 年 1 月的修憲案，人民立法會議（DPR）議員，仍然維持 500 名，但任命產生的只有 38 席，其餘的 462 席全部由印尼公民直接選舉產生；「雖然這次改革仍不盡如人意（因為軍方仍保有任命的 38 席），但是這種漸進式的改革，亦符合多數人的期待。」[38]「MPR 議員的結構產生重大的變化，不僅總人數減少，而且去除大部分任命的人選，這對於印尼的民主化，具有重大意義。」[39]我們由（表 2-2）可看出此時的國會議員結構。

[37] 同註 22，頁 86-87。
[38] 同註 5，頁 177-178。
[39] 同註 5，頁 178。

表 2-2 印尼國會議員（MPR）的產生方式 （1999 年 6 月國會選舉）

MPR	DPR	直接選舉	462
		總統任命軍方人士	38
		地區代表，每省五名	135
		社會團體代表（各社會團體推薦）	65
		合計	700

資料來源：顧長永，「東南亞政治學」，臺北：巨流，民國 94 年，頁 178。

印尼在 2002 年 8 月再度修改憲法及相關的選舉法，對 MPR 的定位及功能又有所修正；新憲法將印尼國家最高權力機構「人民協商會議」的集會，由每年集會一次修改為每五年集會一次，並將「人民協商會議」的功能界定在：(1)修改憲法；(2)決定國家政策的範圍；(3)監督總統政策執行；及(4)彈劾總統。這些功能僅是象徵性的，並非實際功能，所以有學者認為「人民協商會議」最後將走向虛級化。更為重要的是，這次修改憲法及相關的選舉法，將印尼的國會改變成完整的兩院制國會，一為「人民立法會（DPR），另一為「區域代表議會」（Dewan Perwakilan Daerah-Regional Representative Council, DPD）。DPR 及 DPD 都是各自獨立的國會機構，其功能及組成方式都不一樣。原來的 MPR 雖然存在，但是已經不具國會的功能，僅具備國會機構的形式，因為只有在 DPR 及 DPD 需要聯合開會時（每五年一次）才需要 MPR。DPR 及 DPD 都各自擁有所屬的國會議員，而 MPR 卻沒有所屬的議員，因此印尼自 2004 年 4 月的國會議員選舉，就是兩院制的國會議員。

「2002 年 8 月通過的憲法修正案及其他相關的法案如「政黨法」、「選舉法」、及「總統選舉法」，自 2004 年 4 月的國會議員選舉開始實施；這次的修憲已將印尼改變成真正兩院制國會，一為 DPR，另一為 DPD。」[40]

很明顯的，2004 年組成的國會議員，取消原有包括軍方在內的功能團體代表，這些代表原來是由各團體推薦，再由總統任命產生；但是目前已經全部取消這些功能團體的代表，取而代之的是人民直接選舉產生的議員。「不論是 DPD 或是 DPR 議員的組成，從理論上而言，當然是更強化直接民權。」[41]

5.政黨

(1)蘇卡諾時期：印尼在 1950 年統一後至 1959 年期間，實行的是西方式的多黨制，即各黨共同競爭議會的多數黨地位，由多數黨組織內閣執掌政權。但是這種制度並不成功。由於政黨林立，選票分散，幾乎沒有一次大選有一個單獨的政黨獲得議會的絕對多數，因此不得不組成聯合政府。由於政府中各政黨利益相互衝突，政治傾向對立，因此政府軟弱無力，不能就重大問題達成協議，不能有效地履行政府的職能，內閣像走馬燈一樣不斷更迭。蘇卡諾說：「印尼成了四十六個政黨的決鬥場」；[42]因此，他提出「指導式民主」制度，這一制度的核心是強調各政黨按議會的席位比例共享權力。根據這個原則，蘇卡諾任命的互助內閣中包含了議會中所有主要的政黨組織的代表，但卻使共產黨的代表進入內閣。他希望塑造形成一個團結和睦的大家庭，以避免出現反對黨。然而，這種制度卻造成以軍隊專業集團為核心的右翼勢力和以共產黨為首的左翼勢力之間的尖銳對立。

[40] 同註 39。

[41] 同註 22，頁 180。

[42] 同註 22，頁 150。

(2)蘇哈托時期：在政黨制度的改革方面有兩個主要方向：一是和蘇卡諾一樣，他否定五〇年代那種多黨自由競爭，主張貫徹「潘查希拉」，不允許有西方式的反對派，尤其強調「協商一致」原則；二是確保政府有一個超強大的政黨或組織，在所有政黨中處於絕對優勢，使其他政黨處於對政府的依附地位。「為了實現這些目標和原則，蘇哈托首先以暴力手段消滅共產黨及其他左翼勢力，然後立即著手組建他自己的政黨——戈爾卡。」[43]其實，1964 年，在蘇卡諾的國民陣線中的陸軍專業集團為了聯合、控制其他專業集團與共產黨競爭，便成立了「專業集團聯合秘書處」。「蘇哈托執政後便利用這個機構繼續拉攏和聯合其他專業集團，以便形成一個統一的專業集團。與此同時，他還透過內務部和地方各級行政機構把所有的政府公務人員、國營企業人員拉入專業集團。這樣就形成了覆蓋面最廣、人數最多的政府權力基礎。」[44]然後，針對剩下的中間的和右翼的政黨進行合併。要談合併，對政治理念不同的各政黨來說不是一件容易的事。為了實現合併，蘇哈托巧妙地避開政治觀點的分歧，只強調在世界觀上最基本的哲學傾向。他向各政黨領袖劃了一條最基本的界限。他說，「你們是站在突出精神的一邊呢？還是站在突出物質的一邊？」換句話說：「你們的綱領是先精神後物質呢，還是先物質後精神？」在兩者之間不得不作出選擇的情況下，「九個政黨合併成了兩大政黨。民族黨、天主教黨組成了「印尼民主黨」。而伊斯蘭教師聯合會、穆斯林黨等

---

[43] 同註 22，頁 151。

[44] 同註 43。

組成了「印尼建設統一黨」。」[45]從此，在印尼的政治舞臺上就形成一個專業集團和兩個政黨的局面。在這期間，二個反對黨的力量均無法與軍方及戈爾卡相比擬，反對黨猶如蘇哈托政權的附屬品，在國會是屬於少數群體，根本無法發揮監督及制衡的功能。因此，雖有三個政黨，卻是一黨獨大的政治制度。

蘇哈托下臺後，戈爾卡的聲勢大幅滑落，再加上 1999 年 1 月通過的憲法修正案中，有政黨開放的重要條文通過，印尼成立了將近 100 個政黨，使得 1999 年 6 月的國會議員（DPR）選舉，共有 48 個政黨參加。（表 2-3）顯示出下列的意義：（一）戈爾卡不再主宰國會，印尼現在已成為一個多黨制的國家。（二）戈爾卡退居第二大黨。（三）梅嘉瓦蒂所領導的印尼民主奮鬥黨成為最大黨。（四）沒有任何一個政黨擁有過半數之席次，表示沒有任何一個政黨在國會擁有絕對的決策權力。[46]

表 2-3 印尼國會議員（DPR）的選舉結果

政黨	1999 年 6 月		2004 年 4 月	
	贏得席次	得票率	贏得席次	得票率
印尼民主奮鬥黨（PDI-P）	154	33.7%	109	18.5%
高卡爾（GOLKAR）	120	22.4%	128	21.6%
國家覺醒黨（PKB）	51	12.6%	52	10.57%
建設統一黨（PPP）	39	10.7%	58	8.15%
人民託付黨（PAN）	35	7.2%	52	6.44%
其他政黨（1999 年 6 月）	23	5.0%	略	--

[45] 同註 22，頁 152。

[46] 同註 5，頁 251-252。

分享比例代表（選票政黨）	40/462	8.6/100%	無	--
任命軍方席次	38	不占比例	無	--
民主黨（Partai Demokrat）	--	--	57	7.45%
公平正義黨（PKS）	--	--	45	7.34%
其他政黨（2004 年 4 月）	--	--		19.97%

註：

1.印尼民主奮鬥黨的原文是 Indonesia Democratic Party of Struggle（PDI-P）。
2.國家覺醒黨的原文是 National Awakening Party（PKB）。
3.人民託付黨的原文是 National Mandate Party（PAN）。
4.建設統一黨的原文是 United Development Party（PPP）。
5.民主黨是 2004 年大選成立的政黨。
6.印尼 2004 年 4 月的大選共有 24 個政黨參選，但僅有七個政黨的得票率超過 5%，其餘政黨的得票率是 2%，或 1%，或低於 1%。

資料來源：同表 4-2，頁 251。

但是，到了 2004 年 4 月的國會議員選舉，（表 2-3）戈爾卡是最大的贏家（獲得 21.6%的選票），梅嘉瓦蒂總統所領導的印尼民主奮鬥黨，卻僅獲得 18.5%的支持率，其餘政黨的得票率依序為國家覺醒黨（PKB）10.75%、建設統一黨（PPP）8.15%、民主黨（Partai Demokrat）7.45%、公平正義黨（PKS）7.34%、人民託付黨（PAN）6.44%。其餘的政黨（共有 24 個政黨參選）得票率皆低於 5%，由此可見，印尼的多黨政治似乎已經形成。[47]這種多黨政治的現象，能夠持續多久，無人可以預知；不過，就短期而言，只要軍人不再干預政治，地方自治及區域化持續推展，印尼的多黨政治仍將持續一段時間。印尼的地方自治及強化地方

[47] 同註 5，頁 252-253。

自主權的工作，自 2000 年開始推動以來，很明顯的有助於地方性的政黨出現，這是形成多黨制的一個重要因素。[48]

6.人民的政治參與

在印尼，由於幅員廣大（共有 1.5 萬多個島），交通聯繫較困難，各地區的文化及教育水平均有很大的差異，因此為選舉實務考量，而採取間接選舉的方式。「印尼人民是在各地區直接投票產生國會議員，然後再由國會議員選舉產生總統及副總統。在蘇哈托總統時期，總統的任期五年，而且沒有連任的限制，因此造成蘇哈托的集權與獨裁；他利用其職權而攫取龐大的利益。」[49] 所以，即使印尼的投票率很高，有時達到 90%以上，但人民政治參與的實際效力卻很低。此乃因為人民協商會議是國家的最高立法機構。但選民只能決定 40%的立法機構成員。可見，大眾參與受到了很大程度的限制，他們無權決定另外 60%立法成員的產生；再加上，總統是由人民協商會議選出，所以，人民在總統選舉制度的參與程度是低的。因此，當蘇哈托下臺後，繼任的哈比比總統進行政治改革，獨大變成多黨體制（但當時無一個政黨獲得國會過半數的席次），總統成為一個正當性不足的國家元首及行政首長。為了因應這種政治變動，印尼國會又在 2002 年 8 月修改憲法，將總統及副總統的選舉方式改為由人民直接選舉，因此自 2004 年 7 月的總統選舉開始實施新的制度，印尼人民先行直接選舉產生國會議員，再由票選超過門檻的政黨（得票率超過 5%），提名總統及副總統的候選人，最後再由人民直接投票選出總統及副總統。

[48] 同註 5，頁 253。

[49] 同註 5，頁 124。

另外，就如前述為了加強社會政治控制，蘇哈托政權把除了執政的「戈爾卡」以外的九個政黨合併成兩大政黨：印尼民主黨和印尼建設統一黨。後又根據新的選舉法，迫使這兩個黨放棄了各自的政治特色並接受執政黨的意識形態。如「建設統一黨帶有伊斯蘭色彩的『麥加聖殿』標誌被迫換成了五角星；」[50]印尼民主黨和建設統一黨都必須以戈爾卡的「潘查希拉」代替它們原來分別信仰的民族主義和伊斯蘭教。這種獨立性的喪失，實際就等於它們在相同政治理念的一部分群眾代表性被剝奪了，也使這兩個黨對政治和政府的影響力大幅下降。

印尼的國會選舉允許黨派的競選活動，但是在野黨在意識形態必須與執政黨的一致性，他們不可能提出獨立的政治訴求，因此削弱了自己在競選中的吸引力和號召力。另一方面，政府規定不允許政黨到縣級以下的鄉村進行競選活動，而執政的戈爾卡卻可以利用它在各級政府機構中的成員進行最廣泛的社會動員，使在野黨在競選過程中處於非常不利的狀態。

蘇哈托下臺後，繼任的總統進行修憲，印尼形成兩院制國會，一是 DPR，另一是 DPD。國會議員都由人民直接選舉產生，取消由軍方或各團體推薦的各種功能團體代表，這些改變使印尼更強化直接民主的實施，對人民的政治參與是有正面的助益。

另外，在選舉制度及國會改革方面，有下列幾項較值得提出說明：首先，在過去印尼的選舉制度中，所採取的是「以全國為選區的比例代表制」，在此種制度下，會使選舉結果將由人口居於優勢的爪哇地區所決定，所以民主化後有關選舉制度的改革議題受到廣泛討論。1999 年大選前，已逝的選舉改革委員會委員、

[50] 同註 22，頁 153。

政治學者 Afan Gaffa，曾經建議將印尼的選舉制度改為單一選區的「地域代表制」（district system）。況且「比例代表制」讓小黨有生存空間，較符合印尼這個多族群國家「共識民主」的精神，然而，令爪哇中央政府擔心的是「地域代表制」並不能保證政黨政治的穩定，反而會使許多以地域為基礎的小黨出現，破壞國家的統一性。所以「地域代表制」的改革計劃最後也就被否決，僅將「以全國為選區的比例代表制」修正為「以省為選區的比例代表制」。

不過，「以省為選區的比例代表制」的選舉制度，依然有三個缺失為大眾所詬病，包括：(1)「比例代表制」選舉制度維護多黨制度，可能造成國會小黨林立，國會「一席黨」比比皆是。(2)比例代表名單是政黨中央控制的封閉選舉名單（closed list），造成政黨權力的極大，結果國會成為政黨利益的競技場；政黨又被少數的菁英所把持，地方黨部無權置喙政黨提名人選、反映地方基層民意。(3)在每省選區中，選民投票給政黨，但是政黨名單人數的龐大，造成選民的混淆，根本不認識代表當地的國會議員；(4)所以在比例代表制下，候選人僅是代表政黨，而不是地方民意；政黨就不會重視來自地方民意的需求。為了改進上述制度面造成缺失，2004 年大選的國會結構與國會選舉制度在有關改進中央地方關係的部份，作了以下修正：

(1)將印尼總統改由印尼人民直接選舉產生。在程序上，正副總統候選人必須在第一輪投票獲得 50%以上的選票，並在全國過半數省分贏得 20%以上的選票，才可直接當選為印尼總統。若沒有任何正副總統搭檔贏得上述條件，得票最高的兩組候選人在三個月內進行二輪投票。這項改革的目的除了顧及總統的直接民意基礎外，也避免擁有全國 70%人口的爪哇即可決定總統的人選。

(2)將「人民立法會議」選舉由過去的封閉名單，改為開放名單的比例代表制；也就是除黨中央提名外，選民可以在每張選票中選擇喜好與熟悉的候選人。一個候選人當選與否，除政黨名單外，也可能根據個人得票當選。減少政黨中央對於提名名單的顳頏；候選人必須多與地方選民接觸，將自己的排名提前，增加當選的機會。

(3)為了回應來自地方利益的需求，在國會增加由「單記不可讓渡制」（SNTV）、以個人身份產生、每省 4 席組成的「地方代表理事會」（*Dewan Perwakilan Daerah*, DPD）。所以，印尼最高的權力機構「人民協商會議」取消原有的包括軍方、地方少數族群團體在內的功能團體代表，改由 550 名「人民立法會議」，以及 128 名省「地方代表理事會」組合而成兩院制系統（The new bicameral system）。[51]這些改革都有助於改善印尼人民直接參與政治的管道。

（二）馬來西亞

1.殖民時期

(1)英國：英國在馬來半島最早的殖民地是檳榔嶼，當時的麻六甲已被荷蘭人所占領及統治，於是「英國人自 18 世紀末期起，即開始與荷蘭人爭奪麻六甲的控制權」。[52]當法國「拿破崙的軍隊占領荷蘭後，在荷蘭成立了一個由法國保護的巴達維亞共和國；逃到倫敦的荷蘭政府為避免法國接管其海外屬地，同意英國接管摩鹿加、麻六甲以及蘇門答臘的屬地。但爪哇卻落入法國人之手。不過，法在爪哇只統治了二、三年。1811 年，爪

[51] 同註 20，頁 170-171。

[52] 顧長永，《東南亞政治學》，臺北：巨流，頁 12。

哇的法軍投降，由英國占領了爪哇。拿破崙戰爭以後，英荷於 1824 年達成協議，荷將麻六甲轉讓給英，並保證不在馬來半島謀取利益，英則把接管的印尼領土交還荷蘭，並承認荷在印尼的勢力範圍。」[53]

英國以「順勢而成」的方式進行殖民統治，直到 1957 年大馬獨立，成立「馬來亞聯邦」（Federation of Malaya）。在馬來半島擴張勢力的英國，同時也在婆羅洲北部發展，「1888 年，婆羅洲北部的汶萊、沙撈越、北婆羅洲族被併入英國的殖民勢力範圍。」[54]1963 年新加坡、沙巴、沙撈越加盟，成立「馬來西亞聯邦」（Federation of Malaysia），但新加坡因為「種族與發展不一致的理由，於 1965 年脫離馬來西亞聯邦獨立。」[55]英國對馬來西亞的影響相當深遠，以下也將其影響分成政治面及經濟兩方面來說明。

①政治方面的影響：英國人的殖民統治，是較尊重當地的本土特性，並沒有強迫式的要求這些國家完全接受英國的政治制度。例如在華人較多的「海峽殖民地」[56]（麻六甲、檳城、新加坡三地合組），英國人認知到華人較少參與政治，大多從事經濟活動，因此就實施「直接統治」。可是在馬來人較多的「馬來屬邦」（即柔佛、吉打、丁加奴、吉蘭丹、及玻璃市），就實施「間接統治」，因為英國人知道這五個州已經有自己的統治者（蘇丹），因此，就尊重

[53] 張錫鎮，前揭書，頁 21。

[54] 宋鎮照，《東協國家之政經發展》，臺北，五南，頁 140。

[55] 張錫鎮，前揭書，頁 22。

[56] 當地華人稱麻六甲、檳城及新加坡為「三州府」。

當地的回教傳統制度，而不直接介入他們的地方事務，英國人只擔任顧問或諮詢。此外，在馬來半島的其他四個州（霹靂、彭亨、雪蘭莪、及森美蘭）[57]則設置「參政司」制度來監控。

②經濟方面的影響：英國人在馬來半島的影響是實施「馬來人政治，華人經濟」的政策。英國人來到馬來半島，是由於經濟的因素，而最能配合英國人從事貿易及發展濟的就是華人，因此，很自然的，華人就有很多的機會從事與濟貿易有關的活動及事業。[58]土著的馬來人面對經濟實力逐漸雄厚的華人，自然產生忌妒及排斥。另外，「華人雖已移民到馬來半島，而且大都落地生根，但華人仍不遺餘力的維持中華文化的傳統、教育及生活的方式；因此，華人學校及各種華人社團組織，紛紛設立。這些因為文化因素而自發式的成立教育及社會團體，看在馬來人的眼裡，就成為種族對立及仇視的藉口。」[59]

身為殖民統治的英國人面對擁有經濟實力的華人及擁有土地感情的馬來人這二個不同的族群，因為經濟、文化、宗教、及生活方式的不同，而產生嫌隙及對立，英國人的對策是「順其自然」地因應馬來半島的發展，因此就讓馬來人負責政治事務（因

---

[57] 華人稱這四個州為「四州府」。

[58] 華人在馬來半島是異鄉人，亦是為著經濟因素而來到馬來亞，當然就努力尋找機會養家活口，這是主觀條件，英國人培植華人或給予華人從事經濟或貿易的機會，是客觀條件。在這種主客觀條件都配合的情況之下，華人的經濟力就逐漸成長，財富當然就逐漸增加。這就是華人在馬來半島及其他東南亞地區，經濟得以發達及致富的主要原因。

[59] 顧長永，前揭書，頁15。

為馬來蘇丹已有一套自己的統治方式），經濟事物就讓華人自由的參與，這就是政治與經濟分離的政策。「這樣的政策，使得馬來西亞獨立後初期仍然維持這種馬人政治華人經濟的現象。」[60]

(2)日本：「日軍對馬來亞的進攻是從泰國南部發起的。英軍無法阻擋日軍的強大攻勢，潰不成軍。1942 年 2 月，英軍向日軍投降。不久，日軍在新加坡設立了日本軍政府，對馬來各邦行使統治。」[61]

日本對東南亞的統治時間不長，但它所帶來的後果卻極為嚴重。死於日軍屠刀下或繁重苦役的東南亞人數以百萬計；在東南亞各國掠去的財富難以估計。日軍播下了東南亞人對日本軍國主義的印象。

日本投降後，英軍又回來佔領了馬來亞，1946 年 4 月 1 日計畫將馬來半島的九個州及檳城、麻六甲兩個殖民地，合併組成「馬來亞聯盟」（Malayan Union），並制訂一部憲法。同時，新加坡被劃為獨立的直轄殖民地。「根據這一計畫，一切權力將集中於吉隆坡中央政府和總理手中，各邦的蘇丹除保留王位以外，幾乎所有權力都被剝奪了。這引起了包括蘇丹在內的馬來亞各階層的抗議。1946 年 5 月，各地的馬來人協會代表在吉隆坡集會，成立了

---

[60] 直到 1969 年「五一三」暴動事件發生之後，馬來西亞開始實施「新經濟政策」，馬來人及華人在政治及經濟分別發展的現象，已有重大的轉變。馬來人認為只有政治而無經濟，並不能改善馬來人落後的經濟水平；因此，藉「新經濟政策」的實施，而積極提昇及改善馬來人落後的經濟水平。就華人而言，只有經濟實力而無政治力，並不能保障既有的權益，因此，華人在馬來西亞獨立後，也開始積極參與政治，冀望能取得更多參與決策的空間，例如：「馬華公會」、「民主行動黨」的成立。

[61] 張錫鎮，前揭書，頁 25。

第一個全國性政黨「馬來亞民族統一機構」（United Malays National Organization，簡稱「巫統」）。」[62]當時，其任務是反對英國的馬來亞聯盟計畫。

因此，「英國被迫修改計畫，又提出建立一個馬來亞聯合邦（Federation of Malaya）以代替馬來亞聯盟，新加坡仍然排除在外，所不同的是恢復了蘇丹們的特權。」[63]

但是，馬來亞聯合邦仍然遭到左派勢力的反對。他們透過工會發動罷工，英殖民當局大規模圍剿馬共份子。此時，英國也意識到馬來亞的獨立已不可避免，於是，開始與馬來亞上層勢力討論獨立事宜。這時，馬來亞華人也組織了自己的政黨「馬來亞華人公會」（Malayan Chinese Association，簡稱馬華公會）。巫統和馬華公會結成聯盟，參加吉隆坡地方議會選舉得到勝利。兩黨聯盟要求馬來亞聯合邦在英聯邦內實行獨立，也要求馬來亞立法議會普選。經過談判，英同意舉行普選。不久兩黨聯盟又吸收了印度人的政黨「馬印國大黨」（Malayan Indian Congress）組成了「馬華印聯盟」又稱「馬來亞聯盟黨」（Malayan Alliance Party），成為馬來亞的最大政黨。「1955 年 7 月舉行議會大選，聯盟黨獲勝。由聯盟黨領袖東姑拉曼（Tengku Abdul Rahman）任馬來亞自治政府首席部長。這是由本地政黨執政的第一屆馬來亞自治政府。但英國人仍持否決權。1955 年 12 月，東姑拉曼和蘇丹代表團前往倫敦談判獨立問題。終於在 1957 年 8 月 31 日，馬來亞聯合邦正式宣布獨立，結束了長達一百七十一年的殖民統治。」[64]

---

[62] 張錫鎮，前揭書，頁 29-30。

[63] 張錫鎮，前揭書，頁 30。

[64] 同註 63。

但是不久後，新加坡的局勢發生變化，李光耀於 1959 年成為自治政府的總理後，面臨內部左派激進分子的鬥爭，其統治地位受到挑戰，東姑拉曼及英國人為穩住新加坡的局勢，而於 1963 年 9 月 10 日與新加坡、沙巴、及沙撈越共組「馬來西亞聯邦」。[65]當新加坡於 1965 年 8 月 9 日退出大馬後，馬來西亞聯邦與新加坡即分別各自成為獨立自主的國家。

2.獨立建國的政治發展

馬來西亞政治的特色是具有多元種族但卻實行馬來人優先的原則。在剛剛獨立的馬來亞，馬來人約占總人口的一半，而兩大非馬來人民族，華人和印度人之合計數與馬來人相當。「殖民

---

[65] 依據顧長永教授之研究，李光耀在 1954 年成立「人民行動黨」最主要的目標是「脫離殖民地的桎梏，建立一個包括馬來亞聯邦各州與新加坡獨立自主的國家」，在英國人統治馬來半島時，新加坡原本是「海峽殖民地」的一個州；在 1955 年，他當選「立法會議」的議員後，開始大力推動此一政治理念；後來，與李光耀共同推動成立「人民行動黨」的林清祥不主張與馬來亞邦結合，兩人嫌隙愈來愈大，最後，李光耀透過民意的方式與其對決，結果在 1962 年 9 月的公民投票，李光耀皆獲得大勝，但同年 9 月，林清祥也創立「社會主義陣線」(Barisan Sosialis)；當時英政府及馬來亞聯合邦的東姑拉曼總理亦贊成合併，因此，1963 年，新加坡與馬來亞聯合邦於 1963 年 9 月 16 日共同組成「馬來西亞聯邦」，但新、馬合併後，李光耀與東姑拉曼有許多衝突，例如：稅收比例的分配、共同市場、工業發展方向、聯邦預算分配、內閣席次的安排、雙方在聯邦議會所占的比例及李光耀倡導的「馬來西亞人的馬來西亞」等；由於這些歧見，使東姑拉曼要求新加坡退出大馬來西亞，因此，新加坡在 1965 年 8 月 9 日正式從馬來西亞分離，成為獨立國家——新加坡共和國。依據陳鴻瑜教授在「東南亞各國的政治與外交政策」的著作中，認為這件事情隱含「東姑拉曼拒斥新加坡華人加入聯邦會破壞馬來族群居於優勢地位之因素」。

時代，馬來人形式上分享了殖民者的「政治統治權」，而其他民族始終處於被統治地位，因此，在民族獨立後的權力分配問題上代表三大民族的三大政黨（馬來人的巫統、華人的馬華公會、印度人的馬印國大黨）進行了激烈的討價還價。「最後按照「給予和獲取」和「公平交易」的原則達成了妥協，確定了馬來人和非馬來人在社會中的地位：馬來人享有傳統的政治統治權，非馬來人則享有傳統的經濟地位；馬來人同意授予非馬來人公民權，非馬來人則同意馬來人在擔任公職、申請執照、獲得獎學金的方面享有優先權。」[66]這是 1969 年以前聯盟黨執政時期的運作方式。

但是新加坡人民行動黨（People's Action Party）的「馬來西亞人的馬來西亞」目標在華人中深得人心。這個目標直接與「馬來人的馬來西亞」口號相對立，喚起了華人和其他非馬來人的政治權利意識。因此，在 1969 年的大選，執政的聯盟所獲得的選票下降，尤其是檳榔嶼等三個華人集中的州，馬來亞聯盟沒有獲得支持，許多華人把選票投給了華人成立的反對黨「馬來西亞民主行動黨」（Malaysian Democratic Action Party），而不是聯盟黨中處於較無主導權的馬華公會。許多年輕的華人為這次勝利欣喜若狂，他們舉行了盛大遊行。在此過程中，他們與馬來人發生衝突，從而導致了「5・13 事件」。[67]「5・13 事件被認為是「給予和獲取」、「公平交易」政策的結果，是東姑拉曼遷就華人的後果，於是，負責恢復秩序和行使政府職能的副總理拉扎克於 1970 年 9

[66] 張錫鎮，前揭書，頁 50。

[67] 「5・13 事件」發生時，許多華人的店舖、汽車被砸，也有人受傷或死亡，請參考楊建成的著作「華人與馬來西亞之建國」，民國 59 年，政治大學政治研究所碩士論文。

月取代了拉曼，成了馬來西亞總理。」[68]

拉扎克採取了兩大重要決策，一是調整權力結構，二是實施新經濟政策；前者是組建新的執政聯盟——國民陣線（National Front）。「國民陣線不僅包括巫統、馬華公會和馬印國大黨，還包括其他所有主要政黨，共十一個；這樣做的目的是儘量減少出現反對黨的機會，希望將一切矛盾要消化在國民陣線內部。但在國民陣線中，非馬來人政黨的地位卻降低了。」[69]「新經濟政策」企圖改變過去的自由放任經濟政策，而強調透過對國家機關，以強有力、自上而下的「信託制」形態（Trusteeship），來干預或獨佔市場。「同時，參與經濟活動，致力於扶植以「馬來人」為重心的「國家資本主義」的發展，以期擺脫殖民地經濟格局之桎梏，提升國民經濟自主性之地位，增強馬來人資產階級勢力。」[70]這一政策達成了保障馬來人權力的作用。

「1981 年，馬哈迪以建立「廉潔、有效及可信賴的政府」口號取得大選勝利，擔任總理」；[71]但他卻面臨伊斯蘭教黨派新、舊領導階層的鬥爭，結果新領袖對黨的綱領作了大幅度的調整。「該黨不再突出強調馬來人的利益，糾正了自己原來的「馬來人第一」的種族主義傾向，而只強調伊斯蘭的利益，主張建立一個伊斯蘭國家，統治權歸整個穆斯林社會，不分種族或階級，但同時也保護其他宗教的平等權利。」[72]

---

[68] 同註 22，頁 51。

[69] 同註 22，頁 52。

[70] 宋鎮照，前揭書，頁 203-204。

[71] 同註 68。

[72] 同註 22，頁 211-212。

又「根據新綱領，該黨確定了新的行動策略：第一，樹立非種族的形象，擴大對非穆斯林的影響，從非穆斯林和非馬來人中，特別是從華人中尋求支持以對付巫統。第二，集中火力攻擊巫統的兩個要害問題：（一）是新經濟政策，公開譴責巫統推行馬來人優先的種族沙文主義和排外主義；（二）是世俗化，批評巫統是個不信宗教的非伊斯蘭黨，憲法中沒有古蘭經的基本內容，世俗經濟政策導致了盲目追求物質利益，致使道德淪喪。」[73]

面對這種攻擊，馬哈迪政府進行反擊，指責伊斯蘭教黨是由狂熱份子和極端份子組成的離經叛道的黨，其目的是要把伊斯蘭教法加於所有馬來西亞人。

但另一方面，「政府也開始大幅度地調整自己的宗教政策，即加重政府的伊斯蘭色彩，政府採取了一些重要行動。例如，吸收著名的伊斯蘭教領袖加入政府。除了大力宣傳古蘭經，還呼籲伊斯蘭黨重新加入聯合政府，後來，該組織的主席安瓦爾成了內閣成員，任總理辦公廳次長。

另外，擴大且和加強官方伊斯蘭機構的地位和作用。除了原有的官方伊斯蘭機構外，在 80 年代，又增加了「古蘭經研究所」、「伊斯蘭傳教和訓練研究所」、「伊斯蘭傳播基金會」等。

而且在價值觀念、傳統習慣、規章制度以及方針政策方面鼓勵和倡導伊斯蘭化。馬哈迪宣稱國家經濟發展計畫不能犧牲伊斯蘭的原則。他建立一個「伊斯蘭資源集團」（思想庫）和一個「特別執行組織」專門研究伊斯蘭經濟制度問題，準備以伊斯蘭經濟制度代替現行的西方經濟制度。也以實際行動倡導伊斯蘭化，例

---

[73] 同註 22，頁 212。

如：大力興建宗教設施、舉辦各種伊斯蘭慶典儀式、主辦國內國際古蘭經背誦大賽等宗教活動等。

最後，加強親伊斯蘭世界的外交。例：馬哈迪在 1981 年伊斯蘭組織會議上呼籲加強伊斯蘭國家的合作，號召伊斯蘭國家加強對阿富汗穆斯林的援助以抵抗蘇聯的占領。」[74]

依據張錫鎮教授之研究，「儘管馬哈迪政府在伊斯蘭化方面作了很大的努力，但他仍然不主張使整個政治伊斯蘭化，也不認為馬來西亞應成為一個政教合一的伊斯蘭國家。他所堅持的仍然是一個世俗政府。因此，他在伊斯蘭化過程中，始終是有節制的。」[75]

其實，馬來西亞歷屆政府在穆斯林和非穆斯林人數相當的社會中始終存在著兩難選擇。不論偏袒哪一方，都可能造成悲劇。馬哈迪也瞭解，「伊斯蘭教並非盡善盡美，它有積極的一面，如強調平等、公正、和諧；它也有消極的一面，如鄙視物質利益，崇尚節制欲望，相信宿命論等。後者導致馬來人安於現狀，不求進取，從而阻礙了馬來社會的發展。」[76]總而言之，馬哈迪的伊斯蘭化只是為了維護社會秩序穩定和實行政治統治的工具。

馬哈迪在位非常久，而且其強勢的領導，可說是非常成功，但在政治上也面臨一些衝擊，尤其在馬國前副總理安華在 1998 年遭到罷黜後，大馬人民對馬哈迪的聲望，大幅度下跌。這期間，政治反對勢力不斷擴張成長，對馬哈迪的領導構成相當大的威脅。馬哈迪總理不願見到這種不利的政治局勢，為阻止反對勢力

[74] 同註 73。
[75] 同註 22，頁 213-214。
[76] 同註 22，頁 214。

繼續成長，因此以迅雷不及掩耳姿態，宣布解散國會，提前在 1999 年 11 月舉行大選，在這次選舉，民主行動黨、國民公正黨、回教黨、及馬來人民黨等四個黨組成「替代陣線」（Alternative Front），對抗執政的「國民陣線」。「在這次選舉反對黨頗有斬獲（反對黨共贏得 42 席），其中主張回教極端主義的回教黨更是一枝獨秀，其獲得的席次增加許多（回教黨贏得 27 席），而且贏得二個州的執政權，對馬來西亞的回教保守勢力，具有鼓舞作用。但整體來說，「替代陣線」對執政黨並未真正構成威脅，」[77]因此，馬哈迪直到 2003 年 10 月才將總理職務移交給巴達威。

2004 年 3 月巴達威上任的第一次全國大選，他以理性的回教主義對抗激進的「回教黨」，華人選民較支持理性溫和的「國民陣線」，反對以建立回教國為訴求的「回教黨」，因此巴達威總理所領導的「國民陣線」獲得大勝。「國民陣線」共贏得國會 198 席（國會總共 219 席），而且還贏 12 個州議會的執政權（全國共 13 州），其中最具意義的就是贏得丁加奴州的執政權，這原本是「回教黨」所執政的州，但如今又重回「國陣」的版圖，這使保守激進的回教勢力受到重創。

3.政府體制

(1)中央政府體制

馬來西亞在歷史上分為許多獨立的蘇丹國。獨立以後由九個原蘇丹國（玻璃市、吉打、霹靂、雪蘭莪、森美蘭、柔佛、吉蘭丹、丁加奴和彭亨）和四個州（麻六甲、檳榔嶼、沙巴、沙撈越）

[77] 馬哈迪在位期間，除了在 1990 年及 1999 年的大選，他領導的「國民陣線」獲得過三分之二的席次外，其餘的三次大選，都是獲得超過四分之三的席次。

組成現在的馬來西亞聯邦制國家，由九個州的世襲蘇丹與四個州的州長組成一個統治者會議，由統治者會議就九名蘇丹中輪流選出一名為聯邦的君主（國家最高元首），任期五年，不得連任。根據國會提名，任命總理；根據總理的建議，任命內閣成員；也有權召開國會，宣布國會休會和解散國會；簽署、公布兩院議會通過的法案，使之成為法律；任命武裝部隊參謀長、法官、審計長、總檢察長和四州州長；宣布國家處於緊急狀態，行使「反顛覆特別權力」。但他在行使這些權力時必須依照憲法法律和內閣意志行事。憲法對最高元首也有限制性條款，如不得擔任營利性職位和參與商業活動。

1993 年 3 月，參眾兩院通過一個廢除蘇丹個人「司法豁免權」的憲法修正案。此修正案規定，應設立特別法庭，根據普通法律審理最高元首和蘇丹們的任何刑事和民事案件，且該法庭擁有終審權。同時憲法修正案還賦予國會議員公開評議王室事務的權利。這個修正案的通過，弱化馬來西亞的王權，向政治民主化的方向前進了一步。從此，內閣為馬來西亞最高行政機構，由總理、一名副總理和若干名部長組成。最高元首任命眾議院多數黨領袖擔任總理（行政首長）。最高元首根據總理的提名任命各部部長。所有政府閣員必須是國會議員。內閣集體對國會負責。馬來西亞是一個聯邦制國家，州的權力很大而且有一套類似於聯邦政府的完整的州行政系統。例如：九個州有世襲的蘇丹，他們在本州的權力和地位類似於最高元首；在另外四個州，沒有州長，他們由最高元首根據該州首席部長的提名任命，任期四年。

⑵文官制度

馬來西亞的文官制度是沿襲英國殖民時期的制度演變來的。在英國殖民時代有「馬來亞文官機構」（Malayan Civil

Service)，但幾乎沒有馬來人能進入文官機構。到「1910 年頒布了一個低級官僚機構「馬來行政機構」(Malay Administrative Service)。這是一個僱用低級辦事員和行政公務人員的機構。可是進入馬來行政機構的均為馬來人的上層份子或有貴族和皇家背景的馬來青年。」[78]因為，這些人才未來都有可能成為馬來西亞高級文官。直到 1950 年，英國人才開始接納非馬來人，但仍必須保證馬來人占有 80%的行政職位。

獨立以後，在整個官僚體系中的行政部門，由馬來人取代英國人。為使各級政府機構的健全和完善，文官隊伍極需補充，若僅用馬來人是不夠的。特別是在許多專業或技術部門，馬來人更無法滿足需要，於是大量非馬來人，特別是經過專業訓練的華人進入了官僚機構。但為維持馬來人的統治地位，馬來亞政府在憲法規定了按 1：4 的比例聘用非馬來人和馬來人。

「馬來文官隊伍在七〇年代發展很快。以「行政和外交文官機構」為例，由於實施「新經濟政策」需要大量的行政官員，文官數量增加迅速。1970 年，屬於「行政和外交文官機構」的文官只有六百九十六人，到 1984 年已達二千五百人。八〇年代初，幾乎每年要招聘二百至二百五十人。」[79]

在文官的系統中，馬來人控制著高層的行政職務，但在其他專業和技術管理部門，非馬來人都超過了馬來人。以 1970 年為例，這類部門當中，共有四千七百四十四名文官，其中馬來人只占了 39.4%，華人占 34.5%，印度人占 20.3%，其他非馬來人占 5.9%。但在低級的辦事員和從事體力工作的人中，基本上都是馬

[78] 同註 22，頁 104。

[79] 同註 22，頁 105。

來人。

馬來西亞的文官並未嚴格遵守的政治中立的原則。雖然文官條例中有：禁止 A 類的文官從事政治活動，不得參加競選和在黨內擔任職務。但可以加入政黨，低級文官徵得許可，可以參加政黨的政治活動。但是，「實際上，執政的巫統常常號召政府雇員參加該黨。」[80]

而且，在傳統的馬來西亞，文官和政治領袖是有相關連的。在馬來亞獨立過程中，許多民族主義領袖都來自英國殖民時代的官僚機構。例如：巫統的第一位領導人拿督翁・丁・賈阿法爾（Dato Onn din Ja'afar）原是柔佛州的司法大臣。獨立以後，很多巫統高級領導人都是從文官機構開始他們的政治生涯。

另外，「高級文官和很多政治領袖有同一種族、同一階層甚至同一家族的背景，這使政治領袖對高級文官產生高度的信任。由於政治領袖與文官的這種傳統聯繫，導致了文官在馬來西亞政治中作用很突出。」[81]許多人就認為馬來西亞的高級文官是該國政治精英的一部分。政府的決策常常受到文官們的觀點和願望的影響。常任秘書、部長秘書或高級助理們都有豐富的行政經驗，因此，他們往往可以提出許多合理的政策建議，這些建議最後能成為政府實際的決策。「由於文官在馬來西亞政治中占有如此突出的地位和發揮著如此重大的作用，所以，馬來西亞被稱作一個『行政國家』。」[82]

馬來西亞歷屆政府都十分重視官僚機構的廉政建設，但是，

[80] 同註 22，頁 106。

[81] 同註 22，頁 108。

[82] 同註 81。

在「新經濟政策」下，巫統馬來菁英藉著國家機關干預國內經濟，雖然使馬來人在經濟社會資源上獲得更大控制權，也增加馬來人的財富，卻形成「馬來官僚菁英政商利益掛勾、金權政治氾濫[83]」的情形。目前，已建立了一整套對文官貪污受賄行為進行監督、舉報和查處的機構。政府公布的反貪污法對文官的貪污受賄案的查處也有嚴格的規定。「巴達威上任以來，不但，反貪污機制沒變，甚至將一位涉嫌貪污的部長及 18 名高階官員直接送進法院受審；同時對於反貪污採取嚴厲的措施，以便長期抵制，例如：獎勵施行公開投標的政府契約。因此，在馬來西亞，反貪污政策一直被當作重要的施政重點。」但是，官商勾結卻腐化了馬來西亞政府在經濟政策上的效率，也是其經濟發展上的隱憂。

4.國會

馬來西亞的最高立法機構是聯邦議會（Federal Parliament）。議會的主要職權為修改憲法、制定法律和法令；討論通過財政部長提出的財政預算和追加案；以及對府各部門工作的質詢等。修改憲法須經眾議院 2/3 以上的議員投票贊成、最高元首批准後生效。立法權主要集中在眾議院。議會議員享有豁免權，但豁免權必須服從內部安全、公共秩序、種族和諧的需要。

聯邦議會由參議院（Senate）和眾議院（House of Representatives）組成。參議院共有議席六十九席，其中二十六名議員由十三個州的立法議會推派，每州二名。其餘的四十三名由最高元首根據總理的建議任命。這些任命議員一般是對公共事業有特殊貢獻者，或在各種行業，如商業、工業、農業、文化活動或社會服務方面有卓越成就者，或係少數民族代表，或係有能力

[83] 宋鎮照，前揭書，頁 210。

代表土著利益的人。參議員任期三年，不受解散國會的影響。正、副議長從參議員中選舉產生。

眾議院為馬來西亞的主要立法機構，其議員產生方式，是由選民直接投票產生，但是馬來人人口數較多的地方產生較多的眾議員（例如沙撈越、沙巴、柔佛、霹靂），而人口（馬來人）較少（或華人較多）的地方，則產生較少的眾議員（如麻六甲、波潘市）。馬來西亞聯邦在成立之初，眾議員的人數是有 100 位左右，但隨著人口數的不斷增加，大馬眾議員的名額亦不斷的增加，從 1969 年大選產生的 104 位眾議員，增加到 1999 年的 193 位眾議員，每屆任期五年。議長可以從議員選舉產生，但副議長只能從眾議員中選舉產生。贏得眾議院多數席位的政黨為執政黨，其領袖由最高元首任命為總理。眾議院的權力大於參議院。一項法案在眾議院獲得通過後，須交參議院審議通過，然後呈交最高元首批准。但如果參議院要對某項法案加以修正，須將法案交回眾議院重新考慮。如果眾議院不接納參議院的修正案，可以不再經過參議院而直接呈交最高元首批准。參議院對法案無否決權。

表 2-4　「國民陣線」在眾議院的席次

年份／席次	1969	1973	1978	1982	1986	1990	1995	1999	2004
國民陣線	66	118	131	132	148	127	162	148	198
反對黨	38	26	23	22	29	53	30	45	21
所有席次	104	144	154	154	177	190	192	193	219
國民陣線席次的比例	63.4%	81.9%	85%	85.7%	83.6%	66.8%	84.3%	76.6%	84%

資料來源：同表 2-2，頁 191。

馬來西亞的國會長期掌握在執政黨的手中，而且「國民陣線」大都擁有超過八成以上的多數席次，只有一段短時期有低於七成的席次（表 2-4）。

學者顧長永教授認為，「以這種國會議員的結構來看，馬來西亞國會的立法權並沒有太多的發揮，國會議員的自主性並不高，因為執政黨已經掌握絕對多數的席次。」[84]大馬政府行內閣制，此種制度行政與立法本一家，再加上國會長期由執政黨掌控，行政部門所提出的法律案及預算案，在立法部門並未遭到太多的阻撓。雖然反對黨議員可以對於行政部門的監督及質詢，有時亦會對行政部門產生一定的壓力，但是整體而言，大馬國會的立法權功能，並不彰顯。

另外，馬來西亞政府掌握絕大部分的政治及經濟資源（新經濟政策後），主導資源的分配，反對黨幾乎沒有置喙的餘地。大馬政府對於輿論及警察，又能完全的掌控，因此，反對黨是處於資訊及權力不對稱的情境，幾乎無從發揮制衡及監督的力量及功能。

5.政黨

[84] 顧長永，前揭書，頁 192。另外，依據林若雩、詹滿容教授之研究，巴達威擔任總理後，與馬哈迪相同，巴達威也涉入他黨內部，特別是反對黨內部事物，如回教黨、四六精神黨，執政黨有如一隻看不見的手（an invisible hand），在增加的 26 個國會席次，國陣集團 UMNO 也強力抵制，6 席於柔佛州，5 席於雪蘭莪州，5 席於沙巴。另外，提出選舉的保證基金（the election deposit）達到兩萬零吉（USD$8,263），使得小黨如公正黨與民主行動黨無法抗衡，難以與執政集團競爭。請參考林若雩、詹滿容，〈菲律賓、印尼、馬來西亞與新加坡的民主轉型：國家、民間社會與政治社會〉，亞太研究論壇，第 32 期，2006 年 6 月，頁 36。

馬來西亞的政黨制度是一種特殊的形式。它的執政黨是由幾個獨立政黨組成的聯合體。1969 年「5・13 事件」以前，這個政治聯合體叫聯盟，1974 年以後稱作國民陣線。在聯盟時期包括巫統、馬華公會和馬印國大黨。「它有兩個最高領導機構：全國委員會（由巫統、馬華公會領導人各十六名和馬印國大黨領袖六名組成）和全國執行委員（巫統、馬華公會各六名，馬印國大黨三名）。後者的成員由全國委員會從各黨中挑選。原先設計是兩委員會主席每年由各黨輪流擔任，但一年後由一個非正式決定使巫統主席成為該委員會的常任主席。全國執行委員會是主要決策機構，有權選擇議員候選人，提出政策建議，選擇黨的主要行政領導。」[85]

國民陣線取代聯盟之後，它所包含的政黨數目，從三個增加到十四個。國陣的最高領導機關是最高執行委員會（Superme Executive Committee），國陣內每個黨至少有三個執委會代表。主席是巫統主席，也是聯邦總理。該委員會的職權與聯盟全國執行委員會相類似。

馬來西亞最主要政黨有：「聯盟」和「國陣」中的三大政黨：巫統、馬華公會、馬印國大黨，它們都具有種族性質突出的特色，是各自種族的代言人和利益的保護者，也是他們的政治代表和權力的象徵。在各政黨的綱領中最首要的政治目標往往都帶有濃厚的種族色彩。在馬來西亞也曾有過建立多種族政黨的嘗試，以模糊種族界線，淡化種族偏見，但都失敗了。例：首任巫統主席拿督翁・丁・賈阿法爾曾為這一目標退出巫統，於 1951 年 9 月建立了一個多種族的「馬來西亞獨立黨」，開始時得到華人和印度

[85] 張錫鎮，前揭書，頁 140。

人的支持，但不久非馬來人支持的熱情便減弱，兩年後該黨被解散。其他的執政的或野的大小政黨基本上也都不是多種族政黨。其中分別代表馬來人和華人的「泛馬伊斯蘭黨」和「民主行動黨」是兩個種族傾向最突出的反對黨。多種族政黨嘗試的失敗證明，在馬來西亞這種多元種族社會，其政治和政黨不可能不具濃烈的種族色彩。其原因可能是：文化上的差異，造成兩者（馬來人與非馬來人）的隔閡；殖民時期分而治之政策使兩者失去融合的良好時機；兩者的人口比例接近，使政策的決定會形成非常敏感的種族紛爭。因此，種族的觀念就超越了階級和其他的一切政治觀念。種族利益成為一切政治活動至高無上的原則。

巫統、馬華公會、馬印國大黨雖然同為執政黨聯合體的成員，但它們享有的權力地位實際上是不平等的。巫統透過某種交易和默契，享有更多的政治特權。在聯盟時期，非馬來人黨和巫統在討論時似乎還有較多的籌碼，而在國陣時期，非馬來人黨的地位就進一步下降了。造成這種情況自然主要是由於「馬來人的馬來西亞」觀念在馬來人的上層中有著廣泛的影響。另一方面，「5・13 事件」使非馬來人爭取平等政治權利失去了信心，甘心容忍巫統的盟主地位。「儘管也有民主行動黨這樣強烈地爭取種族平等的反對黨在不斷進行抗爭，但在大多數非馬來人來看，現階段馬來人的經濟地位遠遠低於非馬來人，以及巫統領導人的種族偏見遠未消除的情況下，公開的、大規模的爭取種族平等的鬥爭只能產生相反的後果。」[86]在多政黨聯盟時，有一種獨特的政治運作方式，就是遵循「高層」、「秘密」、「妥協」的政治運作方式。「首先，強調精英政治，反對大眾政治，尤其禁止公眾對敏

[86] 同註 22，頁 142。

感政治問題進行公開討論。決策過程只限於政黨聯盟中各政黨的領袖之間。對於各政黨的相互關係問題，黨的中層、基層領導人無權處理，必須由各黨領袖在執政黨聯盟的最高決策機構中進行解決。其次，嚴格保守精英們在決策過程中的機密，不得將他黨領袖的觀點在本黨擴散，更不得在本黨和群眾中進行煽動，對最高決策機構及其決議施加壓力。其三，在高層決策中不是採用少數服從多數的投票方式，而是透過說服、協商和討價還價，達成最後的妥協。」[87]這些都是馬來西亞政黨運作的特色，但我們較關心的是，在馬來西亞有那些華人政黨？它們的組織機構是什麼？它們可以發揮爭取或捍衛華人在馬來西亞的利益嗎？

馬來西亞的華人政黨有三個：

(1)「馬華公會：它的最高權力機構是中央委員會，每兩年舉行一次黨代表大會，選舉主席、一名署理主席和六名副主席以及中央委員會委員（部分委員由主席任命）。在地方組織中，分設州聯絡委員會、區會和分會三級。州聯絡委員會比巫統的同級組織權力大。馬華公會由於在政策上對巫統的依附性較大，所以黨內屢屢發生「新血」向「老戰士」的挑戰；黨內派系活動頻繁，不斷進行領導層改組。該黨在華人中的號召力不斷下降，然而由於巫統的庇護，特別是依靠參加國陣，該黨仍享有執政地位。

(2)民政黨：它是一個地方性的華人黨，其勢力主要集中在檳榔嶼。1969 年因在州選舉中獲勝，在該州建立了馬來西亞第一個以華人為州務大臣（或首席部長）的州政府。這個參加國陣的執政黨在爭取華人選民的過程中受到很大的限制，它不能不顧

[87] 同註 22，頁 142-143。

及到與巫統達成的默契和妥協，不能大張旗鼓地爭取和捍衛華人的利益。於是它在競選過程中，在避免強化自己的種族性質同時，極力把自己建立成一個專家黨，來謀求華人的支持。

(3)民主行動黨：它的綱領「建立一個非種族的民主社會主義馬來西亞」及它的口號「馬來西亞人的馬來西亞」，對非馬來人有強大的吸引力。目前它是非馬來人的主要政治代表。黨的最高權力機構是中央執行委員會，由每三年一次的全國代表大會選舉產生。權力最大的是黨的總書記，其他主要領導人是主席、二名副主席和二名副總書記。另外，它有兩個外圍組織：青年組織和婦女組織。其中，青年組織發揮著愈來愈重要的作用。」[88]

但是，從國會議員的結構來看，選舉時，非馬來人的人口比例是較少的，當選已經不容易；而且，華人的處境兩難，其政治傾向並沒有一致，依據俞劍鴻教授之研究，「大部分鄉下棕櫚油區華人選民會支持國民陣線，但城市華人則相反；當有民生問題時，則華人會支持反對黨，使國陣得到教訓。」[89]另外，政府的選舉制度中有不公平的傾斜政策，因此華人政黨想發揮監督的功能並不容易。

6.人民的政治參與

一般說來，馬來西亞人民的政治參與意識很高，這種較強的參與意識主要來自於該國特殊的種族結構。由於馬來人和非馬來人在人口比例上非常接近。使馬來人極為擔心會失去自獨立以來由馬來人控制政治的局面。這種心態十分自然地會使馬來人對選

[88] 同註22，頁144-145。

[89] 同註22，頁345。

舉的關心。他們知道，要想取得選舉的勝利，必須充分利用他們在人口比例上的優勢。選舉時巫統總是在它所代表的馬來人選區進行廣泛的動員。實際上，絕大多數馬來人，都是巫統或其他馬來人政黨的支持者。

以華人來說，殖民時代，華人普遍不關心政治，一方面因為，他們來東南亞的主要動機是經濟利益：另一方面，殖民者的分而治之政策長期剝奪了他們的公民權利。馬來西亞獨立之後，隨著他們公民地位和權利的確立，特別是由於新馬合併期間華人民族主義意識的成長，華人的政治參與意願迅速高漲。於是他們試圖透過選舉的影響來實現自己的政治權利。雖然 1969 年「5・13」事件的悲劇對這種願望是沉重打擊。但非馬來人的參與程度仍然很高，他們仍期望自己的政黨在政黨聯盟（國民陣線）中享有儘可能多的權力。

根據馬來西亞憲法，只有國會眾議院的議員是由選民直接選舉產生。參議院的議員大部分由最高元首根據總理的建議任命，少部分由州立法議會推舉。在選區的劃分上，一般要保證各個選區的選民數量基本相等。每個選區產生一名議員。但是，憲法卻又規定「在某種情況下，農村的一個選區的選民可以只有城市一個選區選民數量的一半」。對於這一傾斜政策，官方的解釋是，在農村投票率低，而且因交通等許多不利條件，不少農村選民不能參加投票。但實際上，它是一個有利於馬來人當選的措施。因為非馬來人多居住在城市，馬來人主要居住在農村地區。這種不平等的參政權，對族群的融合及國家發展的意識自然是有害的。另外，『5・13』種族衝突事件後，馬來西亞新領導人重新審視關於人權的觀念和政策。在他們看來，在馬來西亞這種存在著尖銳的種族矛盾和多元文化衝突的社會，建立和維護社會及政治穩定是首要任務。為此，建立強有力的政府以加強對社會的控制，限制公民的某些權利是必要的。在馬來西亞領導人看來，暫時的政治代價將換來國家發展和人民幸福的長遠利益。

此後，馬來西亞歷屆政府都不斷加強政治的控制。「在 1969 年緊急狀態生效後的二十一個月中，國會和一切政黨中止了活動，實行新聞檢查，嚴格審查以前的出版物和進口印刷品。『全國行動委員會』修改和頒布了一系列法律條令，以穩定政治秩序；例如：首先修改了『煽動法』，規定任何政黨和國人不得提及並公開討論容易激起種族情緒的任何敏感問題。此外，對『社團法』、『選舉犯罪法』也做了類似的修改。」[90]

另外，國會修改了 1971 年的「大學學院法」，對校園的政治活動加以嚴格限制，例如：學生不得參加社會問題的公開討論，不得加入政黨，禁止學生遊行示威等。大學教授如果發表有關政治問題的演講必須事先得到校方的批准。1975 年，擴大「國內安全法」的適用範圍。1981 年，再次修改「社團法」，對於非政治組織從事任何政治活動皆加以限制。1983 年對「刑事法典」也做了修改，具體的行動則有：1987 年，扣留了一百多位政治家、政治活動者、宗教份子和教授：有三家報紙被查封，也授權警察有權扣留危及安全的可疑份子六十天。

另外，在大眾傳播媒體方面：出版單位須每年向政府申請許可證，實行自我新聞檢查。並且規定大眾傳媒對政府的批評必須是建設性的和有克制的。「1987 年的『廣播法』規定，新聞局有權控制監聽所有電臺、電視臺的節目；有權吊銷違反『廣播法』

[90] 同註 89。

和違背『馬來西亞價值觀念』的私營廣播公司的執照。」[91]這些作法，大大地影響人民（尤其是非馬來人）參與政治的意願。

（三）緬甸

1.殖民時期

(1)英國：在鞏固了對印度的統治之後，英國向東擴張。1824 年英國利用緬印邊界衝突，大舉入侵緬甸，迫緬甸「割亞山阿羅溪地，1853 年，又割緬甸之地；1885 年，英滅緬甸，將之併為英領印度之一省。」[92]直到 1937 年，緬甸才脫離印度自治。英國對緬甸統治的影響，就政治制度而言，「英國人在當地建立英國的內閣制，其最大的特色是既可以保存當地國的傳統政治文化，又可以建立現代的民主制度。」[93]但是緬甸後來受到軍事政變的影響，改變政治制度。其次，英國人對這個國家的政治貢獻，就是以和平方式允許在二次大戰後獨立。其經過是，「二次大戰之後，英國人再度回到馬來半島，除了要面對內部共黨的騷擾之外，還要面對民族主義分子要求獨立的呼聲。」[94]在雙重壓力之下，英國順利的讓其獨立且自治。

(2)日本：「以昂山（Aung San）為首的緬甸民族主義者，寄望於日本的幫助，以趕走英國殖民者。在日本的幫助下，昂山在泰緬邊境地區組織了以自己為總司令，以日本人為顧問的緬甸獨立軍。日軍答應「幫助緬甸獨立」，於是，獨立軍配合日軍進

[91] 張錫鎮，前揭書，頁 346。

[92] 陳鴻瑜，《東南亞各國的政治與外交政策》，臺北：渤海堂，民國 81 年，頁 278。

[93] 顧長永，前揭書，頁 13。

[94] 顧長永，前揭書，頁 14。

軍緬甸。英軍被趕走之後，日本虛偽地宣布緬甸獨立，成立一個由日本顧問操縱的緬甸政府。」[95]日本並培植 30 台緬甸青年做為控制緬甸的傀儡（稱為 30 Comrades），」[96]後因日軍在 1945 年失敗，此項計畫也無法繼續。「在日本投降前夕，昂山識破了日軍的假面具，於是協定與英軍合作，驅逐日軍。與此同時，還成立了一個政治組織「反法西斯人民自由同盟」（Anti-Faseist Peoples' Freedom League）。」[97]其經過是：當緬軍配合日軍進攻英軍時，緬軍突然調轉槍口，同英軍合擊日軍。日本投降時，英國利用與自由同盟合作之機會，又回到了緬甸。面臨這種形勢，昂山的自由同盟決定以和談方式實現國家獨立。[98]但很不幸，這期間，昂山突然被刺殺身亡。吳努（U Nu）成了爭取獨立的自由同盟新領袖。在緬甸人民獨立運動的壓力下，英國同意就獨立問題進行談判。結果，倫敦同意接受未來緬甸制憲議會關於獨立的決議。1948 年 1 月 4 日，在仰光和倫敦同時宣布了緬甸的獨立，吳努成為首任總理。

---

[95] 張錫鎮，前揭書，頁 25。

[96] 陳鴻瑜，同註 92。

[97] 張錫鎮，前揭書，頁 28。

[98] 由於英國的保守黨政府係依照都爾曼－史密斯總督的建議，計畫將緬甸恢復到二次大戰前的直接統治，並非要賦予緬甸獨立自治的地位，因而引發緬甸人民的抗爭。昂山發表拒絕英國政府的白皮書，雙方陷入僵局。1946 年任蘭斯爵士成為緬甸新任的總督，他接納昂山的提案，也支持昂山赴英國進行獨立的交涉及談判，1947 年 7 月英國允許緬甸通過一部憲法，此憲法不僅允諾緬甸獨立，也賦予緬甸人民更多自治權及自主權。1948 年 1 月談判成功，緬甸成為東南亞第一個經由和平談判而獲得獨立的國家。

2.獨立建國後的政治發展

(1)吳努時期

「緬甸獨立以後，臨時政府面臨三方面的挑戰：一是緬甸共產黨，不承認臨時政府，並轉入地下開展武裝反政府鬥爭，其次是執政的反法西斯人民自由同盟內部分裂。」[99]此外，還有少數民族的反叛，「例如克倫人以武裝手段要求建立有分離權的區

[99] 在自由同盟執政時期，實際上是社會黨當政。社會黨最初是昂山、德欽妙、吳巴瑞、吳覺迎在 1939 年成立的（當時稱緬甸人民革命黨），該黨吸收了不少馬克思主義的思想成分，主張社會主義，但反對共產主義；同時也接受了佛教的哲學。從後來的表現來看，該黨和社會黨國際的思想體系是一脈相承的，主張民主社會主義。雖然吳努不是社會黨成員，只是自由同盟的主席，但他的主張基本上與社會黨相同。在自由同盟和政府中，社會黨領袖都占據著重要的領導職務，如社會黨主席吳巴瑞和總書記吳覺迎分別任自由同盟的副主席和總書記，同時也都是吳努內閣成員。

1956 年大選時自由同盟遇到一個馬克思主義傾向更強烈的社會主義組織的挑戰。這個組織就是緬甸工農黨（Burma Workers' and Peasants Party）（也稱紅色社會主義者），是從社會黨中分裂出來的。競選結果，自由同盟仍然獲勝，但緬甸工農黨獲得五十五個席位，成為議會中最大的反對黨。吳努暫時辭去總理職務，致力於自由同盟的整頓，使之成為一個統一的、強有力的單一政黨。在 1958 年 1 月自由同盟的全國代表大會上，當吳努倡議建立一個社會主義的而不是共產主義的統一政黨時，社會黨的領導人吳巴瑞和吳覺迎認為吳努要奪取他們的領導權，取代社會黨的統治地位，於是與吳努分庭抗禮，結果導致了自由同盟的大分裂，形成了以吳努為首的廉潔派（Clean）和以吳巴瑞、吳覺迎為首的鞏固派（Stable）。1960 年大選，廉潔派獲勝，鞏固派成為反對黨。這樣，自由同盟便分裂了。

域。」[100]

緬甸的政府體制基本上仿效英國的議會制。上述這些矛盾致使全國第一次大選直到 1951 年才舉行。人民自由同盟在選舉中獲勝，其領袖吳努繼續任總理。政治上實行多黨民主，在經濟上卻實行了某些社會主義的政策。在獨立的最初十年，緬甸的政黨制度並不成熟，派系鬥爭相當激烈。「1958 年執政的自由同盟再一次嚴重分裂，這導致了地方各派政治勢力的對抗和衝突，已經平息的武裝反叛活動再次乘機抬頭。為了恢復秩序，以便舉行 1960 年的第三屆全國大選，吳努邀請軍隊總司令尼溫（UNe Win）建立看守內閣，尼溫的看守內閣持續到 1960 年大選。以吳努為首的聯邦黨（Pyidaumgan Party）在大選中獲勝，吳努再次出任總理。」[101]但不久，國內政治再次變化：由於吳努允諾對少數民族實行較寬容政策，使撣族分離主義運動更加活躍。另外，在宗教問題上，佛教勢力與穆斯林勢力產生不和與衝突。此外，執政的聯邦黨內部又發生了分裂，這些都使政治局勢的動盪更劇烈。

面對緬甸的政治動亂，尼溫（Ne Win）將軍「指控政府貪污無效率，並藉口為維護國家統一及阻止非緬族脫離聯邦。」[102]於 1962 年 3 月 2 日發動了政變，逮捕吳努等主要政治人物，建立軍人政府，開始緬甸軍人統治的時代。

(2)軍人專政時期

①尼溫時期

---

[100] 張錫鎮，前揭書，頁 43。

[101] 同註 100。

[102] 陳鴻瑜，前揭書，頁 279。

a.1972 年以前

尼溫成為緬甸政府的統治者之後，隨即破壞原有憲政體制，成立一個由 17 名將領組成的「革命委員會」（Revolutionary Council），由他自己擔任主席，正式接管緬甸，成為一個集各種權力於一身的軍事獨裁政權。「尼溫將軍於 1962 年 4 月 30 日，公布『邁向社會主義的緬甸之路』（The Burmese Way to Socialism），做為國家的統治藍圖，這是以佛教及社會主義為中心的統治思想，將緬甸帶入一個封閉的、極權的、及國家控制的死胡同。為了加速及有效的建立其獨裁政權的政府，同年 7 月成立『緬甸社會主義綱領黨』[103]（The Burma Socialist Program Party, BSPP），1964 年 3 月解散所有其他的政黨。緬甸於是成為由尼溫一個人，以軍隊為基礎，透過 BSPP 而實行個人獨裁的軍事政府。」[104]

尼溫當政之後，在政治上，實行嚴酷的專制統治，對反政府武裝勢力（例如：共產黨和少數民族的反叛活動）進行嚴厲鎮壓；對言論、集會、新聞等自由嚴加限制；對外也採取嚴格的封鎖政策，禁止外國旅遊者、記者入境，對緬甸人出境也嚴格控管。在

[103] 緬甸綱領黨的基本政治主張是推行「緬甸式社會主義」。實際上，緬甸式社會主義是蘇聯僵化的「傳統社會主義模式」外加自己封閉隔絕的特色。其特點是：第一，高度集中的計畫經濟體制；第二，全面的高度國有化；第三，單一的按勞分配形式；第四，片面強調自力更生，排斥外援和對外封閉；第五，軍人集團控制著整個經濟生活。這種社會主義實質上是一種代表軍人集團的國家資本主義。這種社會主義綱領和路線給國家經濟造成了極大危害，從而迫使綱領黨從 1973 年開始政策調整和經濟改革，但均未獲得明顯成效，最後導致民主運動的興起。

[104] 顧長永，前揭書，頁 156。

經濟方面，則由於封閉及國有化政策，使人民生產意願下降，而經濟是每況愈下。雖然尼溫的強權領導可以穩住緬甸的局勢，但內部少數民族及反對黨並沒有因此而消失，他們不斷的要求尼溫進行改革。在各界的壓力之下，尼溫於 1971 年 6 月下旬舉行「緬甸社會主義綱領黨」的全國黨代表大會，並決議將軍政府還政於民。1972 年尼溫將軍自陸軍辭職，並組織一個憲法起草委員會，以制訂新憲法。

b.1972 年以後

「1972 年夏，緬甸頒佈憲法草案，經兩次修訂，於 1973 月 12 月 15 到 31 日，交緬公民複決投票，獲百分之九十贊成通過，於 1974 年 1 月 3 日由尼溫以緬甸聯邦革命委員會主席名義正式頒佈實施；新憲法將『緬甸聯邦』改名為『緬甸聯邦社會主義共和國』，並規定走社會主義民主之路線。」[105]

1974 年初，緬甸政府解散革命委員會，將權力交給新選出的人民議會（People's Assembly）及其內閣政府。但實際上新政權的軍人性質沒有改變，主要領導人沒有改變，只是他們成為文人領袖。尼溫成為國務委員會（State Council）主席（即總統），同時兼任政府總理。

新憲法通過後，緬甸成為一個社會主義國家，「國家的經濟制度採取國有化的社會主義制度，所有的資源均為國家所有，其生產、開發、利用、及分配，均由國家執行。」[106]此外，新憲法並規定「社會主義綱領黨」為緬甸唯一的合法政黨，使一黨專政成為合法的制度，另外，「國家評議會」（Council of State）是

[105] 陳鴻瑜，前揭書，頁 280。
[106] 同註 104。

國家的最高行政機關，其成員是由「人民議會」（最高立法機構）選舉所產生，即行政機關的領導者是來自立法機構的議員，這與內閣制的精神一致。「國家評議會」的成員再推舉一人為議長，另一人為秘書；此時，緬甸的總統（尼溫）是議長，緬甸的副總統山友（San Yu）是秘書。

「國家評議會」的成員任期四年，與「人民議會」的議員任期相同。「雖然這部新憲法的頒布，使緬甸的軍政府具備憲政的合法性及正當性，但是這部憲法仍然賦予行政機構很大的權力，因此，民主精神仍然相當欠缺。」[107]例如：新憲法規定「國家評議會」負責召集「人民議會」，並有權解釋憲法以外的法律，及任命所有的內閣成員。換言之，立法機構沒有立法的自主性，必須受制於行政機構（國家評議會）。在「國家評議會」之下，也設一個「內閣委員會」，其成員包括內閣總理、副總理、及各部會首長，均由「國家評議會」任命產生。因此，新憲法的頒布，並沒有太多的行政改革，只是使尼溫的軍事獨裁統治具有合法性的基礎。

尼溫雖然獲得憲政統治的基礎，反而使緬甸國內的政治及經濟問題更惡化加上反對勢力的擴張，使其統治的正當性構成相當嚴重的挑戰。「自 1970 年代中期以後，緬甸的經濟持續惡化，人民生活愈形困難，連日常生活的必需品都嚴重的缺乏，人民的怒氣及不滿日漸累積；到了 1980 年代，經濟情勢更加惡化，尼溫在各方壓力之下，於 1981 年辭去緬甸總統職務，但仍擔任 BSPP 黨主席，仍然控制緬甸的政局；繼任的山友總統只是尼溫的傀

[107] 同註 52，頁 157。

儡，緬甸的各項軍政大權，仍由尼溫控制。」[108]

到 1980 年代，緬甸仍是極度貧窮的國家，人民的怨氣持續升高。在 1988 年 1 月 4 日慶祝獨立建國 40 週年時，人民的不滿及憤怒開始發洩，仰光大學的青年學生在 1988 年 3 月中旬，在街頭集結發動反政府的示威運動。但是，尼溫政府卻以武力鎮壓手無寸鐵的青年學生，造成數十人死亡及上百人受傷，並宣布關閉所有的大學，以防止示威的擴大。之後，尼溫政府受到各方激烈的批評，被迫於 1988 年 7 月 23 日召開 BSPP 的臨時黨代表大會，並宣布辭去 BSPP 黨主席職務，也要求山友總統與他一同辭職。

尼溫的去職並未緩和緬甸的不穩局勢，因為尼溫指派山溫將軍（Sein Lwin）繼任緬甸總統及 BSPP 的黨主席，緬甸人民並不滿意，學生和民眾再度走上街頭，發動反政府示威遊行，情況相當危急，山溫將軍只好在 1988 年 8 月 11 日辭去總統。緬甸的「人民議會」在 1988 年 8 月 19 日推舉貌貌博士（Dr. Maung Maung）為總統，他雖是一位文人，但仍是尼溫將軍的親信。可是，「無行政經驗及軍事背景的貌貌總統，並不能解決緬甸的混亂局勢，因為民眾，青年學生對於貌貌總統不具信任，示威抗議仍然不停，仰光街頭相當不安。」[109]在混亂之中，當時的參議總長蘇貌將軍（General Saw Maung）在 1988 年 9 月 18 日發動政變，推翻貌貌的文人政府，組織「國家法律與秩序恢復委員會」，將「社會主義綱領黨」改名為「國家統一黨」，並將國家改名為「緬甸

[108] 同註 52，頁 157-158。
[109] 同註 52，頁 158-159。

聯邦」。[110]

②蘇貌時期

蘇貌軍政府為了因應緬甸的混亂政局，採取較為開放的政策，除了開放黨禁，允許各政黨的成立外，並開放門戶，允許外資進入緬甸，希望重建緬甸衰敗的經濟。而且蘇貌為建立其政權的正當性，將成立的『國家法律與秩序恢復委員會』（SLORC），以『軍事執政團』的方式領導緬甸的軍政府。此外，也宣布將於1990 年 5 月 27 日舉行國會（人民議會）議員選舉。」[111]因此，緬甸的反對運動紛紛組織成立政黨，以競爭國會的議席，其中以翁山蘇姬（Aung San Suu Kyi）所領導創立的「全國民主聯盟」（The National League for Democracy）最著名。在選舉活動期間，蘇貌軍政府打壓、監控反對運動的所有活動，並於 1989 年 7 月軟禁翁山蘇姬。在這次近 30 年來的首次全國大選，「有 93 個政黨、2296 名候選人角逐 485 席，但選舉結果遲不公布。」[112]最後，「全國民主聯盟」大獲全勝，贏得國會 392 席（占 80%），而「蘇貌將軍所組成的「國家團結黨」卻僅得到 10 個席次，緬甸軍政府顏面盡失，為保住其政權，竟然宣布不承認選舉結果，拒絕交出政權，繼續實施獨裁的軍事統治。」[113]

③譚瑞、欽牛與俊溫時期

蘇貌將軍在各方交相指責之下，於 1992 年 4 月 23 日辭去「國家法律與秩序恢復委員會」主席的職務，由其副手譚瑞將軍

[110] 陳鴻瑜，前揭書，頁 281。

[111] 顧長永，前揭書，頁 159。

[112] 陳鴻瑜，同註 110。

[113] 同註 111。

（General Than Shwe）繼任。「為了穩固政權，譚瑞將軍於 1993 年創立『聯合團結發展組織』（The Union Solidarity and Development Association, USDA），吸收緬甸各行各業的人士參與。USDA 雖不是政黨，但卻具有政黨的功能，這與印尼的戈爾卡（Golkar）相當類似；緬甸國內要求政治改革的呼聲仍然很高，國外（如美國、法國、英國等）對緬甸亦施予很大的壓力，「軍政府仍然於在 1993 年 1 月召開『國家會議』（National Convention），以制定新的憲法，但由於『國家會議』的成員大都是政府所任命的成員，因此在 1994 年 4 月 9 日所通過的憲法，其獨立性受到質疑。」[114]這部新憲法為軍人出身的總統量身訂做，例如新憲法規定，總統必須是軍人出身，這種規定限制翁山蘇姬當總統的機會。此外，1997 年 11 月 15 日譚瑞將「國家法律與秩序恢復委員會」更名改組為「國家和平暨發展委員會」（The State Peace and Development Council, SPDC）。

無論「重新改組後的 SPDC 或其前身 SLORC，都是凌駕在中央政府組織之上的機構，即以軍事執政團為領導的一個軍事獨裁機構。不過，SPDC 與 SLORC 的成員卻有所不同。SLORC 的成員大都同時兼任內閣政府的部長職務，而改組後的 SPDC 成員，除了譚瑞將軍既是 SPDC 的主席又是內閣總理外，其餘的 SPDC 成員都未兼任內閣部會的首長。換言之，譚瑞將軍自從 SPDC 改組後，已成為緬甸軍政府最重要的領導人物。此外，SPDC 的成員還有一個特點，即大部分的成員都是緬甸各地區的軍事首腦；意謂著 SPDC 的組成是包括緬甸各地的軍區司令（指揮官），

[114]顧長永，前揭書，頁 160。

他們都成為「國家和平發展委員會」的成員。」[115]

SPDC 又於 1999 年初改組，譚瑞將軍退居幕後，由欽牛將軍（Khin Nyunt）繼任（尼溫將軍的女婿）。依據 SPDC 的組織架構，其重要領導人有主席及秘書（共三位），另二位是汀歐將軍（Tin Oo）及溫敏將軍（Win Mnint）。但「緬甸軍政府又於 2001 年 11 月進行改組，有五位重要閣員下臺（包括二位副總理及三位部長），另外有二位 SPDC 的委員遭到撤換。這次改組之後，譚瑞將軍再度擔任 SPDC 的主席及政府的內閣總理，仍然是緬甸軍政府的首領。2003 年 8 月下旬，緬甸軍政府再度改組，原情報局長欽牛將軍被任命為總理，並發表「緬甸民主路線圖」的政策，其中的第一項就是要在 2004 年召開制憲會議。此外，「這次的改組，共有五名部長被撤換，不過值得注意的是，俊溫將軍被拔擢升任為 SPDC 的秘書長，但是譚瑞將軍繼續擔任 SPDC 的主席，仍然有主導緬甸軍政府之權。」[116]

緬甸的軍事執政團自 1988 年 11 月由蘇貌將軍建立之後，經過數度的更名改組，但都是沒有民意基礎的軍事獨裁政府。所以，緬甸人民要求民主改革的呼聲仍相當高，翁山蘇姬雖不斷遭到軍政府的軟禁及監控，但她所領導的「全國民主聯盟」（NLD），仍是緬甸最大的反對黨，仍然獲得許多民眾的支持。緬甸軍政府政治改革的意願及速度不符人民願望，緬甸人民的反政府運動一直持續。

2004 年 5 月 17 日緬甸軍政府在各界壓力之下召開制憲會議，但是與會的 1,076 位代表（包括學者、工人、農民等各界人

[115] 同註 114。

[116] 顧長永，前揭書，頁 161-162。

士），大多數都是軍政府挑選的代表，在野的「全國民主聯盟」抵制這次的制憲大會。因此，這次制憲大會推動改革之誠意仍受到懷疑。「軍政府這項制憲大會亦未獲得國際的認同，美國總統布希於 5 月 17 日當天宣布，將對緬甸的貿易與投資制裁繼續延長一年；國際特赦組織亦於 5 月 19 日指責緬甸軍政府嚴重踐踏其境內回教徒的人權，包括強迫遷居土地、勞役及各種形式的敲詐及課徵雜稅等。」[117]

「緬甸軍政府在 2004 年 10 月下旬，又進行高階人事更動，欽牛總理下臺，由俊溫將軍（General Soe Win）繼任總理，但是執掌政治實權的仍是 SPDC 主席譚瑞將軍。」[118]

④譚瑞時期

a.緬甸政府：「2005 年 11 月 6 早晨，數百名緬甸政府公務員聚集在首都仰光的辦公室，高喊著：「出發囉！出發囉」，他們兩天前才接到打包行李，準備遷都到「彬馬那」的指示。大隊人馬抵達「彬馬那」時，發現那裏根本還是一大片建築工地，沒水沒電，瘧疾蔓延，許多公務員想辭職，但沒人獲准，懼於政府的威權，這些公務員敢怒不敢言。有一種說法是，軍政府倉促遷都是因為迷信星象。一群占星家警告軍政府，其運勢正走下坡，若不遷都，現任政府將撐不過隔年四月。」[119]

b.緬甸人民：雖然 1990 年翁山蘇姬領導反對黨全國民主聯盟，於國會大選中獲得百分之八十的席次。然而，軍政府以等到制憲後為由，拒絕交出權力給全國民主聯盟。這樣的結果，使得

---

[117]〈中國時報〉，2004 年 5 月 20 日。

[118]顧長永，前揭書，頁 163。

[119]〈中國時報〉轉載自「洛杉磯時報」，94 年 12 月 25 日，A11。

各國紛紛對緬甸經貿實施制裁。美國希望藉由經濟制裁迫使軍政府推動民主交出權力。

面對來自國際的壓力，2003 年 8 月 30 日，前緬甸總理欽牛提出緬甸「民主路線圖」，主張恢復自 1996 年就被軍政權束之高閣的制憲國民大會，但不久欽牛即遭到罷黜。國際經濟壓力似乎對這個以「鎖國政策」著名的政權起不了作用。

2004 年，美國為首的西方國家再次加大對緬甸施壓力度，延長全面封鎖制裁，把緬甸列為「暴政前哨國家」，並於 2005 年 12 月促成聯合國安理會首次就緬甸問題進行討論。

然而，經濟制裁並未達到改善緬甸人權的預期效果，反而引起許多副作用。經濟學人期刊還曾經為文指經濟制裁造成緬甸人民更加貧困。「以『建設性交往』接納緬甸的東南亞國協內部，一度也因是否跳過緬甸成為東協輪值主辦國而有所爭議，並對東協是否該放棄『不干涉內政原則』的鐵律展開激辯。」[120]

2006 年 11 月 3 日東森晚間新聞標題：「勞工日賺 49 元，緬甸將領 16 億嫁女，新娘鑽石滿身，屋外窮人滿街」應是緬甸當前人民經濟狀況最好的寫照。

「2007 年初，美、英等國在聯合國提緬甸決議草案；該草案呼籲緬甸當局釋放翁山蘇姬等所有政治犯，停止軍事攻擊及迫害人權，與反對團體全面展開對話，但在 1 月 12 日遭中共及俄羅斯在聯合國安理會動用雙重否決權封殺此提案，其理由是，緬甸雖有政經社會問題，但未對國際安全與和平構成嚴重威脅，因此安理會不應涉入緬甸國內事務。」[121]但是一般政治評論家卻認

[120] 戴萬平，〈鎮壓僧侶，緬甸民主路遙〉，聯合報，96 年 9 月 27 日，A15。

[121] 引自〈聯合報〉，96 年 1 月 14 日，A14。

為：「中國反對是必然的，因為中國已壟斷了緬甸的能源與軍事的對外合作，且雙方政治、經濟合作密切，人民幣幾乎成為緬甸的流通貨幣。俄羅斯的對外優勢是：能源合作、武器出口。因此，像緬甸這樣具有天然氣及油源的國家，自然是俄國提供資金、技術，以進行能源開發合作的好目標」；[122]緬甸政府在面臨西方國家的抵制下，也願意積極與俄羅斯來往，雙方已於 2006 年簽署了石油領域戰略合作諒解備忘錄。因此在各國利益的考量及國際政治的角力下，「正義」似乎常常遭忽略。緬甸的民運領袖明國奈表示：「那些行使安理會否決權的國家必須為緬甸人民的命運負責。我們會依靠自己撲滅家中大火。」[123]

「2007 年 9 月 19 日緬甸軍政府調漲油價後，民主運動人士策動街頭示威，當局大舉追捕民主人士，反導致各地示威風潮不斷，且規模越來越大，連地位尊崇的僧侶也展開示威。」[124]「一位領導袈裟革命的僧侶從緬甸境內的藏身地點，透過走私入境的衛星電話向美國紐約的支持者表示，他們會繼續抗爭行動，但國際的支持極為重要，希望國際社會能更積極、有效地向軍政府施壓，幫助緬甸的民主運動。」[125]

但是，在大多數人不敢置信之下，緬甸軍隊 9 月 26 日展開鐵腕鎮壓，兩天內就把 20 年來規模最大的抗議活動瓦解。

鎮壓第四天，聯合國特使甘巴里獲准前往緬甸，國際寄以厚望，希望甘巴里能說服緬甸軍頭和反對派對話，或對緬甸現況帶

[122] 引自〈中國時報〉，96 年 1 月 14 日，A12。
[123] 同註 122。
[124] 聯合報，〈女尼加入，緬甸 2 萬紅衫軍上街頭〉，96 年 9 月 24 日，A13。
[125] 聯合報，〈緬甸，公民不服從醞釀中〉，96 年 10 月 8 日，A14。

來改變。甘巴里兩次穿梭來往於翁山蘇姬與軍事執政團之間，據緬甸官方媒體報導，緬甸軍政府領袖譚瑞會見甘巴里時說，如果翁山蘇姬停止支持外界制裁緬甸，他願意和她見面。這個條件其實是不可能被反對派接受的，翁山蘇姬他們現在只靠國際制裁，才能對軍政府施壓。外界的期待往往過於一廂情願，緬甸軍隊本來就是鐵板一塊，反對力量與緬甸軍頭的力量完全不相稱，他們為什麼要跟你平等對話？甘巴里的往訪其實從一開始就注定要無功而返。

「緬甸軍人是於 1962 年就開始掌權，至今已有 45 年之久，緬甸軍頭不僅僅掌握了政治權力，他們也把全國的經濟據為己有，形成了一個享盡榮華富貴、權力的共同體。對他們而言，他們已經不可能得到更多，但有可能失去，所以才會緊密的團結在一起捍衛自己的既得利益，而最直接、最有效、最快速的方法就是靠槍桿子。所以在他們的利益受威脅時，會毫不猶疑訴諸武力。1988 年的血腥鎮壓事件如是，這次的事件又何嘗不是。這次事件發生前，曾有很多議論指稱軍隊不至於對僧侶下手，事後證明緬軍面對具道德高度的僧侶，同樣毫不手軟。」[126]

3.政府體制

緬甸是東南亞最為專制的國家，自獨立建國之後（1948 年 1 月 4 日），緬甸只有在 1948 年至 1962 年期間，實施較為民主的內閣制度，之後即成為軍人專制的極權國家。

緬甸在二次大戰後，國內遭逢政治紛爭及經濟的蕭條，此外，社會黨內部分裂及緬甸內部的共黨勢力及少數民族的叛亂團

[126] 梁東屏，〈緬甸鐵板一塊，捍衛利益不手軟〉，中國時報，96 年 10 月 7 日，F1。

體蠢蠢欲動，並不時的製造動亂，對剛獨立的緬甸造成極大的威脅。吳努總理雖然在 1956 年 6 月因選舉而擔任總理也採具有內閣精神的民主制度，但是文人出身的吳努，並無足夠的實力平定內部的政治紛爭。因此，在緬甸內部瀕臨崩潰之際，尼溫將軍與吳努達成協議，由軍方於 1958 年 10 月 28 日暫時接管政府六個月，以恢復法律和秩序。

可是政治野心頗強的尼溫在六個月後拒絕交還政權，吳努只好忍氣吞聲，尼溫的軍事統治則繼續延長。在 1960 年 2 月的國會選舉，吳努所領導創立的「聯合黨」（Union Party）獲得勝利，而尼溫將軍所支持的社會黨受到挫敗，只好被迫交出政權，還政於民。吳努重新就任總理之後，雖然恢復原有的民主制度，但卻無法解決日益嚴重的經濟問題及政治的紛爭，其統治的基礎仍相當薄弱。具有政治野心的尼溫，遂於 1962 年 3 月 2 日發動政變，推翻緬甸獨立建國以來的文人政府，正式將緬甸帶入一個軍人統治的獨裁政府。緬甸的軍政府，表面上雖有一個內閣政府，但卻是一個軍事統治的獨裁政府，既無合法性又無正當性，是一個軍人完全控制的政府。

1988 年民主運動以後，緬甸的政局幾經反覆，軍隊元老尼溫雖然辭去綱領黨主席職務，吳盛倫、貌貌先後上臺，但最終又建立了以蘇貌將軍為首的軍政府。不久，蘇貌又被另一位軍人領袖譚瑞取代。目前，緬甸當處在軍人的絕對統治之下。2007 年 9 月，緬甸爆發民眾及僧侶示威事件，其後軍政府強力鎮壓，引起世界嘩然，聯合國與美歐等嚴詞譴責。美國率先宣布對緬甸軍政府新制裁措施，包括凍結緬甸政府和一些官員在美國資產、禁止美公司或個人與受到制裁的緬甸官員進行商業往來、嚴格控制對緬甸出口和禁止向緬甸官員發放赴美簽證等，以帶動其他國家跟進。美國第一夫人羅拉更罕見地尖銳抨擊緬甸軍人領袖是無恥暴君。2007 年 11 月召開的東協峰會對緬甸仍無能為力，之後美國對緬甸制裁明顯強化。布希總統在 12 月初警告緬甸若繼續無視國際社會要求，美國將進行更多制裁。美國眾議院則於日前通過議案，對緬甸高品質寶石和天然氣出口等對外貿易專案實施制裁，同時對緬甸政府領導人資產實施凍結。在連串制裁措施之下，加上 2008 年美國的總統選戰正酣，因此在國際交往上，布希慎之又慎。緬甸已成過街老鼠，任何形式的接觸或會面，都可能招致國內選民的嚴詞撻伐。在這樣的政治背景和選舉氣候之下，布希不顧及東協感受，取消年初在德州與東協各國的峰會。2008 年 1 月歐盟緬甸問題特使皮耶羅•法西諾呼籲世界各國把緬甸問題放在首要位置上。法西諾共同在與聯合國秘書長潘基文及其緬甸問題特使甘巴里會晤後說，他計劃不久後訪問亞洲國家，爭取這些國家支持國際社會共同協調向緬甸軍人統治者施壓。法西諾說，亞洲國家的共同目標應該是維持緬甸局勢的穩定，以確保緬甸軍攻府和反對黨之間展開政治對話。在這些國際社會壓力下，緬甸政府試圖跟翁山蘇姬展開對話，希望達成和解，促進國家安定。翁山蘇姬過去拒絕跟緬甸政府對話，但去年秋天她態度軟化，說只要緬甸政府願意開放民主，讓人民過好日子，她願意跟政府官員見面。2008 年 1 月 11 日，翁山蘇姬與一名政府官員會晤一小時，這是最近一段時間，政府官員第四次與翁山蘇姬見面。[127]由上述這些情形的發展，緬甸軍政府的獨裁統治方式是否會在各界的壓力下而鬆動，有待繼續觀察。

4.國會

[127] 新觀念新聞，2007 年 12 月 25 日，2008 年 1 月 10 日及 11 日。

「緬甸是東南亞最早實施憲政的國家。早在二次大戰之前，英國殖民政府就於 1935 年頒布第一部具有現代政治制度精神的憲法，這部憲法是以英國的內閣制為基礎；國會分為上、下兩院，當時英國殖民政府在緬甸曾舉行國會議員的選舉，獲勝的包茂博士（Dr. Ba Maw）出任緬甸自治政府的第一任總理。日本人占領緬甸之後，扶植包茂博士對抗英國，使得包茂博士遭到緬甸人民的唾棄；在日本軍國主義占領期間，緬甸的國會就停止運作。」[128]

1947 年 7 月通過獨立後的第一部憲法；這部憲法仍是採取英國的內閣制精神，擁有一個象徵式的領袖擔任國家元首，國會分為上、下議院，內閣總理由下議院多數黨黨魁擔任。上議院是由各個民族的代表組成。因此，民族都有一定的比例名額，以保障各民族的平等。下議院的議員則依各省人口比例，經由選舉而產生。這個兩院制的國會舉辦過三次的選舉，包括 1952 年 6 月，1956 年 6 月，及 1960 年 2 月的國會議員選舉，結果都是由吳努（U Nu）所領導的政黨獲得勝利，因而吳努在 1950 年代均擔任緬甸的總理。此時當選的國會議員雖然大都屬於吳努的執政黨，但是國會亦有一些反對黨的議員，由於政黨是自由開放，因此，緬甸在 1950 年代大致維持代議民主的特質。

可是，吳努總理並沒有完全穩定剛獨立時緬甸混亂的政局，尤其是共黨的叛亂活動日益猖獗，引起軍方的不滿，於是尼溫將軍於 1962 年 3 月 2 日發動政變，推翻吳努所領導的文人政府。因此，獨立建國後所實施的代議民主制度亦被軍事獨裁政府取代。在尼溫軍政府統治的初期，緬甸沒有代議制度的國會，實際

[128] 同註 52，頁 210。

統治的是由 17 名軍事將領組成的「革命委員會」，而統治的工具就是「社會主義綱領黨」（The Burma Socialist Program Party, BSPP）。在軍事獨裁的統治之下，既無選舉產生的國會，亦無反對政黨的組織，只有「社會主義綱領黨」可以進行政治行動。

緬甸軍政府於 1974 年 1 月 3 日頒布新憲法，將國號改為「緬甸聯邦社會主義共和國」。根據這部新憲法，緬甸的國會（人民議會）為單一國會制度，是國家的最高立法機構，國會議員名額共有 451 名，由人民直接選舉產生。不過，由於軍政府嚴格的控制，所有的候選人都是經過 BSPP 的提名，因此人民無從選擇，只有 BSPP 的黨員才可能當選成為「人民議會」的議員。

另外，在「人民議會」之上，另設有一個「國家評議會」（Council of State），其成員是由「人民議會」選舉若干人而組成。第一屆的「人民議會」是在 1974 年 1 月底的選舉產生，而當時推選的「國家評議會」議長即為尼溫將軍（總統），；秘書為山友將軍（San Yu）（副總統）。由此可知，在這種制度之下，「人民議會」雖是國家最高的立法機關，可是卻受到「國家評議會」的控制，因為後者才是國家的最高統治機構。此時的國會議員也沒有自主性，國會只是行政權的附屬。

在尼溫軍政府的高壓統治之下，人民的民主及自由受到很大的限制，而經濟又因實行社會主義國有化制度及鎖國政策而日下滑，緬甸人民反抗軍政府的行動愈來愈激烈。在 1970 年代及 1980 年代，「人民議會」的產生均由 BSPP 所控制，根本無法反映民意。在各界的壓力及交相指責之下，緬甸軍政府終於在 1988 年 9 月宣布取消黨禁,允許各政黨的成立，並於 1990 年 5 月 27 日舉行全國普選。這次的選舉，雖然受到軍政府嚴格的控制，但是翁山蘇姬所領導的「全國民主聯盟」（National League for Democracy）

卻獲得大勝，贏得 80%的席次。軍政府顏面盡失，非常難堪；但是為了繼續執政，竟然宣布不承認選舉的結果，不交出政權。所以，緬甸此時仍然沒有真正的國會。

緬甸軍政府於 1993 年 1 月自行組織「國家會議」以進行修憲，有部分條文通過，但仍未實施。又於 2004 年 5 月中旬再度召開制憲大會，與會的 1,076 位代表都是政府所指派，雖然這些代表來自各行各業，但是並不具備民意基礎；反對黨「全國民主聯盟」就抵制這次制憲大會。因此，緬甸自 1988 年以來，即沒有國會，完全是由獨裁的軍事執政團（SPDC）所統治。一般而言，軍政府相當不得人心，對於開放的全國選舉非常沒有信心，唯恐在全國普選後失去政權，因此，至今尚未舉行選舉，所以在進入 21 世紀今天，緬甸的軍政府仍然繼續嚴格的控制政局。

5.政黨

緬甸在 1950 年代仍是一個民主多黨制的國家，並曾舉辦過三次全國性的國會議員選舉。可是當尼溫將軍於 1962 年 3 月 2 日發動變，推翻吳努文人政府，並掌控政權以來，就成為一個軍人控制的一黨專制國家。緬甸除了在 1990 年舉行一次選舉外，自 1962 年至 2000 年期間，沒有舉行任何其他的選舉。若將緬甸與越南、寮國同是實行一黨專制的國家比較，「越南及寮國因為舉辦全國性的選舉，使其統治的共產黨擁有政權的合法性。可是，緬甸的統治者卻不具備合法性，因此，就政體及政黨而言，緬甸應是一個一黨專制的獨裁國家。」[129]在尼溫將軍統治期間，不僅政治獨裁，緬甸的經濟亦呈現民生凋蔽的現象。因此，各方交相指責及示威的壓力之下，於 1988 年 7 月辭去 BSPP 黨主席職

[129] 同註 52，頁 228。

務，但並未還政於民，BSPP 黨主席的職務，仍是由軍人擔任，而且 BSPP 仍是控制政權的政黨。不過，緬甸軍政府在各界的壓力之下，於 1988 年 9 月宣布開放黨禁，並將 BSPP 改名為「國家統一黨」（the National Unity Party），也於 1988 年 11 月 7 日宣布成立「國家法律與秩序恢復委員會」，這些形式上的改變只是將一人獨裁的軍事政權，轉變為獨裁的軍事執政團（集體領導）。

「當緬甸軍政府開放政黨成立時，在極短的時間之內，緬甸就有二百多個政黨成立，緬甸軍政府為順應民情，於 1990 年 5 月舉行全國性的國會議員選舉，結果『全國民主聯盟』大勝。緬甸軍政府不承認選舉的結果，使得翁山蘇姬所領導的『全國民主聯盟』無法執政，而緬甸軍政府就繼續控制及統治政權，一直到現在。」[130]緬甸軍政府在 1990 年代及本世紀初，曾數次改組，但緬甸一黨獨大的專制政治，似乎不太可能改變。

6.人民的政治參與

在吳努統治時期，是緬甸最具民主精神的階段。當時國會依據英國的內閣制精神，實行二院制國會，儘管在這段期間緬甸政局相當不穩，共黨及少數民族的叛亂活動頻頻發生，但仍分別在 1952 年、1956 年、1960 年舉行了三次全國普選。而且人民擁有「憲法保障言論、出版、集會自由，司法獨立及法律面前人人平等之原則。」[131]

之後，在尼溫軍政府的高壓統治下，人民的民主、自由及參政機會受到很大的限制。例如：1974 年的「人民議會」選舉，依據當時的憲法，人民議會由每個鎮區選出的一名代表組成。「凡

---

[130] 同註 52，頁 229。

[131] 張錫鎮，前揭書，頁 310。

年滿十八歲的公民均有選舉權，鎮區以下的人民委員會代表須年滿二十歲；省或邦的人民委員會代表需滿二十四歲；人民議會代表候選人需要年滿二十八歲；憲法還規定，僧侶及宗教界人士無選舉權及被選舉權。由於憲法明確規定，代表緬甸軍事當局的執政黨緬甸社會主義綱領黨為唯一的政黨，並享有對國家的領導權，整個選舉就受到了嚴格的控制。人民議會及各級人民委員會代表候選人名單均由綱領黨及其領導下的群眾組織一起磋商後提出。毫無疑問，人民議會議員和各級人民委員會代表的大多數均為親軍人政府的綱領黨黨員。」[132]這種選舉是不民主的。

1962 年以來，長期的軍人專制統治和經濟政策的失敗導致了 1988 年的大規模的民主運動。緬甸政府被迫做出妥協，尼溫下臺且宣布舉行全國大選。因此，有組織的民主政黨紛紛產生，而且不斷壯大。在這種情況下，軍方突然宣布成立「國家法律和秩序恢復委員會」，實行赤裸裸的軍事統治。

「以蘇貌將軍為首的軍事當局上臺以後，根據戒嚴令對民主運動進行瘋狂鎮壓。打擊的主要目標是學生領袖、翁山蘇姬及其領導的最大民主政黨組織『民主全國聯盟』。在當局的大逮捕行動中，翁山蘇姬和其他一些反對黨政治家被軟禁，一些學生領袖被捕，另一些則逃往克倫族叛軍營地。」[133]

緬甸政府雖然宣布於 1990 年 5 月 27 日舉行多黨選舉，但對於選舉程序，卻「做了種種限制性規定，如候選人發表競選演說和集會必須在指定地點，必須得到當局的事先批准等。」[134]在

[132] 同註 22，頁 324。
[133] 同註 22，頁 325。
[134] 註 133。

所有的不利因素排除後，緬甸政府對大選充滿信心，但民心思變，選舉結果仍由翁山蘇姬的「民主全國聯盟」獲得大勝，因此，緬甸政府就藉故拖延，先是製造軍事當局合法化的輿論，聲稱「法律和秩序恢復委員會」為「合法政府」，而後又極力阻礙人民議會的組成。「面對這種形勢，『民主全國聯盟』決定召開會議研究對策。就在該組織將要召開會議的前兩天，軍事政府發布了一個公告，稱『法律和秩序恢復委員會不受任何憲法的約束，恢復委員會依據軍管法統治國家……恢復委員會是一個軍政府，它得到了世界和聯合國的承認……』。很顯然，權力的轉讓已經不可能了，軍政府決定繼續壟斷權力。」[135]

「1992 年和 1993 年『國家法律和秩序恢復委員會』召開了一個全國性的大會，表面上是要起草一個憲法，但真實目的是為軍事獨裁統治尋求合法的藉口。七百名代表中只有九十名是來自反對黨。在大會進行期間，國家法律和秩序恢復委員會宣布，由於起草憲法要花費數年時間，代表們認為軍隊是維持緬甸穩定的唯一組織。」[136]因此，名正言順地繼續執政，也無限期地推遲了權力移交和還政於民。甚至於繼續限制政黨活動及嚴密控制人民的言論及政治自由。人民只有離開緬甸，[137]或寄望國際正義；

---

[135] 同註 22，頁 325-326。

[136] 同註 22，頁 326。

[137] 依據學者范宏偉先生之研究，1967 年 6 月 26 日，緬甸首都仰光發生了排華事件，此事件使華僑的生命、財產遭受不同程度損失，緬華社會生存發展環境惡化，導致大批華僑華人再移民。排華使華僑加快了入籍和同化當地的步伐，並開始儘量隱藏自我認同和華人的身份。請參考范宏偉，〈1967 年緬甸「6・26」排華事件與緬華社會研究〉，臺灣東南亞學刊，3:2，民國 95 年 10 月。

1997年，軍政府的武力鎮壓再一次證明緬甸的獨裁專制政治似乎不可能改變；人民政治參與或政治民主化在緬甸，也不容易實現。

三、比較各國政府體制

國家（政府）之施政的目標是要提供給人民「良善的生活」，但現代的國家面對的是經濟、社會日趨多元化；要達成的政治目標也愈來愈多元，因此政治體系也更加複雜化；但有效率的政府會使其政治制度專門化（specialized）以表現其專業的功能。因此，本節要嘗試為印尼、馬來西亞、緬甸的政府體制做比較，研判其政體的類別，討論其是否有政治發展的潛能。

本文採用學者海格（Rod Hague）和哈諾普（Martin Harrop）建議的三個因素，來進行印尼、馬來西亞、緬甸各國政府的分類，（表2-5）。這三個因素是：

（一）政治領袖間競爭的性質：

政府對於競爭者是採開放的態度，視為合法的競爭？或是視

依據學者張雯勤的研究，不斷的有來自緬甸的雲南同鄉移入泰北雲南村落，這些新進入的移民，移出緬甸的原因是基於緬甸社會持續的不安定，這樣的局勢尤其在1980年代末和1990年代初更形惡化。即使在1997年7月泰國發生經濟危機後，從緬甸進入泰國的非法勞工移民潮並沒有減緩，依據泰國官方資料，在1996年2月從緬甸非法進入泰國的人數為733,640人，但到了1997年10月已增加到943,745人（資料並沒有解釋這些數據是如何統計的）。泰國學者Chalamwong對這個現象提出五點解釋：1.泰國的薪資較附近一些國家高；2.很多鄰國的工作機會少；3.在泰國有許多組織網絡幫忙安排非法緬勞工作；4.泰緬相鄰邊界很長，泰政府無法全然有效控制非法移民；5.泰國政府的低效率與地方官的貪污。當然，也有年輕的一代，離開緬甸，到臺灣或日本工作或求學。

競爭者為非法，而禁止或鎮壓？前者是指政府的更換是透過定期公開的選舉，開放的政黨競爭，由人民自由的選擇。至於非競爭的政權，政治領導階層的更迭可能是來自於世襲的繼承或私相授受，或可能用政變、革命等違反體制的手段，因此，政治領袖的競爭本質可分為開放政權與封閉政權兩類型。

（二）大眾參與政治的幅度：

在現代多元的社會中，「直接民權」或「全民政治」只是理想，政治不可能由全體人民來管理，最多只能做到「主權在民」、「有參與的政治」、「責任政治」等，但政府的決策怎樣才能算是符合民意呢？因此，人民必須透過選舉等政治參與的活動來表達對政策的看法。「但是世界各國，迄今仍有許多國家的人民是統治者的臣屬，不是國家的主人，沒有參與政治的機會與制度。所以，透過政治參與程度的研究，也是比較各國政府的一種方法。」[138]所以，「大眾參與政治的幅度可分為：包容性的政權（inclusionary regimes）和排斥性的政權（exclusionary regimes）前者提供普選與多元化參與，使人民可自願的選擇，後者則是限制各種參與的機會。」[139]

我們又可將「大眾參與政治之幅度」，分成：

(1)多元（自願）：即政府提供普選與多元參與的機會，使人民可自願的選擇，是自由民主政體所顯現的。

(2)中等：人民參與政治的制度及機會一般而言是公平的，但其動員方式常訴諸宗教或種族等情緒性的意識型態，在「民粹動員政體」可見到這種情形，例如：南韓。

[138] 彭懷恩，《比較政治學》，臺北：風雲論壇，2004 年，頁 62。

[139] 同註 138。

(3)限制：政府雖提供許多大眾參與政治的機會，但在執行面，卻有很多限制，例如：馬來西亞政府認為，為了社會和諧，不准競爭者有批評政府的言論自由、媒體報導的尺度受到嚴格的控制或在選舉制度方面也有部分不平等的安排等。

(4)否定：這種類型的政府，並不允許一般的人民參與政治活動，如果被迫開放舉辦選舉，也以各種理由，不承認選舉的結果，常見於「軍事獨裁政體」，例如：緬甸。

（三）政策的保守與轉變：

「政府的決策經常會影響社會的發展方向，因此，從事政府的分類時，可透過攻府對政策的價值優先順序，來比較其政府是傾向保守或願意轉變。保守的統治者希望維持現狀，不願改變社會的規範及秩序，另一極端相反立場的是革命改變，即反對派領袖以某些政治理想，號召群眾，從事社會的徹底改革，例如：近代信仰馬克思主義者為此派代表。介乎保守與激進革命之間的是改革路線，例如歐洲社會民主黨派，多主張循漸進的手段去減少社會的不平等，而反對革命的手段。改革路線也可稱為適應路線，是不斷調整政策以「演化」的方式，去適應外在環境的變化。」[140]

從上述三種分類標準——領袖競爭、參與程度、與政策方向，可區分當代六種類型的政體（regimes）（表 2-5）：

[140] 同註 138，頁 63。

表 2-5　政權的分類法

	領袖競爭	參與程度	政策方向
自由民主政體	開放	多元（自願）	改革
傳統政體	封閉	否定	保守
競爭寡頭政體	開放	限制	保守或適應
軍事政體	封閉	否定	保守或改革
民粹動員政體	封閉	中等	轉變或適應
共產政體	封閉	限制	轉變

資料來源：Rod Hague & Martin Harrop, Comparative Government and Politics: An Introduction，引自彭懷恩，《比較政治學》，臺北：風雲論壇，民國 90 年，頁 63。

用上述的分類方式，我們根據本章第二節所說明，印尼、馬來西亞及緬甸的政府體制、國會、政黨運作及人民的政治參與，可看出：

(1)印尼：1.在蘇哈托擔任總統期間，雖有定期舉辦選舉，但卻沒有連任之限制，而且總統是由人民協商會議議員間接選舉產生，而國會議員大都是總統或其幕僚指定，另外，強迫競爭性的政黨合併成二個，並且接受「潘查希拉」的意識型態，使競爭性政黨無法提出有特色的政治綱領，又不允許其他政黨（除了「戈爾卡」外），到縣級以下的鄉村進競選行動，而文官體系也在「恩從關係」的庇護下，嚴重的貪污腐敗；但在蘇哈托執政期間，在政策上，卻也為印尼創造了高的經濟成長，因此可將此時期的印尼歸類為封閉的領袖競爭、限制的參與程序、適應政策方向的「威權獨裁類型」。此種類型的行政部門，由首長獨攬權力，不受任何其他部門（如國會、法院等）的制衡與法律的限制，也不受人民的節制（如選舉、罷免權等），缺乏統治的正當性（如民意的基礎等），而且都是運用政黨來從事社會動員或運用秘密警察來監視、鎮壓反對勢力，所以這種獨裁，常是人亡政息。另外，「此種類型的政體，雖然限制人民的公民權利，但對於社會原有的宗教、文化、經濟卻不施以太多限制，除非影響到統治者的權力。一般而言，威權獨裁政體喜歡動員人民支持政府，來表彰領袖深得民心。所以，威權獨裁者常是扮演父權式（paternalistic）的領導，表面上是處處關心民瘼、關懷民間疾苦，但實則上是為保障自己權力地位。」[141]

2.哈比比擔任總統之後的歷屆總統，領袖的競爭是開放的，且其產生方式（自 2004 年月以後），是由人民直接選舉產生；人民的政治參與也有大幅度的改變，國會已改變成人民直選議員所組成完整的兩院制國會，取消由軍方或功能性團體代表的席次。由這些轉變，我們認為，印尼似乎正努力走向「自由民主政體」，但因為改革才剛剛開始，整個社會、政治系統是否能承載這麼大的變動，仍需觀察。

(2)馬來西亞：在承襲英國殖民時期「分而治之」的傳統後，獨立建國後的馬來西亞在妥協下，確定了馬來人享有傳統的政治統治權，非馬來人則享有傳統的經濟地位，又因為華人強勁的經濟實力，使馬來人有很強烈的族群意識，因此，雖然在領袖的

[141] 彭懷恩，《政治學新論》，臺北：風雲論壇，2001 年，頁 83。

競爭是開放的，但華人及其他族群在人口數上不如馬來人，因此，在選舉時，在馬來人強力的動員下，選舉結果一直是馬來族群擔任政治領袖職位；但政府在教育體制、擔任公職機會及升學的競爭等，有保障馬來族群的做法，使非馬來族群並不能完全認同。「在控制族群的衝突上，主要族群雖有「大聯盟」(即國民陣線）的設計，但是那可能祇是一個執政黨用以繼續保持其霸權地位的巧妙設計而已。」[142]而在人民政治的參與上，雖然開放人民有組織政黨、競選等，但卻有限制反對政府的言論或嚴格的監控大眾媒體等措施，所以人民參與政治的幅度是屬於有限制的。在政策的方向也是以不斷的調整來適應外界的環境，另外，「在馬來西亞，蘇丹威權及父權統治的傳統政治文化以及高級文官、政治領袖有同一種族、同一階層甚至同一家族的背景」，[143]即（傳統的聯繫關係，或政治精英「合縱連橫」的政治結盟關係），容易形成所謂的「行政國家」；而過去的（聯盟）及現在的「國民陣線」在國會是獨大，且由「參加國陣的各政黨壟斷政權，而各政黨內部也是經過民主選舉的程序才能出任該黨的領導人。」[144]因此馬來西亞可以歸類為「種族霸權政體」。在這種政治體系下，已經產生公平而開放的競爭管道，提供政治精英角逐權力地位。而且透過國會議員的定期選舉，政治體系是開放、具有競爭性的結構。

(3)緬甸：除了吳努時期，短暫的「議會式民主」外，緬甸是典型

[142] 江炳倫，《南菲律賓摩洛反抗運動研究》，臺北：韋伯，2003 年 1 月，頁 153。

[143] 張錫鎮，前揭書，頁 108。

[144] 陳鴻瑜，前揭書，頁 570-573。

的軍事政權，有時軍人是在幕後操縱文人政府（吳努時期），有時是自己站在臺前統治國家，此種政體本質上是封閉的、排外的，沒有公開的領袖競爭制度，也不准人民參與政治，在政策上也只是圖少數人之利益，視百姓為芻狗。所以在當前民主政治潮流下，軍人赤裸裸的干政，常不得到人民的支持，缺乏統治的正當性，再加上，軍人政府發現他們缺乏管理現代政府的行政及技術專長，無法因應日益複雜的社會，因此，長期推行社會主義的計畫，企圖改造國家重建社會，但沒有成功，所以，仍然採取「鎖國政策」，使緬甸經濟慘遭失敗的命運。即使經過了全世界第三波民主化潮流，進入 21 世紀，緬甸仍然藉著國有的石油、自然資源影響中共、俄羅斯等國家來掩護其非人權、不民主的專制獨裁政權。

（表 2-6）是比較各國之政體、國會政黨運作、人民參與政治之過去與現在所顯示的結構變化，發現，除了「印尼」是一直轉變的政府體制外，「馬來西亞」及「緬甸」在政府及政治體制從過去到現在並沒有太大的改變。

表 2-6　比較印尼、馬來西亞、緬甸政府及政治體制之過去與現在

國家	印尼		馬來西亞		緬甸	
	過去	現在	過去	現在	過去	現在
政府體制	①1945總統制 ②1950議會內閣制 ③蘇卡諾：指導式民主→總統制	自由民主政體	種族霸權政體	種族霸權政體	軍事獨裁政體	軍事獨裁政體

	④蘇哈托：威權獨裁政體					
國會運作	以蘇哈托時期而言： ① MPR—制憲、修憲、選總統、副總統(500名議員，由政府指定) ②國會—一般的立法權(400名議員由人民直選，100名由政府指定	人民直選的國會議員組成兩院制國會	反對黨在國會席次不足以與執政聯盟抗衡,國會監督之功能不彰顯	反對黨在國會席次不足以與執政聯盟抗衡，國會監督之功能不彰顯	人民議會之議員候選人皆由BSPP提名,再由人民選舉產生,人民無從選擇	1993年軍政府組織「國家會議」進行修憲，但與會代表皆是軍事執政團所指派，不具民意基礎，所以受到反對黨抵制，因此1988年後，緬甸即沒有國會運作
政黨	戈爾卡獨大，其他政黨被迫合併及認同	多黨政治	多黨聯盟—執政的國民陣線獨大,聯盟內的成員權力地位不平等	多黨聯盟—執政的國民陣線獨大，聯盟內的成員權力地位不平等	「社會主義綱領黨」(BSPP)是唯一的政黨,進行獨裁統治	1988年曾開放黨禁，也舉辦選舉，但軍政府不承認結果，繼續執政，而且繼續軟禁主要反對黨領袖。2007年底，在國際社會

						的壓力下，有與反對黨領袖持續對話之情形，但政治開放之具體成果仍未顯現。
人民參與政治的幅度	限制——①人民不能決定60%的國會議員②總統是由國會議員間接選出	不受限制——國會議員或總統、副總統皆由人民直接選舉產生；中央與地之間的關係也在選舉制度的改進後逐步改善。	有限制——①人民不能有反對政府之言論自由②媒體受到嚴格的監督③訂定嚴厲的「國內安全法」、「社團法」、「煽動法」、「選舉犯罪法」等。	有限制——①人民不能有反對政府之言論自由②媒體受到嚴格的監督③訂定嚴厲的「國內安全法」、「社團法」、「煽動法」、「選舉犯罪法」等。	人民沒有實質的參與政治之機會	人民沒有實質的參與政治之機會

四、印尼、馬來西亞、緬甸政治系統與政治文化之關聯

巴爾墨（Monte Palmer）從社會類型的特徵、物理與人口環境、社會結構和社會階層化、經濟系統、文化和傳播系統、政治系統、態度和行為模式等八個角度來比較傳統社會與現代社會之

差異[145]（見表 2-7）

表 2-7　傳統社會與現代社會之對比

模式 指標	傳統社會	現代社會
(1)社會類型的特徵	身分歸屬：擴散（鬆散）； 自我取向；特殊主義； 重情感；家族主義； 社區（Gemeinschaft）； 機械式團結	成就；專化（嚴密）； 集體取向；普遍主義； 情感中立；契約關係； 社會（Gesellschaft） 有機體式團結
(2)物理與人口環境	低都市化；低識字率； 高生病率；高出生率； 高死亡率；高天災受害率。	高都市化；高識字率； 低生病率；低出生率； 低死亡率；低天災受害率。
(3)社會結構與社會階層化	大家庭：結構分化低； 橫面流動率低；縱面流動率低。	小家庭；結構分化高； 橫面流動率高；縱面流動率高。
(4)經濟系統	多功能的單位，未分化，缺乏自主地位；偏重農業和遊牧業；低國民所得與消費；低剩餘資本與生產；基層經濟發展水準低。	單一功能或有限功能的單位，明顯地分化，具自主地位；偏重工業；高國民所得與消費；高剩餘資本與生產；基層經濟發展水準高（如水壩、道路）。
(5)文化系統	社會化限於初級家庭和同儕團體；信仰系統強調身分歸屬和宿命論的價值；地域的政治文化。	社會化及於初級和第二級層次的組織（如學校、經濟和政治組織、大眾傳播）；信仰系統強調成就和創新的價值與行為；參與的政治文化。
(6)傳播系統	面對面溝通；初級團體的聽眾；傳播內容屬規範的；上下層級的消息來源。	透過傳播進行溝通；異質的聽眾；傳播內容屬描述性的；專業性的消息來源。

[145] Monte Palmer, The Pilemmas of Political Development：An Introduction to the Politics of the Developing Areas，引自陳鴻瑜《政治發展理論》，臺北，桂冠，頁 128。

(7)政治系統	多功能的單位，未分化，缺乏自主地位；社區參與；政治系統執行少許功能。	單一功能或有限功能的單位；明顯地分化；個人參與；政治系統執行許多高度複雜的功能。
(8)態度和行為模式	自我發展程度低；迷信；傳統導向；低需求和期望；不重視人的意志和效能；低移情能力；不認同第二級符號；短視；公民責任感低；不重視創新。	自我發展程度高；理性—科學的推理；他人導向；高需求和期望；重視人的意志和效能；高移情能力；強烈認同第二級符號；有長遠計畫；公民責任感高；重視創新。

資料來源：Monte Palmer, The Dilemmas of Political Development：An Introduction to the Politics of the Developing Areas，引自陳鴻瑜《政治發展理論》，臺北：桂冠，頁 128。

由表 2-7 中的「政治系統」指標，在傳統社會與現代社會的不同特徵，我們來檢視印尼、馬來西亞、緬甸的行政、國會、政黨與人民的政治參與等政治系統是多功能或單一功能的單位？功能是否分化？是否有自主性？是否可以執行高度複雜的功能？

（一）印尼：由本章前面的章節所述，印尼在蘇哈托時期的軍人官僚體系貪污腐敗問題極為嚴重，在「戈爾卡」的主導下，無論政黨、國會的運作完全受制於行政系統，因此，功能不分化也無自主性，當然也不能發揮符合人民需求的高度複雜功能。但哈比比上臺之後的國會，是由人民自主性參與直選的議員組成兩院制國會；多黨制的政黨運作，也多少可以發揮精英甄補、政治傳播、利益表達與匯集及協商政策制定、實行等功能。但是，正是因為存在宗教、種族、文化的不同，因此，在競爭加劇下，是否會導致決策及行政領導上的不穩定現象，仍需觀察，因此，我們可以將印尼歸為「過渡社會」；也就是介於傳播社會與現代社會之間；若以（表 2-7）的(5)「文化系統」為指標，政治社會化機構，是家庭、同儕團體、學校、政治經濟團體或大眾媒體皆可能；而信仰系統則有強調身份歸屬及宿命論者，也有成就和創新的價值和行為，在政治文化上，則介於地方的政治文化與參與的政治文化間。再從(8)態度和行為模式指標的「公民責任感」則具有低—高的態度。

（二）馬來西亞：國會開放多黨自由競爭，但反對黨在國會席次不足以與執政聯盟抗衡，因此只能發揮有限功能；政黨方面，執政聯盟的「國民陣線」雖然包含許多政黨，但聯盟內各政黨之權力並不平等，因此，各政黨之自主地位並不相同；另外，在政策制定與執行，時有傾斜的制度，再加上不完全自由的言論與大眾傳播系統，所以，我們也將馬來西亞歸類為「過渡社會」；那麼，它在「文化系統」指標與「態度和行為模式」指標也就與印尼類似，是介於傳統社會與現代社會之間。

（三）緬甸：在行政體系方面仍是軍事獨裁體制，後來，雖然開放黨禁，也曾舉辦選舉，但在大選失利後卻仍不願意移轉政權，仍舊黨政軍一把抓，沒有良好執政的能力，政治系統僅能執行極有限的功能，又因低國民所得與消費，基層的經濟發展水準極低，民生困苦。因此，人民對政治不關心（公民責任感低），政治只是軍人政治鬥爭的舞臺，政治社會化只限於家庭及同學、朋友，信仰系統偏向宿命的價值觀，是屬地方的政治文化。但本文研究對象的緬甸僑生，至少有高中畢業以上之學歷，一部分在泰國或其他地區居住過，在全球民主化潮流的衝擊下，自我發展的意識強，有長遠的計畫，高需求及期望，也有公民責任感及政治發展意識，所以，也可將緬甸僑生所處的社會歸為「過渡社會」。

由以上的分析，可假設印尼、馬來西亞、緬甸的僑生僑居地各不相同，但都來自過渡社會。而過渡社會的特徵是「具有嚴重的異質性和不平衡的雜亂混合狀況；在這樣的社會中，個人不再遵循舊的傳統規範，也不能適應現代世界的新規範，或者，既要適應新規範，又不想放棄舊規範，以致在兩者之間，無所適從。」[146]理論上，在社會變遷的過程中，有時因為社會結構改變或因政府之施政責任不佳引起認同危機、合法性危機；或由於利益和路線之分歧，宗教、種族之重疊而引起行政命令貫徹危機、整合危機、分配危機等，形成政治的不穩定等。而實際上，究竟來自東南亞這三個地區的僑生其政治文化、政治態度是如何？因此，本文在下一個章節即是要對此三個地區的僑生實證研究其政治文化（政治社會化途徑及政治態度）所顯現的特性。

[146] 陳鴻瑜，《政治發展理論》，臺北：桂冠，1992，頁 135。

第三章　東南亞僑生政治社會化、政治態度實證分析

一、研究對象

本文以印尼、馬來西亞及緬甸等地來臺升學之 94、95 學年度，就讀臺灣師範大學僑生先修部學生及 96 學年度各公、私立大學部一年級之僑生為實證研究對象，藉著認識這些地區僑生的政治文化來探究東南亞華人族群的政治文化有下列幾個原因：

（一）來臺升學僑生人數以亞洲地區最多，平均每年約九成二（表 3-1），而這三個地區的僑生人數合計大約佔所有僑生人數的一半。另外臺師大僑生先修部僑生以亞洲地區最多，東南亞地區也以馬來西亞、緬甸及印尼學生較多。（表 3-2）

（二）政治態度會隨著時間或政治社會化的過程而改變，因此本文選擇僑生來臺升學後的二個月內進行問卷調查；以各大學一年級新生及臺師大僑生先修部的學生為訪問對象，較能接近這

樣的需要；也可儘量避免「語文問題」[1]、「等值問起」[2]等造成統計結果之誤差。

（三）對於新興國家的政治發展及追求國家現代化，是否一定適用西方的「民主政治」為標準，在學界有非常多的爭議，但世界各國普遍地趨向民主政治體制、提倡人權也採取較開放的市場經濟，而且，從本文第一章「政治本質」及「政治目標」可瞭解：國家的積極目的是在使人人都能得到最完美的良善生活。因此，本文假設「民主政治發展意識」為東南亞華人族群政治發展之目標；而各僑居地政府是整個政治活動的主動者，它們是否具有「民主政治發展」的潛能？而僑民對過去的一段時間（二次大戰後到目前），其僑居地政治發展的態度是如何？是本節探討的方向。因此，以「僑生」為實證研究對象，探討其對政治體系的認知、情感、信仰、態度等政治文化，是著重其教育程度中上（高中已畢業即將升入大學就讀或已經就讀大學一年級），且有經濟能力到臺灣來升學（顯示其經濟能力在僑居地中等），因此儘可能降低因為教育程度不同或經濟能力差異太大所造成體系內成員之間有較大不一致，產生「組內變異」太大，而影響實證的結

[1] 語文方面，問卷採用中文書寫，遇到來自印尼、或歐美地區中文較不佳之受訪者，由本文作者親自解說，或找其他可以翻譯的同學協同幫助。

[2] 在處理等值面向的政治行為指標方面，則在設計問卷時，採用較直接的問法，沒有刻意設計不同的政治情境，以儘量避免各國政治情況不同，會有訪問情境刺激產生差異的情況。另外學生在僑生先修部就讀，無論任何組別都有「公民與憲政」課程，在上學期期中考前（問卷訪問前），講授的範圍是「近代人權問題與人權革命運動」、「憲法與基本人權」、「選舉制度」、「民主的意義」、「現代民主國家的政府類型」等，因此，儘可能使受訪者在各方面的條件能趨於「一致性」。

果。

因此，本文以 94 及 95 學年度僑生先修部學生及 96 學年度各大學大一僑生為抽樣對象，共得到有效問卷 865 份（表 3-3）。由（表 3-3）受訪學生僑居地分布，馬來西亞、印尼、緬甸學生大約各佔 51%、16%及 32%，與（表 3-1）註 4，馬來西亞、印尼、緬甸地區學生來臺就讀大專院校比率 56%、15%、29%，大致符合。

表 3-1　94-96 學年度大專院校、僑生人數─按僑居地及性別分（單位：人）

僑居地別	94 學年度 大專院校在學僑生			95 學年度 大專院校在學僑生			96 學年度 大專院校在學僑生		
	總計	男	女	總計	男	女	總計	男	女
孟加拉	2	1	1	1	-	1	1	-	1
緬甸	1,388	497	891	1,365	509	856	1,327	524	803
印度	61	37	24	53	31	22	42	24	18
印尼	686	324	362	687	328	359	661	335	326
日本	38	15	23	44	19	25	49	19	30
韓國	168	62	106	152	53	99	134	53	81
馬來西亞	2,531	1,352	1,179	2,623	1,393	1,230	2,761	1,510	1,251
尼泊爾	3	1	2	-	-	-	15	6	9
巴基斯坦	1	1	-	1	1	-	-	-	-
菲律賓	10	3	7	12	6	6	15	6	9
沙烏地 阿拉伯	3	-	3	3	-	3	4	-	4
新加坡	27	11	16	39	18	21	37	18	19
敘利亞	1	-	1	1	-	1	1	-	1
泰國	308	116	192	336	126	210	366	135	231
越南	42	14	28	45	17	28	53	23	30
汶萊	9	6	3	5	3	2	6	3	3

香港	871	444	427	880	438	442	847	438	409
澳門	2,085	1,044	1,041	2,319	1,224	1,095	2,588	1,410	1,178
亞洲 小計	8,234	3,928	4,306	8,566	4,166	4,400	8,893	4,499	4,394
大洋洲 小計	23	15	8	38	26	12	43	28	15
非洲 小計	89	41	48	109	55	54	103	57	46
歐洲 小計	4	2	2	4	2	2	10	4	6
北美洲 小計	342	208	134	414	239	175	467	278	189
南美洲 小計	192	101	91	175	77	98	160	79	81
總計	8,884	4,295	4,589	9,306	4,565	4,741	9,676	4,945	4,731

資料來源：引自教育部統計處網站資料加以整理

註：1.大專院校僑生人數合計不含臺師大僑生先修部學生人數

2.（亞洲學生人數佔所有僑生人數百分比）

94 學年度：8234/8884÷95.68%

95 學年度：8566/9306÷92.05%

96 學年度：8893/9676÷91.91%

3.緬甸、印尼及馬來西亞學生人數佔所有僑生人數百字比）

94 學年度：（1388+686+2531）/8884÷51.83%

95 學年度：（1365+687+2623）/9306÷50.24%

96 學年度：（1327+661+2761）/9676÷49.08%

4.馬來西亞學生人數平均（2638）大約佔三個地區平均合計數（4676）的 56.41%

印尼地區學生人數平均（678）大約佔三個地區平均合計數（4676）的 14.50%

緬甸地區學生人數平均（1360）大約佔三個地區平均合計數（4676）的 29.08%

表 3-2　臺灣師範大學僑生先修部 90-94 學年度註冊學生人數統計表
（依註冊學生人數前十名之僑居地排列）　（單位：人）

	僑居地 \ 學年度	90	91	92	93	94	平均
1	馬來西亞(含春季班)	422	433	437	363	312	393
2	緬甸	113	241	204	238	272	214
3	印尼	187	146	156	156	166	162
4	香港	154	210	175	125	118	-
5	澳門	147	144	116	128	141	-
6	韓國	29	26	11	11	6	-
7	泰國	10	10	16	13	22	-
8	加拿大	11	17	11	13	11	-
9	越南	11	8	10	8	12	-
10	南非	10	5	9	8	4	-
	美國	9	9	8	5	5	-
11	其他地區	418	464	388	349	360	
12	合計	1140	1284	1185	1106	1100	
馬來西亞、緬甸及印尼合計數佔全校人數百分比（%）		63.33	63.86	67.26	68.44	67.27	

資料來源：依據「僑大先修班五十週年校慶特刊」第 137 頁資料計算而得。

註：(1)馬來西亞平均人數是（422+433+437+363+312）÷5=393

(2)馬來西亞學生的平均人數 393，大約佔三個地區合計數（393+214+162）=769 的 51.10%

緬甸學生人數大約佔 27.83%

印尼學生人數大約佔 21.06%

表 3-3 受訪學生就讀學校性質與僑居地分布

人數 就讀學校性質 / 僑居地	公立大學	私立大學	臺師大僑生先修部	合計	百分比（%）
馬來西亞	148	44	254	446	51.56
印尼	20	34	86	140	16.18
緬甸	146	7	126	279	32.25
合計	314	85	466	865	100.00

註：「百分比」是指不同僑居地學生佔所有受訪學生之比率。

二、問卷編製

本研究以文獻研究法來探討「東南亞國家的政府與政治」（第二章）並以問卷調查法實證分析東南亞僑生之政治社會化及政治態度；依據第一章政治文化之定義，引申其內涵，[3]它們可能包括下列五個內涵：

（一）國家認同感（national identity）（是指個人對國家的認知、態度和情感，也就是個人是否認同這個國家，認為自己是這個國家的一份子，是否願意效忠這個國家等。）

人民身居一國國境之內，是它法定上的公民，在心理上應具有國民的意識，把自己所屬的國家當成永久的家鄉。不論國家的強弱貧富都應有這樣的心理狀態。否則，若國家遇到重大危機時，人民缺乏共存亡的決心，會紛紛求去，這種國家在發展的過程中會困難重重。

[3] 政治文化內涵之項目，參考：彭懷恩教授著，《政治學新論》，臺北：風雲論壇，頁 171-173。

一般而言，不論是單一民族國家或複合民族國家，若是歷史悠久、種族宗教統一，或憲政基礎穩固，其人民對國家的認同感會較強。但是在新興國家，尤其是從殖民地獨立不久的國家，境內有許多不同種族和宗教信仰的人群，若沒有民主憲政的制度與實踐，就可能危機四伏，動盪不安。另外，社會過於急遽變化，或政治的長期動亂，也常會使不少人徬徨迷失，對國家的認同感發生動搖。

（二）政府的正當性（legitimacy）（是指個人對執政當局、常任文官、基本政策的態度與取向，例如：自己在生活中經驗了政府官員是否守法或貪污及官員的行政是否按正常的作業程度以及政府制定的政策是否符合大部分人民的需要，願意服從其領導等）。

「合法權威表面上是來自憲法條文的規定，但真正穩固而有效的權威，必須是基於全體公民的共識和承認。不同文化體系的人民，對權威的取得、使用方法、使用範圍、信任程度等，各持不同看法，而政治體系的運作，也必然受此等觀念很大的影響。各國人民對政府行政的期望和要求，其高低程度也相去甚遠。傳統社會，「天高皇帝遠」，人民與政府接觸的機會甚為有限，對政府的工作大致沒有太多的要求，至多希望它能夠維持社會安寧，抵禦外侮，不苛征暴斂，讓老百姓平平安安過日子，就算是好的政府了。但在現代複雜的社會，人民莫不期望政府提供各式各樣的服務。大至整個社會的經濟發展固然要靠政府來推動，小至城市的排水問題和空氣污染，也希望政府能代為妥善解決。人民除了對政府的工作有或多或少、或大或小的期望外，對政府的政策決定過程，也可能抱著不同的看法。事實上，政府的工作非常繁複，決策過程極其複雜，絕不是一般國民所容易了解的。大多數國民所關心和過問的，只是決策者是否具有作成該項政策的能力，以及法律的頒佈，是否經過一定的程序。歸根究底，這是政府的合法性問題。享有高度合法性的政府和領導者，所作成的決定便容易為人民所接受。」[4]

（三）政治效能感（political efficacy）（是指個人對採取行動來影響政府的決策是否有信心，若有信心，會比較願意參與政治，反之，則對政治採取較不關心，甚至冷漠的態度等）。

「所謂政治參與，是指人民採取直接或間接的方式，例如投票、助選、競選公職、參加政黨或與政治有關的組織，或是參加請願遊行等活動以企圖影響政府的決策。現代民主國家鼓勵人民積極參與，就是極權國家也在其安排控制下導演大眾的參與。在已上軌道的國家，人民參與促使政治更加民主化；在新興國家，人民參與欲望的升高，卻常給政治體系帶來某種緊張和不安。」[5]若指國民認為可透過種種合法的途徑，來影響政府的作為，或影響法律的制訂，或自認能夠影響法律的執行，都是政治效能感的表現。在傳統封閉社會和極權的國家，人民不可能決定政府法令的制訂和執行，在受到不公平的待遇時，也只能向相關單位喊冤，祈求其憐憫，但對結果完全沒有把握。「在成熟的民主國度裡，人民不但知道採取更多途徑來保障自己的合法權益，並且可進一步監督負立法和執法任務的政府官員，迫使他們必須反映人民的意願，遵循法律的規定。」[6]

（四）對同胞的信任感（是指個人對其他族群的態度；是否會避開不同族群的活動，採取較疏離的應對；或認為其他族群與

[4] 江炳倫，《政治文化導讀》，臺北：韋伯，2003 年，頁 19-21。

[5] 江炳倫，前揭書，頁 23-25。

[6] 同註 5。

自己沒有不同，都是國家體系內的一份子，相信他們，沒有「非我族類」的感覺。）

一國之內國民彼此之間的同胞意識，也是建立現代化民族國家很重要的心理因素。一般說來，一國的國民若具有相近的血統、文化或曾經同甘共苦，一起經歷過歷史考驗，且又深切體會到，從今以後，大家的命運是緊緊聯繫在一起的，則必然有很親近的同胞感。反之，如果因為膚色、語言、文化等等的差別或地理上的極端距離，一個社群竟把國內另一些社群的人視為「非我族類」，或互相懷著種族或階級的歧視心理，必然無法培養高度的同胞感。國民彼此之間具有濃厚的同胞感，便容易互相信賴，這樣對國家經濟的發展和民主制度的建立，都有很大的幫助。

（五）公民義務感（Sence of Citizens' Obligation）（是指公民對參與政治來促使政治進步，是否認為是一種義務）。

公民義務感強，會使動員及參與擴大，但是白魯恂，提醒我們應注意到日益突出的動員參與問題。他說：「如果缺乏基本的信任感，參與人數增加得越快，懷疑和衝突就積累越多，這方面的例證有義大利和墨西哥。另一種情況，即擴大政治參與和競爭的過程，會在適當的時候使人們更加願意接受其團體，從而減低了懷疑和不信任，例如印度。總之只有在信任感高的國家，擴大參與才會有助於政治發展。」[7]

另外，「政治社會化」乃是指政治社會成員經歷政治的價值、情感態度等的調適過程，而成為政治社會的一份子，而政治社會也藉此維持其存在。傳統的政治學把這個「學習過程」稱為「公民教育」，但這個概念給人有一種政治社會化只限在學校教育範

[7] Pye, Lucian W.，引自王樂理，《政治文化導論》，臺北：五南，頁99。

圍的感覺。學者海曼（H. M. Hymam）另創「政治社會化」一詞，「泛指個人獲得對政治事務的所有心理及行為模式的過程。」[8]

我們在社會化過程中，會得到政治社會的知識，由自己的生活經驗形成情感取向、政治判斷與評估的準則；而自己生活經驗中所接觸的各種主要人、事、制度等「機制」，便是提供政治社會化的途徑。Almond 認為：「執行社會化功能的機構可以分為兩層：一是初級團體，包括家庭（父母、兄弟姐妹）和同儕團體（伙伴、朋友、同學、同事）。例如，孩子受父母、老師等人影響，形成對一般權威的態度，爾後，這種態度很容易影響他們對政治權威的態度。但由於初級團體複雜多樣，還難以形成整齊劃一的態度。二是次級團體，例如政黨、工會、教育機構、公共宣傳機構等等。次級團體具有廣泛的社會性、高度的組織性，執行社會化功能更自覺、更深入。同時政府也利用它們向社會成員進行系統的教育、培養和訓練。」[9]

另外，白魯恂把社會化過程分為三個階段：一是基本的社會化過程，指個人在青少年時期所受的教育和影響；二是政治社會化，指個人自覺地了解和認識政治世界，開始有了自己的政治認知；三是進入政治系統的政治甄拔過程，指個人從消極的旁觀者轉變為積極的參與者。他還認為：「在一個穩定的社會裡，這三個階段是前後聯結、相互增強的。但是在一個過渡性社會裡，三

[8] Hyman, Hebert H., Political Socialiyation: A study in Political Behavior Glencoe, III: The Free Press, 1959，引自彭懷恩，《政治學新論》，臺北：風雲論壇，民國 92 年，頁 152。

[9] 引自王樂理，《政治文化導論》，臺北：五南，頁 43-44。

個階段有時會呈現前後不一致的現象。」[10]一般說來，政治社會化是一個持續不斷的過程，幼兒時期開始，終其一生，一個人總是不斷地從事種種政治學習。然而，在整個政治學習的過程中，個人一生中某一階段的政治社會化確有可能比其他時期更具影響作用。那麼在個人一生的政治社會化過程中，究竟那一個時期的政治學習最為重要呢？Weissberg（1974）曾就各學者專家們所持的論點加以歸納，而提出三種模式，來說明個人成長的不同時期對政治定向形成的影響。他認為：「第一個模式為，『早期模式』（primacy model）或稱遠因論點，認為個人基本且持久的態度、價值與行為發展架構是在兒童期的早期，大約十歲以前，即已形成。此論點並非意謂著幼兒早期所獲得的政治定向將在個人的一生中永遠保持不變，而是指這些早期的學習對日後的政治學習有相當的規範作用。隨著個人身心的成熟與政治歷練的增長，新的政治知識與經驗可能產生，但卻無法取代或改變早期所獲得的政治社會化。

第二種模式為，『晚期模式』（recency model）或稱近因論點，強調愈接近成年期的政治學習經驗，其對個人政治態度與行為之影響愈大。大多數此種論點所持的共同看法為，依據兒童早期的心智發展程度，事實上無法讓大部分的兒童有能力去理解許多複雜或抽象的政治概念與技巧。介於第一種模式與第二種模式之間者為『中間模式』（middle model）。該模式認為，雖然許多個人對政治世界的概略輪廓可能在幼兒時期即已形成，而兒童早期所習得的政治定向亦可能在成人時產生改變，但是在幼兒期與成人期之間，確仍有許多政治態度與行為有待學習，且能對個人日後

[10] Pye, Lucian W.，引自王樂理，前揭書，頁44。

的政治態度與行為形成持久性的影響。」[11]這三種有關政治社會化持續性的模式可以圖（3-1）表示如下：

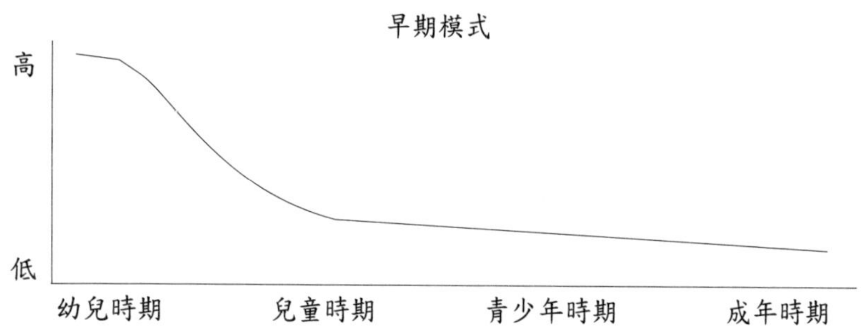

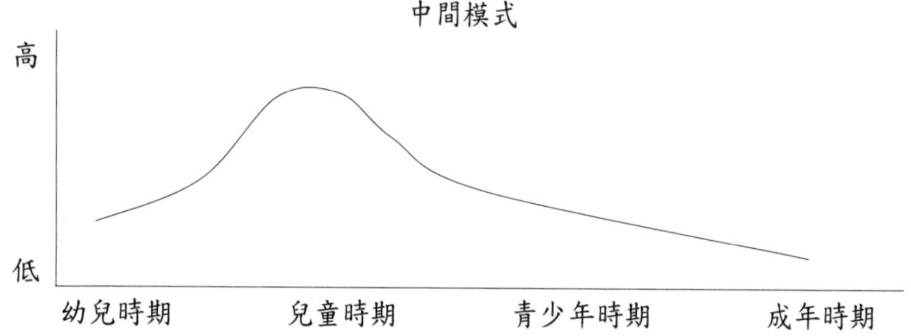

[11] Weissberg，引自李文政，〈政治社會化的理論探討〉，新竹師社會科教育學報，第二期，民國 88 年，頁 138-141，也見陳義彥，〈臺灣地區大學生政治社會化之研究〉，臺北嘉新水泥文化基金會，民國 67 年。

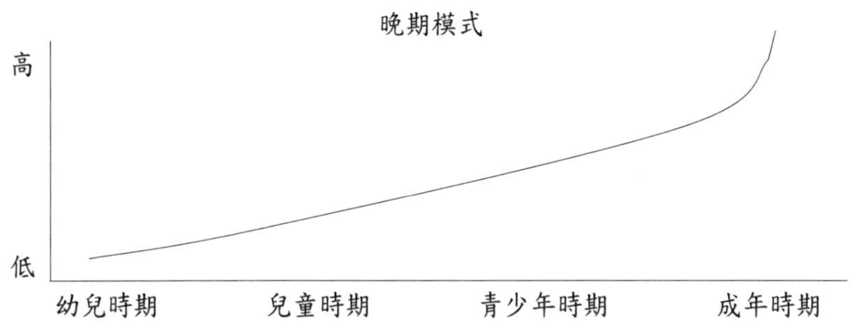

圖 3-1　政治社會化持續性模式

資料來源：Weissberg，引自李文政，「政治社會化的理論探討」，頁 139-140。

事實上，就不同領域的政治學習而言，三種模式論點均可能是正確的。有些政治認知、政治情感、與政治評價的確可能在兒童期早期即以習得，且能持久不變；然而也有些不同的政治定向，卻一直受到新近學習的影響而有所改變。

對東南亞僑生而言，大都沒有工作經驗，也沒有加入政黨的經歷，因此，提供他們政治社會化的途徑，大約是家庭（家族）、同儕（朋友）、學校、大眾媒體、宗教及政府等。本文即是以這些政治社會化機構，做為僑生可能的政治社會化主要途徑之選項。

（一）家庭

「在華人族群，家庭的重要性較其他文化體系的家庭為高，因為在中國文化中是以家庭為一切人際關係的核心，家庭又以父子關係為主軸。」[12]白魯恂在「中國政治精神」一書中強調，「就個人而言，他們對權威的認知主要來自家庭的灌輸。」所以「在

[12] 彭懷恩，前揭書，頁 160。

中國歷史上，家庭不僅被公認是個人社會化最有效的途徑，同時家庭也被賦予相當重的責任，以減輕政府的負擔。」[13]

傳統上的中國家庭制度具有三大特色，分別是：「(1)對父母權威的絕對服從；(2)反對任何攻擊的行為；(3)嚴密的秩序維持。而其運作的原則仍是父權至上。」[14]

呂亞力教授認為：「家庭對兒童人格的塑造，基本人生觀的形成，與常識的啟蒙，具有重大的作用，其在社會化的過程中，扮演關鍵性角色。除了少數『政治家庭』以外，一般家庭中，父母並不刻意傳授子女有關政治的知識或塑造其政治信仰與認同。有人也許會低估家庭在政治社會化中的角色。事實上，儘管大多數父母並不把『政治』當作教育子女的重點，但他們有意無意間的言行，會大大影響子女的政治瞭解，對政治的看法，及對政治事物與角色之態度。」[15]

黃秀端教授在「我國大學生對政治權利態度之分析」的研究中，發現：「父母對孩童的態度，是否尊重他們，是否讓他們有機會充分表達他們的意見，是否經常討論政治，是否經常參與政治活動，都可能對孩童之人權態度產生潛移默化的影響。」[16]

（二）同儕團體（同學、朋友）

同儕團體對於青少年的觀念、態度與行為的重大影響，是社會學者無不承認的。青少年在其成長的某一階段，大多愛好與年

---

[13] Pye, Lucian W., *The Spirit of Chinese Politics*, Cambridge: The M.I.T. press, 1965.

[14] 同註 12。

[15] 呂亞力，《政治學》，臺北：三民，民國 82 年，頁 371。

[16] 黃秀端，〈我國大學生對政治權利態度分析〉，東吳政治學報，第九期，1998，頁 180-181。

齡相近、志趣相投的朋友在一塊閒談遊樂，因而每個人會有許多同儕團體，大多數這類團體，很少談論政治問題。但青少年在一塊偶爾討論政治，尤其在選舉期間，也非不可能；然而，「同儕團體的政治社會化功能，主要並不是由於青少年在一起討論政治，而是於其對青少年的個性、基本人生觀……等的影響，這都可能間接影響其對政治的觀念與態度。」[17]

一項大學生政治消息的傳播型態研究，發現大學生的朋友交往是政治訊息的主要來源，較學校及父母都來得高。白魯恂對中國政治文化的運作研究中，特別提出派系的影響力。他說：「因為中國政治重視團體內的共識，所以政治意見必須與團體中的其他人一致（至少是表面上）。在這種政治文化影響下，團體立場就成為個人政治態度的重要來源。所以，若想了解成年人的政治社會化過程，必須觀察同儕團體的政治態度。」[18]

（三）學校

過去研究顯示，家庭對兒童的政治社會化的影響最大，但晚近的研究顯示學校對政治取向的形成已超越家庭。「透過學校的各種儀式、符號的運用、課程的安排、活動的設計、教師的教學，學生很容易學習到政治態度與意見，而兒童政治認知的發展也多是透過學校的管道。」[19]呂亞力教授也說：「在世界上大部分國家的學齡兒童大都接受國民義務教育，學校中的政治社會化，主要有二個方式；一種是透過公民課程：培育教育當局心目中的健

---

[17] 同註 15。

[18] 引自彭懷恩，前揭書，頁 162。

[19] S.L.Long, *The Handbook of Political Behavior*, New York, Plerum, 1981，引自彭懷恩《政治學新論》，頁 161。

全公民，是現代國家深為重視的，故公民課程為學校課程中相當重要的一環。在公民課程中，人民愛國心之培養，正確參政態度的陶鑄，及基本政治知識諸如國家的政府組織等的傳授都有其份量。大體說來，學校公民課程的內容如能與學生在家庭及其他場合吸收或學習的關於政治的認知比較一致，則其效果較大，倘若兩者間矛盾較顯著，則其效果就可能降低。另一種學校中的政治社會化是由於學校是個人最早歸屬的一個團體，在其中他開始學習團體生活的規範、體驗團體生活的內涵，及領略較大組織與個人的關係，個人在其求學的過程中，經歷了若干團體的生活，這些經驗影響其對權威的看法與態度，對羣體的情感與評斷，如此，間接地影響其政治態度與行為。」[20]

（四）大眾傳播媒體

我國學者研究臺灣的大學生政治社會化，發現：經常接觸報紙，個人的政治興趣、政治知識與政治參與的程度較高。另一項研究大學生的傳播行為與政治社會化，亦發現報紙是大學生政治消息的主要來源。傳播學者證實：「大眾傳播的新聞性節目可以促使成人關心政治，即愈熱衷參與政治過程的人，也是愈多接觸大眾傳播媒介的資訊者。」[21]

另外，在識字率高的國家，大多數人對政治事物了解主要來自報刊與電視，而在較落後地區的閉塞村落，不識字的民眾也常藉收音機來獲悉外界的事物，這些媒體提供的資料，往往為人民輕易接受與相信，而成為他們判斷政治的憑藉。然而，大眾傳播媒體的影響似乎也不宜高估。呂亞力教授認為：「在言論較自由

[20] 呂亞力，前揭書，頁370-371。

[21] 彭懷恩，前揭書，頁163。

的社會，往往有代表不同的基本立場的報刊存在，人們選擇其閱讀的報刊，往往依據自己原有的態度。因此，報刊的作用似乎不是形成或改變態度，而至多僅有強化原有態度的作用；而在言論不自由的社會，大眾傳播媒體的社會化功能，隨讀者原有的政治立場而異，支持政治現狀的人，比較能接受其內容，不支持現狀的人，對官方或半官方的媒體之客觀性是有所懷疑的，因此，受其影響的可能性甚小，所以，大眾傳播媒體的政治社化功能，仍限於加強部份讀者或觀眾原有的態度。」[22]

（五）宗教

宗教作廣義解釋時，亦是一種文化，而且對政治常產生鉅大的影響。「世界上各大宗教，如猶太教、基督教、回教、印度教、佛教和日本的神道等，不僅對其信徒提供一套完整的人生哲學和倫理規範，在政治方面，也各有其一套完整的指導原則和評價標準。」[23]我們常發現，「某些宗教對民族團體的凝結力所發揮的作用，要比一般世俗文化強有力得多。例如：中東的回教國家，透過基本教義派團體的興起，宗教影響力不容忽視；緬甸、泰國的佛教與政治社會化的關係極深，進入成年前的青少年往往都有入寺為僧的經驗，宗教對其價值觀的培養有深刻的影響。」[24]因此，政治文化的研究者，自不可忽視宗教信仰與政治生活的各種可能關係。

（六）政府

政府也是政治社會化的機構之一。實際上政府所做的一切都

[22] 呂亞力，前揭書，頁 372-373。

[23] 江炳倫，前揭書，頁 3。

[24] 彭懷恩，《政治學新論》，頁 159。

考慮到了公民們的反應。政府的許多行為，本意都是向民眾公開解釋政府的意圖，展示政府的形象。

政府所有管理行為都將影響到民眾，進而深入到他們的態度當中。由政府提供的信息、教育和宣傳品，永遠都是用來增強公眾的支持率和忠誠感的。國家的偉大象徵，例如：國旗飄揚的遊行，有強化公眾支持率的效果。國家領導人的演說，都會在各個民族的青年學子心中，激起一種崇高的敬畏感。

所以，「自古以來，沒有一個政府不考慮盡力控制政治社會化的主要機制，尤其是教育制度和教育內容，以圖塑造一個與統治者的利益和理想相符合的大眾政治文化；具有歷史傳統的政權必然傾全力宣揚其傳統的合法性，強調社會穩定的重要性；而新成立的革命政府，則大力向人民灌輸新的價值和信念，企求創造一個有利於社會改革的新文化。無疑地，政府是穩定政治文化或導引其變遷方向的最強有力的機制。」[25]不過，政府控制政治態度的影響力也是有限度的，其原因在於，實際上所有信息和事件原委在最終到達個人之前，都要經過由同胞或同儕構成的初級團體的討論，這些人按照自己的興趣和已經定型的態度來重新解釋原始信息。所以，「只要一個社會當中存在著異化團體，例如：家庭和社區對兒童進行社會化教育，使後者討厭政府，這時無論政府做些什麼，都會無濟於事。」[26]

最後，阿爾蒙認為政治文化包括認知、感情和評價三個面向，所以研究政治文化時·應循著此三個面向去發掘問題。「羅森堡（Walter A. Rosenbaum）曾把阿爾蒙等人所提出的政治文化

[25] 江炳倫，前揭書，頁 46-47。
[26] 王樂理，前揭書，頁 178。

指向，演繹為較具體、可資證研究、甚至可予量化的操作定義」[27]（如表 3-4）。

表 3-4　主要政治文化指向的操作定義

指向	作業性定業
政治認同	國籍 國籍之外，有否向其他國家認同 對其他政治單位的感情和介入
政治信任	參與民間自由團體情形 願與各種團合作的程度 對各種不同團體的評價
對政府的態度	相信現行政府的合法性否 對主要政治職位和政權符號的感情和評價 參與支持或反對政府的政治活動
體系規則	政治意見應如何表達 政治權利義務的概念和界定 政府應如何作決策 對持歧異政治意見者的態度
政府效能	是否相信政府注意並反映人民的意見 是否真正重視人民的活動和參與 是否相信政治革新的可能性
政治參與	投票和其他政治性活動的頻率 認識政治事件及其對個人的影響 對一般政治性事物的興趣
輸入和輸出體系	對政策措施的滿意程度 對政治需求運作情況的知識 相信政策輸入和輸出的效能

資料來源：Walter A. Rosenbaum，引自江炳倫，「政治文化導讀」，頁 48。

[27] 引自江炳倫，前揭書，頁 47-48。

本文依據上述「政治文化」、「政治社會化」兩個名詞定義及內涵，並參考上述「政治文化的操作定義」內容，設計問卷如（附錄）所示。

三、實證分析方法

一般說來，事實總是比任何一個模式或幾個模式所能掌握的更複雜。但模式幫助我們了解與掌握事件過程，若無模式的話，事件的過程將會是無組織、複雜與紛亂而導致失去意義。學者彭懷恩教授認為：「在比較政治中，使用『模式』或『概念架構』可以達到下列的用途：

1.模式幫助組織強調與結合事件、過程與控度，否則這些事件、過程與制度會顯得分殊。

2.模式有助於將許多似乎不相關的事件，置於較大的系絡中，使我們可以看到「宏觀現象」。

3.模式可使我們對複雜的事件，思考得更明確。

4.模式是啟發工具，使我們看出形態的結構。

5.模式有助於簡化複雜事件，使我們更明確了解事件。

因此，只要是模式是有用與有所助益，我們就可以使用這些模式來組織思想。」[28]據此，本文採用多變量統計方法的因素分析模式、集群分析模式及卡方分析等來協助探討僑生在政治態度上的心理特質。其中：

（一）因素分析：係將 K 個行為變數（$S_1, S_2 \cdots\cdots S_K$）縮減為 J 個潛伏因素（$T_1, T_2 \cdots\cdots T_j$），其變數相依的關係是：

---

[28] 彭懷恩，《比較政治學》，臺北：風雲論壇，民國 93 年，頁 26-27。

$(S_1, S_2 \cdots\cdots S_K)$ →〔因素分析〕→ $(T_1, T_2 \cdots\cdots T_j)$

其中

S_k＝第 k 個行為變數，可由觀察而得；T_j=第 j 個潛伏因素，無法觀察，須經由因素分析萃取而得；k=1, 2,……, K；j=1, 2,……J。且 j<k

因素分析以少數個潛伏因素（Y_j）及獨特因素（e_k）之線性組合，構成個別行為變數（X_k），稱為因素模式，即：

$S_1=f_{11}T_1+f_{12}T_2+\cdots\cdots f_{1J}T_J+e_1$

$S_2=f_{21}T_1+f_{22}T_2+\cdots\cdots f_{2J}T_J+e_2$

⋮

⋮

$S_k=f_{k1}T_1+f_{k2}T_2+\cdots\cdots f_{kJ}T_J+e_k$

式中

S_k=第 k 個行為變數，數值可觀察而得；f_{kj}＝組型負荷量（Pattern Loading），相當於第 k 個行為變數對第 j 個潛伏因素之迴歸係數，即潛伏因素變動一單位時，行為變數之變動單位數。

T_j=第 j 個潛伏因素，無法直接觀察，須經由因素分析產生；

e_k=第 k 個行為變數對應之獨特因素。

關於因素模式，周文賢教授歸納其特色，如下表：

因素模式之特色	
變數關係	行為變數對潛伏因素之相互依存關係
模式個數	K 條因素模式
變數權重	組型負荷量
誤差項	獨特因素
模式配適原則	共同性貢獻極大化
配適度衡量	共同性

資料來源：周文賢，《多變量統計分析 SAS/STAT 使用方法》，智勝出版，民 93 年，頁 624。

（二）集群分析：係指根據一組準則變數（Criterion Variables），將 N 個個案集成 I 個群別的統計方法，其中 I≤N。問卷調查會得到很多個案資料，個案之間可能彼此相似，也可能完全不像；集群分析係將相似的個案集成一群，而將不相似的個案分成不同群。個案之相似與否，乃取決於個案在 J 個準則變數上之表現。

集群分析有兩個目的，包括探索性目的與中介性目的。探索性目的（Exploratory Objective）係指集群分析可根據若干準則變數，客觀地為個案進行分群，藉此得知集群結構，例如政治態度集群。中介性目的係指將集群分析所得到的 I 個群別，視為單一分類性變數(A)，與其他變數進行交叉分析，藉此產生更深入的策略涵意，交叉分析可使用的方法有：1-Way ANOVA、1-Way MANOVA、鑑別分析、類別資料分析等。

總之，集群分析的步驟是：

1.根據準則變數（$Y_1, Y_2, \cdots, Y_P$），將 N 個個案集成 I 個群別（C_1,

$C_2,\cdots,C_I$），其中 I<N。

2.為了賦予群別意義，I 個群別與 P 個準則變數進行交叉分析，即 1-Way MANOVA，藉此可得知每個群別的特質，作為群別命名之依據。

集群分析之相依關係是指 N 個個案減縮為 I 個群別之關係，如下所示：

$$\begin{bmatrix} Y_{11} & Y_{12} & \cdots & Y_{1J} \\ Y_{21} & Y_{21} & \cdots & Y_{2J} \\ \vdots & \vdots & \ddots & \vdots \\ Y_{N1} & Y_{N2} & \cdots & Y_{NJ} \end{bmatrix}_{(N\times P)} \rightarrow \text{〔集群分析〕} \rightarrow (C_1, C_2, \cdots, C_I)$$

其中

Y_{nj}=第 n 個個案在第 j 個準則變數上之觀察值；C_i=集群分析後第 i 個群別，i=1, 2, …, I，I≤N。

然後，因為群別產生後，每個群別之特質仍然未知，我們用 1-Way MANOVA 對準則變數(Y)與群別(A)進行交叉分析，可探討群別之特質，進而為群別命名，賦予群別意義。其函數關係如下：

〔Y1, Y2,…,YJ〕=f(A)

其中

Yi=第 j 個準則變數，j=1, 2,…,J；A=集群分析之結果，分為 I 組，即（$C_1, C_2,\cdots,C_I$）。

1-Way MANOVA 之總檢定可探討 I 個群別之中心值（μ_{I1}, $\mu_{I2},\cdots\mu_{IJ}$）是否具顯著差異，邊際檢定可為各群在第 j 個準則變數（Y_j）上之均值進行排序，排序結果即群別命名之依據。

（三）卡方分析

卡方分析係來自類別資料分析，類別資料分析係探討多個分類性反應變量對多個分類性解釋變數間關係之統計模式。類別資料分析之投入資料為分類性變數，亦即名目尺度或順序尺度資料。類別資料分析之目的包括假說檢定與預測產生。本文是以政治社會化類別與政治態度類別分別與人文變數（僑生之主修科目別、就讀學校性質別、性別、家庭經濟、家中主要收入者所從事之行業）；地理變數（僑居地）及行為變數（來臺升學因素、來臺升學諮詢對象、離開僑居地時間）等進行交叉分析，探討解釋變數是否顯著影響反應變量，因此，著重在假說檢定函數關係之是否顯著？若類別資料分析之所有交互效果皆不顯著，則類別資料分析可簡化為卡方分析。本文實證結果，顯示所有解釋變數之交互效果皆不顯著，故以卡方分析進行。其函數關係如下：

B=f（A）

其中 B=分類性反應變量，可分為 I 組；

A＝分類性解釋變數，稱為 A 因子，可分為 J 組。

總之，卡方分析是以卡方統計量（χ^2）來檢定單一分類性反應變量（B）對單一分類性解釋變數（A）間之關係是否獨立，也就是 A 與 B 之間是否存在關係。這兩個分類性變數可交叉構成（I×J）組，其中，

(1)各組之實際次數可整理成一列聯表，又稱為交叉表。（下表）方格內之數值為 A 變數第 i 組及 B 變數第 j 組之實際次數（F_{ij}）。最後一個直行是邊際列和（$F_{i\bullet}$），為 A 變數第 i 組之次數，$F_{i\bullet}=\sum_{j=1}^{J}F_{ij}$。最後一個橫列是邊際行和（$F_{\bullet j}$），為 B 變數第 j 組之

次數（$F_{\bullet j}=\sum_{i=1}^{I}F_{ij}$）。最右下角之方格則是總次數 $F_{\bullet\bullet}=N$，$F_{\bullet\bullet}=\sum_{i=1}^{I}\sum_{j=1}^{J}F_{ij}=N$。

（I×J）列聯表

A \ B	1	2	…	J	$F_{i\bullet}$
1	F_{11}	F_{12}	…	F_{1J}	$F_{1\bullet}$
2	F_{21}	F_{22}	…	F_{2J}	$F_{2\bullet}$
⋮	⋮	⋮	⋮	⋮	⋮
I	F_{I1}	F_{I2}	…	F_{IJ}	$F_{I\bullet}$
$F_{\bullet j}$	$F_{\bullet 1}$	$F_{\bullet 2}$	…	$F_{\bullet J}$	$F_{\bullet\bullet}$

列聯表中之個案次數亦可以機率表示，亦即次數（F_{ij}）相對於總次數（$F_{\bullet\bullet}$）之比值。次數（$F_{ij}, F_{i\bullet}, F_{\bullet j}$）與機率（$P_{ij}, P_{i\bullet}, P_{\bullet j}$）之關係如下所示：

$$P_{ij}=\frac{F_{ij}}{\sum_{i=1}^{I}\sum_{j=1}^{J}F_{ij}}=\frac{F_{ij}}{F_{\cdot\cdot}}=\frac{F_{ij}}{N}$$

$$P_{i\bullet}=\sum_{j=1}^{J}P_{ij}=\frac{\sum_{j=1}^{J}F_{ij}}{\sum_{i=1}^{I}\sum_{j=1}^{J}F_{ij}}=\frac{F_{i.}}{F_{\cdot\cdot}}=\frac{F_{i.}}{N}$$

$$P_{\cdot j}=\sum_{i=1}^{I}P_{ij}=\frac{\sum_{j=1}^{I}F_{ij}}{\sum_{i=1}^{I}\sum_{j=1}^{J}F_{ij}}=\frac{F_{\cdot j}}{F_{\cdot\cdot}}=\frac{F_{\cdot j}}{N}$$

其中

P_{ij}＝屬於 A 變數第 i 組，B 變數第 j 組之機率，又稱為方格機率（Cell Probability）；

$P_{i\cdot}$＝屬於 A 變數第 i 組之機率，又稱為 A 變數之邊際機率（Marginal Probability）；

$P_{\cdot j}$＝屬於 B 變數第 j 組之機率，又稱為 B 變數之邊際機率。

⑵各組之期望次數（E_{ij}）由變數獨立定理計算。

期望次數 E_{ij} 等於 A, B 變數之邊際次數乘積（$E_{i\cdot}\times F_{\cdot j}$）除以總次數之比值。即

$$E_{ij}=\frac{F_{i\cdot}}{N}\times\frac{F_{\cdot j}}{N}\times N=\frac{F_{i\cdot}\times F_{\cdot j}}{N}$$

⑶ χ^2 統計量＝$\sum\sum(F_{ij}-E_{ij})^2/E_{ij}$，若卡方統計量愈小，表示 A、B 變數獨立之假說愈不被棄卻；反之，卡方統計量很大，則表示 A, B 變數間並非獨立關係，代表 A, B 間之函數關係顯著。

四、僑生政治社會化實證分析

（一）因素分析

本節共開列十個政治社會化變數(X1-X10)，用多變量統計分析的「因素分析」方法，以 94 及 95 學年度臺灣師範大學僑生先修部學生及 96 學年度各大學大一僑生為抽樣標的，得到 865 個有效樣本資料，用 SAS 統計分析軟體，衡量來臺升學僑生之政治

社會化狀況；下面的步驟是使用因素分析方法來萃取形成僑生政治社會化之潛伏因素：

首先，先決定潛伏因素個數，根據 Kaiser 法，十個政治社會化變數可以縮減為五個政治社會化因素（其中特徵值＞1 者有四個），第一個到第四個政治社會化因素之特徵值分別為 1.9456、1.3248、1.1214 及 1.0707，其他六個政治社會化因素之特徵值皆小於 1，因此，潛伏因素個數擇定為四個。

其次，依據因素結構矩陣（表 3-5），分別為四個潛伏因素命名為：因素一：家庭因素，因素二：長輩威權因素，因素三：認同政府因素，因素四：族群因素。因為：

⑴家庭因素

第一個政治社會化因素之特質有：父母親政治意見相同、瞭解父親政治傾向、與常往來的同學的政治理念相同等；具有這些政治社會化型態特質的人，與同學、同儕互動佳，瞭解父母親政治傾向，故可命名為「家庭因素」。

⑵長輩威權因素

第二個政治社會化因素之特質有：常參加家族、宗族團體的活動、長輩的意見很權威及宗教對自己的政治傾向有影響等；具有這類特質者，由於家中長輩溝通的方式較威嚴，僑生常常需要參與家族中的活動，或有特定的宗教信仰，故命名為「長輩威權因素」。

⑶認同政府因素

第三個政治社會化因素之特質有：認同政府在大眾傳播媒體的宣導內容及認同政府政治制度及領導的正當性；具有這類特質者，主要是認同政府的政策，贊成政府政治制度的運作方式，也服從政府的領導；故可命名為「認同政府因素」。

(4)族群因素

第四個政治社會化因素之特質有：會避開非華人族群的活動也對政治不關心；具有這類特質者，依據（表 3-5）他們不認同政府政治制度及領導的正當性，但也無力改變現狀，總認為「政治」是非華人族群可以主導，因此形成「不關心」政治的習性，故命名為「族群因素」。

表 3-5　僑生政治社會化因素分析（因素結構矩陣）

政治社會化變數	政治社會化因素			
	家庭因素	長輩威權因素	認同政府因素	族群因素
X1 與常往來的同學的政治意見相同	0.60715*	0.15343	-0.04948	-0.01527
X2 瞭解父親政治傾向	0.77959*	0.14629	0.07549	-0.17213
X3 父母親政治意見一樣	0.77589*	0.16751	0.06481	0.03564
X4 常參加家族宗族團體的活動	0.27254	0.67970*	0.07201	-0.26918
X5 宗教影響自己的政治傾向	0.19740	0.65709*	0.03296	0.04719
X6 認同政府在大眾媒體的宣導內容	0.10968	0.14128	0.78081*	0.01072
X7 避開非華人族群的的活動	0.14065	-0.03548	-0.13473	0.66118*
X8 對政治不關心	-0.21134	-0.03974	0.07482	0.78499*
X9 長輩的意見很權威	0.00364	0.65125*	0.12974	0.02595
X10 認同政府政治制度及領導的正當性	-0.02884	0.06009	0.80684*	-0.07545

* 表示潛伏因素與原始變數間之相關係數絕對值大於 0.4，可視為關係顯著。關係顯著之政治社會化變數，即是因素命名之依據。

根據上述這四個政治社會化因素，可大致掌握僑生之政治社會化型態，若進一步經由以下的潛伏結構分析，可更深入瞭解政治社會化因素與政治社會化變數間的迴歸關係。

第三，依據組型矩陣（Pattern Matrix）（表 3-6），進行潛伏結構分析，並畫出潛伏因素結構圖（圖 3-2），由表 3-6 可看出，政治社會化變數中除了「與常往來的同學政治理念相同」外，其他變數的共同性都在 0.4 以上，且共同性之總和為 5.4451，佔總變異的至 54.45%（5.4451÷10＝0.5445）。由此可知，四個政治社會化因素之解釋力中等，可大致代表僑生之政治社會化變數。

表 3-6　因素組型矩陣與獨特性係數

政治社會化變數	政治社會化因素					
	家庭因素	長輩威構因素	認同政府因素	族群因素	共同性	獨特性係數
X1 與常往來同學的政治理念相同	0.60469*	0.03438	-0.06362	0.04050	0.37252	0.79214
X2 瞭解父親政治傾向	0.77655*	-0.03464	0.06164	-0.10151	0.61833	0.61779
X3 父母親政治意見相同	0.78467*	0.00102	0.05347	0.10931	0.63052	0.60785
X4 常參加家族宗族團體的活動	0.11602	0.64104*	-0.01299	-0.21273	0.46981	0.72814
X5 宗教影響自己的政治傾向	0.06702	0.65493*	-0.04256	0.09918	0.44507	0.74494
X6 贊同政府在大眾媒體的宣導內容	0.09228	0.03299	0.77670*	0.04694	0.61507	0.62043
X7 避開非華人族群的的活動	0.20847	-0.01786	-0.11447	0.67523*	0.51282	0.69798
X8 對政治完全不關心	-0.14991	0.03675	0.09871	0.77714*	0.63751	0.60207
X9 長輩的意見很權威	-0.13688	0.67879*	0.05409	0.06415	0.48243	0.71942
X10 認同政府的正當性	-0.04260	-0.03054	0.80945*	-0.05510	0.66100	0.58224
總和					5.4451	

由（圖 3-2）潛伏因素結構圖可進一步看出政治社會化變數如何受政治社會化因素之影響，在圖的左半部，家庭因素主要是來自父母親政治意見相同、瞭解父親政治傾向，前者之迴歸係數是 0.78467，即父母親政治意見相同增加一單位，家庭因素增加 0.78767 單位；後者之迴歸係數是 0.77655，即父母親政治意見相同增加一單位，家庭因素增加 0.77655 單位。

長輩威權因素，主要是長輩的意見很權威，宗教影響自己的政治傾向及常常參加家族、宗族團體的活動，前者之迴歸係數是 0.67879，即長輩的意見很權威增加一單位，長輩威權因素增加 0.67879 單位，後二者之迴歸係數是 0.65493 及 0.64104，即宗教影響自己的政治傾向及常常參加家族、宗族團體活動增加一單位，長輩威權因素分別增加 0.65493 單位及 0.64104 單位。

認同政府因素主要是來自認同政府的正當性及贊同政府在大眾媒體的宣導內容，前者之迴歸係數是 0.80945，即認同政府正當性增加一單位，認同政府因素增加 0.80945 單位；後者之迴歸係數是 0.77670，即贊同政府在大眾媒體之宣導內容增加一單位，認同政府因素增加 0.77670 單位。

族群因素主要是來自避開非華人族群的的活動及對政治不關心，前者之迴歸係數是 0.67523，即避開非華人族群的活動增加一單位，族群因素增加 0.67523 單位。後者之迴歸係數是 0.77714，即對政治完全不關心增加一單位，族群因素增加 0.77714 單位。

在圖的右半部可看出政治社會化變數之獨特性係數，「認同政府的正當性」及「對政治完全不關心」最低，僅有 0.58224 及 0.60207，與其他政治社會化變數最具同質性，代表此二個變數最能被四個政治社會化因素所解釋，適合用來衡量來自東南亞印尼、馬來西亞、緬甸等三個國家僑生政治社會化型態。

政治社會化因素之間的相關程度取決於轉軸後的因素相關矩陣，（表 3-7）是實證後的結果，任兩個政治社會化因素之相關係數絕對值都沒有大於 0.4，可知因素間的相關不顯著，個別潛伏因素都有獨立的策略涵意。

（表 3-8）「因素分數產生矩陣」顯示僑生政治社會化因素分析之結果；接著，本小節要以此因素分數做為集群分析的投入資料以萃取出僑生政治社會化有意義的集群，以歸納僑生政治社會化有那些類型。

表 3-7　政治社會化因素相關矩陣

政治社會化因素	家庭因素	長輩威權因素	認同政府因素	族群因素
家庭因素	1.00000	0.21416	0.01885	-0.09157
長輩威權因素	0.21416	1.00000	0.11833	-0.07215
認同政府因素	0.01885	0.11833	1.00000	-0.03269
族群因素	-0.09157	-0.07215	-0.03269	1.00000

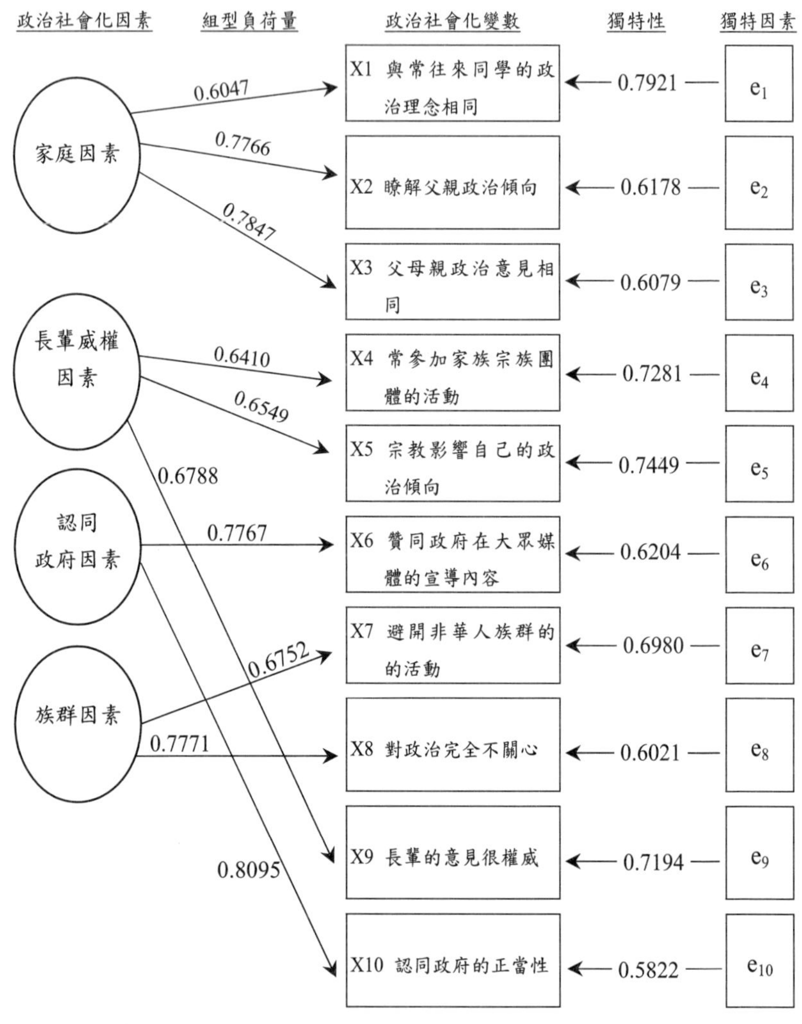

圖 3-2 政治社會化潛伏因素結構圖

表 3-8　僑生政治社會化因素分數產生矩陣

問卷編號	家庭因素	長輩威權因素	認同政府因素	族群因素
1	-0.09521	-0.20272	-2.12309	-1.10602
2	1.31024	-2.33056	0.53497	0.80801
3	0.94460	-0.23449	3.01209	0.15657
4	-1.48617	1.49287	1.51566	-1.79031
7	-1.53295	-0.36127	0.79772	0.02598
8	0.23569	-1.09108	0.68312	-2.55600
9	1.11944	0.01167	-0.93016	-0.83526
10	-0.20535	0.92127	0.73825	-0.64647
11	0.55195	0.82861	-0.85939	-0.67902
12	0.48769	-1.08901	0.23833	-1.92440
1112	0.66872	-0.40421	0.10841	-0.44150
1113	-2.39206	-1.69343	-1.51239	0.05968
1114	0.79166	0.46055	0.08254	0.34449
1115	-0.09763	-0.51259	1.18475	0.41912
1116	-2.01688	-0.42854	1.62498	-1.47067
1117	-0.76847	-2.18216	-0.42032	-0.42504
1118	-0.39342	0.38181	0.61048	-0.08022
1119	-2.53470	-0.56763	-1.29129	1.73384
1120	-0.14388	0.51517	0.61962	-1.17202
1121	-0.56431	-0.50744	0.80195	-0.37865

（二）集群分析

一般說來，人文變數因為易於衡量及取得，一直是量化研究最常用的變數。然而，Wells 和 Tigert 認為：「人文變數從過去到現在都有用，但卻不能滿足研究人員的需要，因為它們缺乏色彩、系統、向度等，它們需要在統計的骨架上增加一些血肉。」

[29]因此，認識僑生政治社會化和政治文化傾向，藉由其中的差異，可以探究其心理特質的豐富性及多維度。

「Green（1977）把常用的市場區隔研究方法分成事前區隔法與事後區隔法，事前區隔法是以邏輯思考決定區隔，不考慮實際受訪者資料的差異性；事後區隔法則是根據實證資料的差異，運用統計方法將受訪者分成數群。」[30]本文是實證研究，藉著探究僑生之心理特質，來認識僑生政治社會化及政治文化型態，因此，較適合應用事後區隔法來進行分析，而事後區隔法常用「集群分析」為統計方法。

為瞭解僑生在政治社會化的差異，本節以上一節因素分析結果的家庭因素、長輩威權因素、認同政府因素及族群因素等四個潛伏因素當作集群分析的準則變數，首先，依據 ccc 準則決定群數（即根據實證資料決定集群分析之最適當的群數），是以 Cubic Clustering Criterion 值來檢驗，ccc 值愈大者是較適當的群數，並以 one way MANOVA 進行集群穩定性檢定，在（圖 3-3）顯示群數為 2 時，所對應的 ccc 值（0.415）最高，故最適相對群數為二群。

應用 1-WAY MANOVA 進行集群穩定性檢定，函數關係如下：

$$(Y_1, Y_2, Y_3, Y_4) = f(X)$$

其中

Y_1＝家庭因素；

[29] 引自周文賢，《多變量統計分析 SAS/STAT 使用方法》，臺北：智勝，民國 91 年，頁 730。

[30] 同註 29。

Y2＝長輩威權因素；

Y3＝認同政府因素；

Y4＝族群因素；

X＝政治社會化群別，X＝1,2。

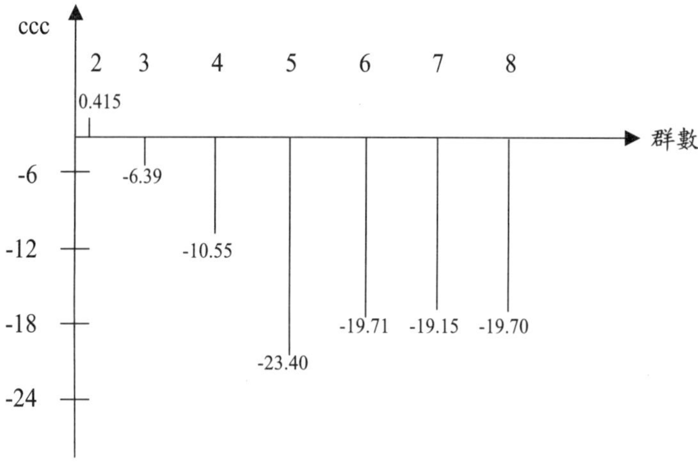

圖 3-3　最適相對群數

實證結果顯示，總檢定 Wilks'Lambda 統計量所對應的 P 值＜.0001，代表二個群別在四個集群準則變數上有顯著差異，可以宣稱集群有效，並且值得進一步根據政治社會化因素為群別命名。

個別政治社會化因素之邊際檢定結果，如表 5-9 所示。由表 5-9 可知，群別在四個準則變數上，皆具有顯著差異，所以可以根據此準則來為群別命名。

表 3-9　邊際檢定結果

反應變量	F 統計量	P 值
家庭因素（Y1）	244.92	<.0001*
長輩威權因素（Y2）	368.79	<.0001*
認同政府因素（Y3）	129.10	<.0001*
族群因素（Y4）	113.03	<.0001*

註：* 表示顯著。

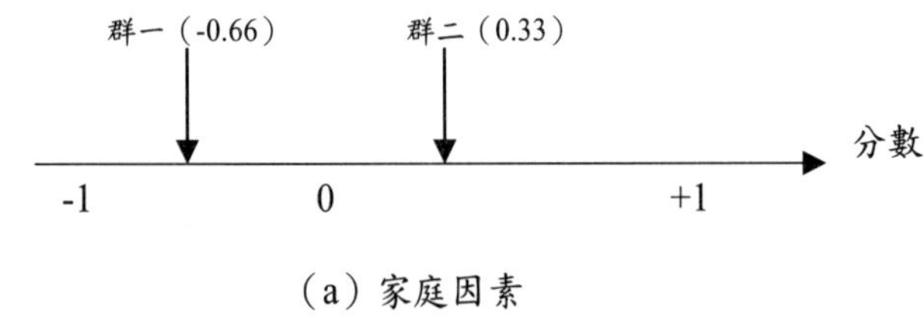

（a）家庭因素

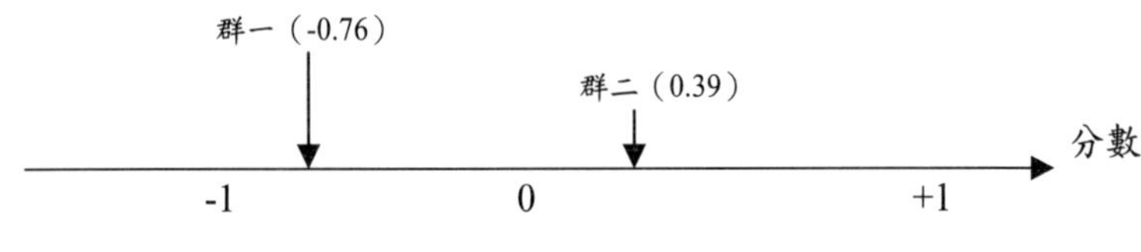

（b）長輩威權因素

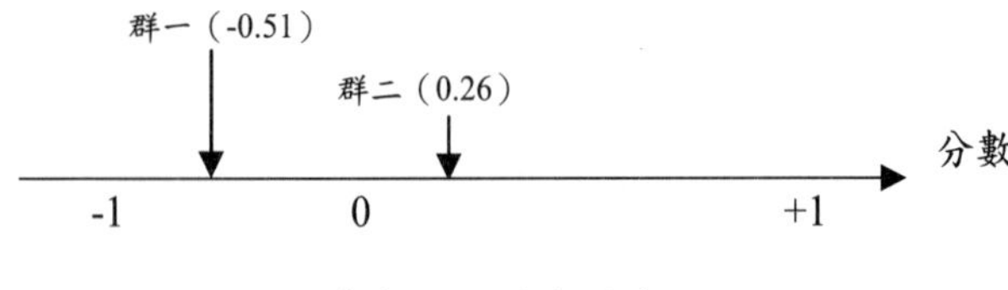

（c）認同政府因素

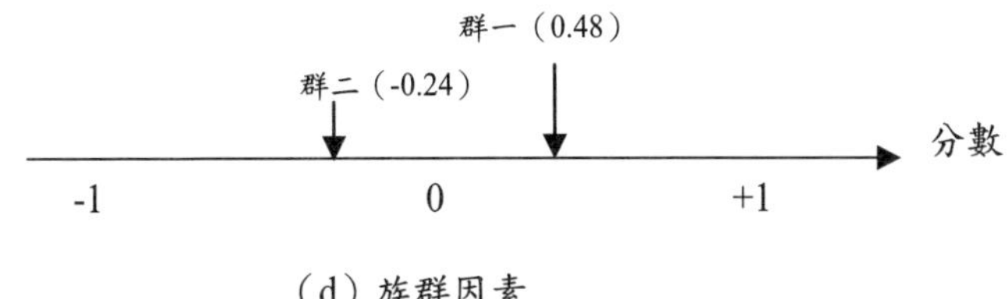

（d）族群因素

圖 3-4　僑生政治社會化型態成偶檢定

小結：本節之研究目的是建構僑生政治社會化型態群，作為探討僑生政治社會化之變數，實證結果顯示，865 位受訪僑生可集成二群，成偶檢定是群別命名之依據，由圖 5-4 可看出，群一在族群因素這個準則變數有較高的分數，但在其他因素則有負面的分數，故可命名為「族群意識群」；群二在長輩威權因素、家庭因素這二個準則變數有較高的分數，在此處顯示出華人族群常見的家長威權文化，故可命名為「長輩威權群」；（表 3-10）列出受訪僑生之集群分析結果；依據此結果進一步與人文變數、地理變數與行為變數作交叉分析，以進一步認識僑生的政治社會化特色。

表 3-10　集群分析結果

問卷編號	家庭因素	長輩威權因素	認同政府因素	族群因素	群別
1	-0.09521	-0.20272	-2.12309	-1.10602	1
2	1.31024	-2.33056	0.53497	0.80801	1
3	0.94460	-0.23449	3.01209	0.15657	2
4	-1.48617	1.49287	1.51566	-1.79031	2
7	-1.53295	-0.36127	0.79772	0.02598	1
8	0.23569	-1.09108	0.68312	-2.55600	2
9	1.11944	0.01167	-0.93016	-0.83526	2
10	-0.20535	0.92127	0.73825	-0.64647	2

11	0.55195	0.82861	-0.85939	-0.67902	2
12	0.48769	-1.08901	0.23833	-1.92440	2
1102	-0.01377	-0.88281	-0.53117	-0.35113	1
1103	-0.04811	0.37337	1.67787	-0.76975	2
1104	0.39333	-0.09800	-0.53663	-0.54389	2
1105	-0.11847	-0.00303	0.20489	0.49276	2
1106	0.35597	-0.48116	1.85157	-1.11125	2
1107	-0.32245	-0.04615	-0.06346	-0.48181	2
1108	-0.31698	-1.35499	-0.06817	0.66249	1
1109	0.78463	-0.49083	1.18191	-0.62153	2
1110	1.34883	-1.07904	-0.06551	-0.03862	2
1111	0.23856	-0.44067	0.24657	1.67146	1

* 865 位受訪者屬於「族群意識群」（群別 1）有 291 位，屬「長輩威權群」（群別 2）有 574 位。

** 政治社會化群別之總檢定，$p<.0001$，達顯著水準。

（三）卡方分析

另外，在關於「僑生政治社會化途徑（機構）」，問卷中有二個題項：

⑴「影響自己政治態度之主要來源」（X_{11}），其選項（類別）有家庭、學校、同學朋友、家族中的親戚、大眾傳播媒體、宗教、政府及沒有等；

⑵「啟發自己自由、民主、人權觀念的來源」（X_{12}），其選項（類別）有父母兄姐、學校、同學朋友、書本、戲劇、宗教、大眾傳播媒體、政府、沒有等；

在問卷中，由受訪者任選，最多三種，資料蒐集後，採用「精簡無序」的資料處理方法，將 X_{11}、X_{12} 視為「分類性變數」，分別與政治社會化群別、人文變數、地理變數、行為變數等進行交

叉分析，以瞭解僑生政治社會化之途徑是否有差異？（表 3-11 及表 3-12 是受訪者回答之次數分配）

表 3-11　影響自己政治態度主要來源之次數分配

X_{11}	次數	百分比	累積次數	累積百分比
家庭	358	21.88	358	21.88
學校	322	19.68	680	41.56
同學朋友	304	18.58	984	60.15
家族中的親戚	132	8.07	1116	68.22
宗教	69	4.22	1185	72.43
大眾媒體	224	13.69	1409	86.12
政府	194	11.86	1603	97.98
沒有	33	2.02	1636	100.00

*　受訪者最少選一種因素，最多選三種因素，因此累積次數不限於 865。
** X_{11} 卡方總檢定，P 值<.0001，達到顯著水準。

表 3-12　啟發自己自由民主人權等觀念來源之次數分配

X_{12}	次數	百分比	累積次數	累積百分比
家庭	337	20.64	337	20.64
學校	411	25.17	748	45.81
同學朋友	295	18.06	1043	63.87
大眾媒體	202	12.37	1245	76.24
宗教	75	4.59	1320	80.83
政府	107	6.55	1427	87.39
書本	133	8.14	1560	95.53
戲劇	28	1.71	1588	97.24
沒有	45	2.76	1633	100.00

*　受訪者最少選一種因素，最多選三種因素，因此累積次數不限於 865。
** X_{12} 卡方總檢定，P 值<.0001，達到顯著水準。

再由上一節「集群分析」的結果，得到來自印尼、馬來西亞、緬甸的東南亞僑生其政治社會化型態（C_1）可分成二群，分別是「族群意識群」、「長輩威權群」。本節將此二個群別分別與人文變數（P）〔性別（P_1）、家長職業（P_2）、家中經濟狀況（P_3）就讀學校性質（P_4）、主修科目（P_5）〕；政治社會化途徑〔啟發自己自由民主人權觀念之主要來源（X_{11}）、影響自己政治態度的主要來源（X_{12}）〕；地理變數（B）（僑居地）；行為變數（D）〔來臺升學主要因素（D_1）、來臺升學諮詢對象（D_2）、離開僑居地時間（D_3）〕，以卡方檢定進行交叉分折。

⑴首先，開列研究假說如下：

研究議題	研究假說
人文變數是否可以解釋政治社會化群別之差異？	①對立假說：性別（P_1）與政治社會化群別（C_1）不獨立 ②對立假說：家長職業別（P_2）與政治社會化群別（C_1）不獨立 ③對立假說：家中經濟狀況別（P_3）與政治社會化群別（C_1）不獨立 ④對立假說：就讀學校性質不同（P_4）與政治社會化群別（C_1）不獨立 ⑤對立假說：主修科目不同（P_5）與政治社會化群別（C_1）不獨立
政治社會化主要途徑不同是否可以解釋政治社會化群別之差異？	⑥對立假說：啟發僑生自由、民主、人權之主要來源不同（X_{11}）與政治社會化群別（C_1）不獨立 ⑦對立假說：影響僑生政治態度之主要來源不同（X_{12}）與政治社會化群別（C_1）不獨立
地理變數是否可以解釋政治社會化群別之差異？	⑧對立假說：僑居地不同（B）與政治社會化群別（C_1）不獨立

行為變數是否可以解釋政治社會化群別之差異？	⑨對立假說：來臺升學主要因素不同（D_1）與政治社會化群別（C_1）不獨立 ⑩對立假說：來臺升學主要諮詢對象不同（D_2）與政治社會化群別（C_1）不獨立 ⑪對立假說：離開僑居地時間不同（D_3）與政治社會化群別（C_1）不獨立

(2)函數關係如下：

① $C_1=f(P_1)$
② $C_1=f(P_2)$
③ $C_1=f(P_3)$
④ $C_1=f(P_4)$〔結果請看表 3-13〕
⑤ $C_1=f(P_5)$
⑥ $C_1=f(X_{11})$
⑦ $C_1=f(X_{12})$

⑧ $C_1=f(B)$〔結果請看表 3-14〕

⑨ $C_1=f(D_1)$
⑩ $C_1=f(D_2)$〔結果請看表 3-15〕
⑪ $C_1=f(D_3)$

另外也對 X_{11}「啟發自己自由民主人權之主要來源」及 X_{12}「影響自己政治態度之主要來源」分別與其他人文變數、地理變數、行為變數，進行交叉分析。

(1)研究假說如下：

研究議題	研究假說
人文變數是否可以解釋「啟發僑生自由、民主、人權不同途徑」之差異？	⑫對立假說：性別（P_1）與啟發僑生自由、民主、人權不同途徑（X_{11}）不獨立 ⑬對立假說：家長職業別（P_2）與啟發僑生自由、民主、人權不同來源（X_{11}）不獨立 ⑭對立假說：家中經濟狀況不同（P_3）與啟發僑生自由、民主、人權不同來源（X_{11}）不獨立 ⑮對立假說：就讀學校性質不同（P_4）與啟發僑生自由、民主、人權不同來源（X_{11}）不獨立 ⑯對立假說：主修科目不同（P_5）與啟發僑生自由、民主、人權不同來源（X_{11}）不獨立
地理變數是否可以解釋「啟發僑生自由、民主、人權不同途徑」之差異？	⑰對立假說：僑居地不同（B）與啟發僑生自由、民主、人權不同來源（X_{11}）不獨立
行為變數是否可以解釋「啟發僑生自由、民主、人權不同途徑」之差異？	⑱對立假說：來臺升學主要因素不同（D_1）與啟發僑生自由、民主、人權不同來源（X_{11}）不獨立 ⑲對立假說：來臺升學主要諮詢對象不同（D_2）與啟發僑生自由、民主、人權不同來源（X_{11}）不獨立 ⑳對立假說：離開僑居地時間不同（D_3）與啟發僑生自由、民主、人權不同來源（X_{11}）不獨立
人文變數是否可以解釋「影響僑生政治態度來源不同」之差異？	㉑對立假說：性別（P_1）與影響僑生政治態度來源不同（X_{12}）不獨立 ㉒對立假說：家長職業別（P_2）與影響僑生政治態度來源不同（X_{12}）不獨立 ㉓對立假說：家中經濟狀況不同（P_3）與影響僑生政治態度來源不同（X_{12}）不獨立 ㉔對立假說：就讀學校性質不同（P_4）與影響僑生政治態度來源不同（X_{12}）不獨立 ㉕對立假說：主修科目不同（P_5）與影響僑生政治態度來源不同（X_{12}）不獨立
地理變數是否可以解釋「影響僑生政治態度不同」之差異？	㉖對立假說：僑居地不同（B）與影響僑生政治態度來源不同（X_{12}）不獨立

行為變數是否可以解釋「影響僑生政治態度來源不同」之差異？	㉗對立假說：來臺升學主要因素不同（D_1）與影響僑生政治態度來源不同（X_{12}）不獨立 ㉘對立假說：來臺升學主要諮詢對象不同（D_2）與影響僑生政治態度來源不同（X_{12}）不獨立 ㉙對立假說：離開僑居地時間不同（D_3）與影響僑生政治態度來源不同（X_{12}）不獨立

(2)函數關係如下：

⑫ $X_{11}=f(P_1)$

⑬ $X_{11}=f(P_2)$

⑭ $X_{11}=f(P_3)$〔結果請看表 3-16〕

⑮ $X_{11}=f(P_4)$

⑯ $X_{11}=f(P_5)$

⑰ $X_{11}=f(B)$〔結果請看表 3-17〕

⑱ $X_{11}=f(D_1)$

⑲ $X_{11}=f(D_2)$〔結果請看表 3-18〕

⑳ $X_{11}=f(D_3)$

㉑ $X_{12}=f(P_1)$

㉒ $X_{12}=f(P_2)$

㉓ $X_{12}=f(P_3)$〔結果請看表 3-19〕

㉔ $X_{12}=f(P_4)$

㉕ $X_{12}=f(P_5)$

㉖ $X_{12}=f(B)$〔結果請看表 3-20〕

㉗ $X_{12}=f(D_1)$

㉘ $X_{12}=f(D_2)$〔結果請看表 3-21〕

㉙ $X_{12}=f(D_3)$

在函數中，C_1 是反應變數，表示政治社會化群別，分成「族群意識群」及「長輩權威群」等二群。

A 是解釋變數，表示人文變數，分成「性別」（P_1）、「家長職業」（P_2）、「家中經濟狀況」（P_3）、「就讀學校性質」（P_4）、「主修科目」（P_5）等五種變數。

B 是解釋變數，表示地理變數，有「僑居地」一種。

D 是解釋變數，表示行為變數，有「來臺升學主要因素」（D_1），「來臺升學主要諮詢對象」（D_2）、「離開僑居地時間」（D_3）等三種變數。

其中，人文變數有：

(1)性別：分成男、女二種。

(2)家長職業：分成農、商、工、行政管理、軍公教、金融服務、餐飲服務、營建業、退休金及其他等十種。

(3)家中經濟狀況，是指在僑居地的經濟地位，分成高收入、中高收入、中等收入、中低收入及低收入五種。

(4)就讀學校性質，分成公立大學、私立大學及僑生先修部三種。

(5)主修科目分成：文法商藝術教育、理工、醫農生物科技及中文特別輔導班等四種。

政治社會化途徑之變數有：

(1)啟發自己自由民主人權之主要來源，分成：家庭、學校、同學朋友、大眾傳播媒體、宗教、書本、戲劇及沒有等八種。

(2)影響自己政治態度之主要來源，分成父母兄姐、學校、同學朋友、家族中的親戚、宗教、大眾傳播媒體、政府及沒有等八種。

再則，地理變數則有僑居地一項，分成：印尼、馬來西亞、緬甸等三種。

最後，行為變數有：

⑴來臺升學主要因素：分成僑居地沒有想讀的科系；自己在僑居地不容易有就讀大學的機會；僑居地政府在就學、就業上的機會不平等；在臺灣讀大學，假日可以在校外打工；在僑生先修部及未來的大學有申請助學金、工讀金的機會或學費較便宜；臺灣在某些專業的領域，在各大學有很不錯的研究成果；是華人的環境，自己較能適應；僑生先修部有熱門科系的名額；想學習中文；臺灣有親戚或兄姐可以照料，父母親較放心或在各大家有學長、學姐，可以互相幫忙；想獨立；家庭因素；父母決定及臺灣是自由民主的地區等十四種。

⑵來臺升學主要諮詢對象：分成師長；父母兄姐；自己決定；同學；僑委會相關單位等五種。

⑶離開僑居地的時間：分成 1 年以內；1-3 年；3-5 年及 5 年以上等四種。

卡方檢定之結果如（表 3-13）至（表 3-15）所顯示，其中 P 值＜0.05 者，視為顯著。

表 3-13　政治社會化群別與人文變數之卡方檢定結果

變異來源	自由度	χ^2 統計量	P 值	是否顯著
性別	1	1.1395	0.2858	不顯著
家長職業	10	13.7579	0.1843	不顯著
家中經濟狀況	4	1.6139	0.8063	不顯著
就讀學校性質	2	4.5465	0.1030	不顯著
主修科目	3	1.1305	0.7697	不顯著
啟發自己自由民主人權觀念之主要來源	8	16.3138	0.0381*	顯著
影響自己政治態度之主要來源	7	21.0783	0.0037*	顯著

表 3-14　政治社會化群別與地理變數之卡方檢定結果

變異來源	自由度	χ^2 統計量	P 值	是否顯著
僑居地	2	15.0490	0.0005*	顯著

表 3-15　政治社會化群別與行為變數之卡方檢定結果

變異來源	自由度	χ^2 統計量	P 值	是否顯著
來臺升學主要因素	13	20.3600	0.0866	不顯著
來臺升學主要諮詢對象	4	7.5436	0.1098	不顯著
離開僑居地時間	4	3.8238	0.4304	不顯著

（表 3-13）到（表 3-15）是「政治社會化群別」與「人文變數」、「地理變數」、「行為變數」進行卡方檢定之結果：有不同「僑居地」及「啟發自己自由民主人權觀念來源」不同、「影響自己政治態度來源」不同之僑生，在政治社會化群別有顯著的差異。進一步分析，（表 3-16）可看到馬來西亞僑生的政治社會化大約平均的分布在「族群意識群」、「長輩威權群」；而且他們是三個僑居地中「族群意識」相對較高的，就像江炳倫教授研究的結果：每一個政治體系都包括具有地方性、臣屬性、參與性三種政治文化指向的人士，但其混合的比例可能有很大的差別，有的以一種文化模式為主，有的則是兩種或三種文化各有千秋。因此，馬來西亞僑生在不同政治文化群的長輩、學校、同學、大眾媒體……等環境中成長，其政治社會化型態亦受影響。而且，馬國政府在工作、升學的政策上有比較傾斜於馬來族群的現象，也會使身歷其境的僑生有「族群意識」強的反應。印尼僑生則大多數屬於「長輩威權群」；就像張錫鎮教授的研究，印尼政治文化中有「對立中求平衡」、「互助合作」、「服從權威」等，印尼人認為，社會要從不完善狀態過渡到完善狀態，鬥爭、衝突是可以接受的，但不

能打破整體的平衡和秩序；另外，學者蔡維民對印尼華人的研究，發現印尼華人是支持新秩序下的「潘查希拉」國家，因為這使他們的經濟利益和信仰得到了保障，且軍隊有效地阻止了反華暴力。因此，印尼僑生大都會遵循長輩的政治理念，儘量採取「信任政府」態度以追求「和諧的大一統」。因此，我們可從表（表3-16）看出印尼學生在「族群意識群」的分布是比例較低的。緬甸學生大部分是「長輩威權群」，也有三成的學生被歸類為「族群意識群」，在緬甸軍政府至今仍然採取以武力鎮壓的專制獨裁的政治，學生對政府很反感，但為保護自己及家人，對敏感的政治議題，也大都低調以對；另外，緬甸的佛教倫理規範了父母與子女，教師與學生，妻子與丈夫，主人與僕人的相互關係與責任，也形成一方對另一方的支配和統治；在緬甸的家庭，建築在這種嚴格的尊卑、上下關係的是根深蒂固的，所以，緬甸僑生大部分都屬於「長輩威權群」。

表 3-16　「政治社會化群別」與「僑居地」卡方分析列聯表

次數 百分比 列百分比 行百分比	馬來西亞	印尼	緬甸	合計
族群意識群	174 20.122 59.79 39.01	31 3.58 10.65 22.14	86 9.94 29.55 30.82	291 33.64
長輩威權群	272 31.45 47.39	109 12.60 18.99	193 22.31 33.62	574 66.36

	60.99	77.86	69.18	
合計	446 51.56	140 16.18	279 32.25	865 100.00

表 3-17 「政治社會化群別」與「影響自己政治態度之因素」卡方分析列聯表

次數 百分比 列百分比 行百分比	族群意識群	長輩威權群	合計
家庭	94 5.75 26.26 18.65	264 16.14 73.74 23.32	358 21.88
學校	91 5.56 28.26 18.06	231 14.12 71.74 20.41	322 19.68
同學朋友	99 6.05 32.57 19.64	205 12.53 67.43 18.11	304 18.58
家族中的親戚	46 2.81 34.85 9.13	86 5.26 65.15 7.60	132 8.07
宗教	15 0.92 21.74 2.98	54 3.30 78.26 4.77	69 4.22

大眾媒體	75	149	224
	4.58	9.11	13.69
	33.48	66.52	
	14.88	13.16	
政府	65	129	194
	3.97	7.89	11.86
	33.51	66.49	
	12.90	11.40	
沒有	19	14	33
	1.16	0.86	2.02
	57.58	42.42	
	3.77	1.24	
合計	504	1132	1636
	30.81	69.19	100.00

由表 3-17，可看出「長輩威權群」的僑生，影響其政治態度的來源主要是家庭及學校；但「族群意識群」的僑生，影響其攻治態度的來源主要是同學朋友及家庭；因此，族群意識群的僑生對政府政策或相關政治的議題較常與同學朋友或家人討論，也更強化自己的觀念。

表 3-18，不論是「長輩威權群」或「族群意識群」的僑生，認為：啟發自己自由民主人權等觀念主要來源主要是學校、家庭、同學朋友等，但「族群意識群」有較高比例是由「書本」，甚至「沒有」啟發其自由民主的觀念，東南亞許多國家（例如：緬甸軍政府）為達到其極權統治之目的，的確有可能控制教育內容或大眾傳播媒體，完全沒有讓人民有「自由民主人權」之觀念。另外，「長輩威權群」則在「宗教」啟發自由民主人權方面的觀念扮演較重要之角色。

表 3-18 「政治社會化群別」與「啟發自己自由民主人權等觀念之來源」卡方分析列聯表

次數 百分比 列百分比 行百分比	族群意識群	長輩威權群	合計
家庭	101 6.18 29.97 19.88	236 14.45 70.03 20.98	337 20.64
學校	124 7.59 30.17 24.41	287 17.58 69.83 25.51	411 25.17
同學朋友	94 5.765 31.86 18.50	201 12.31 68.14 17.87	295 18.06
大眾媒體	61 3.74 30.20 12.01	141 8.63 69.80 12.53	202 12.37
宗教	15 0.92 20.00 2.95	60 3.67 80.00 5.33	75 4.59
政府	35 2.14 32.71 6.89	72 4.41 67.29 6.40	107 6.55
書本	43 2.63 32.33 8.46	90 5.51 67.67 8.00	133 8.14
戲劇	11	17	28

	0.67	1.04	1.71
	39.29	60.71	
	2.17	1.51	
沒有	24	21	45
	1.47	1.29	2.76
	53.33	46.67	
	4.72	1.87	
合計	508	1125	1633
	31.11	68.89	100.00

（表 3-19）到（表 3-21）是由檢定政治社會化之題目：「啟發自己自由、民主、人權之主要來源」與人文變數、地理變數、行為變數間的獨立性所產生之結果：不同「僑居地」、不同「經濟狀況」、不同的「升學來臺因素」、不同的「來臺升學諮詢對象」、不同「離開僑居地時間」、不同的「就讀學校性質」及不同「主修科目」之僑生都在「啟發僑生的自由民主人權觀念之來源」有顯著的差異。

表 3-19　啟發自己自由民主人權觀念的主要來源與人文變數之卡方檢定結果

變異來源	自由度	χ^2 統計量	P 值	是否顯著
性別	8	7.4754	0.4863	不顯著
家長職業	80	80.4702	0.4642	不顯著
家中經濟狀況	32	61.8773	0.0012*	顯著
就讀學校性質	16	192.6625	<.0001*	顯著
主修科目	24	97.2224	<.0001*	顯著

表 3-20　啟發自己自由民主人權觀念的主要來源與地理變數之卡方檢定結果

變異來源	自由度	χ^2 統計量	P 值	是否顯著
僑居地	16	84.2313	<.0001*	顯著

表 3-21　啟發自己自由民主人權觀念的主要來源與行為變數之卡方檢定結果

變異來源	自由度	χ^2 統計量	P 值	是否顯著
來臺升學主要因素	104	189.6164	<.0001*	顯著
來臺升學主要諮詢對象	32	72.7415	<.0001*	顯著
離開僑居地時間	24	47.9074	0.0026*	顯著

從（表 3-22）可看出，馬來西亞及印尼學生啟發自己自由、民主、人權等觀念，主要是學校及家庭，而緬甸學生則主要是來自學校及同學朋友。另外，馬來西亞、緬甸的政府對大眾傳播媒體不是完全自由開放的，因此，現代化國家的民主制度、自由觀念等在一般的大眾媒體並不能被完整的傳播或討論。呂亞力教授認為，即使在較落後地區的閉塞村落，民眾也常藉收音機來獲悉外界事物，或選擇原來自己支持之政治立場的報刊來閱讀，因此，緬甸地區，也有一定比例的僑生啟發其民主自由人權觀念的是來自大眾媒體及書本。

表 3-22　「啟發僑生自由、民主人權觀念來源」與「僑居地」卡方分析列聯表

次數 百分比 列百分比 行百分比	馬來西亞	印尼	緬甸	合計
家庭	198 12.13 58.75 22.86	61 3.74 18.10 24.90	78 4.78 23.15 14.97	337 30.65
學校	210 12.87 51.09 24.25	83 5.09 20.19 33.88	118 7.23 28.71 22.65	411 25.18

同學朋友	161 9.87 54.58 18.59	47 2.88 15.93 19.18	87 5.33 29.49 16.70	295 18.08
大眾媒體	122 7.48 60.40 14.09	17 1.04 8.42 6.94	63 3.86 31.19 12.09	202 12.38
宗教	34 2.08 45.33 3.93	16 0.98 21.33 6.53	25 1.53 33.33 4.80	75 4.60
政府	55 3.37 51.40 6.35	3 0.18 2.80 1.22	49 3.00 45.79 9.40	107 6.56
書本	58 3.55 43.61 6.70	10 0.61 7.52 4.08	65 3.98 48.87 12.48	133 8.15
戲劇	10 0.61 37.04 1.15	1 0.06 3.70 0.41	16 0.98 59.26 3.07	27 1.65
沒有	18 1.10 40.00 2.08	7 0.43 15.56 2.86	20 1.23 44.44 3.84	45 2.76
合計	866 5306	245 15.01	521 31.92	1632 100.00

表 3-23 「啟發自己自由民主人權觀念之來源」與「家中經濟狀況」卡方分析列聯表

次數 百分比 列百分比 行百分比	高收入	中高收入	中等收入	中低收入	低收入	
家庭	1 0.06 0.30 9.09	24 1.47 7.12 23.76	191 11.70 56.68 22.44	83 5.08 24.63 18.61	38 2.33 11.28 16.96	337 20.64
學校	4 0.24 0.97 36.36	23 1.41 5.60 22.77	227 13.90 55.3 26.67	99 6.06 24.09 22.20	58 3.55 14.11 25.89	411 25.17
同學朋友	1 0.06 0.34 9.09	15 0.92 5.08 14.85	159 9.74 53.90 18.68	88 5.39 29.83 19.73	32 1.96 10.85 14.29	295 18.06
大眾媒體	2 0.12 0.99 18.18	15 0.92 7.43 14.85	98 6.00 48.51 11.52	56 3.43 27.72 .12.56	31 1.90 15.35 13.84	202 12.37
宗教	0 0.00 0.00 0.00	3 0.18 4.00 2.97	42 2.57 56.00 4.94	22 1.35 29.33 4.93	8 0.49 10.67 3.57	75 4.59
政府	0 0.00 0.00 0.00	9 0.55 8.41 8.91	48 2.94 44.86 5.64	33 2.02 30.84 7.40	17 1.04 15.89 7.59	107 6.55

書本	0	9	51	47	26	133
	0.00	0.55	3.12	2.88	1.59	8.14
	0.00	6.77	38.35	35.34	19.55	
	0.00	8.91	5.99	10.54	11.61	
戲劇	0	2	10	9	7	28
	0.00	0.12	0.61	0.55	0.43	1.71
	0.00	7.14	35.71	32.14	25.00	
	0.00	1.98	1.18	2.02	3.13	
沒有	3	1	25	9	7	45
	0.18	0.06	1.53	0.55	0.43	2.76
	6.67	2.22	55.56	20.00	15.56	
	27.27	0.99	2.94	2.02	3.13	
合計	11	101	851	446	224	1633
	0.67	6.18	52.11	27.31	13.72	100.00

由表3-23可看出家中經濟狀況無論那一組，啟發自己自由民主人權觀念的大都來自「學校」、「家庭」、「同學朋友」等初級團體及次級團體，而「高收入」的有較大的比例來自「大眾傳播媒體」；「中低收入」及「低收入」較別組有較高比例是來自「書本」及「戲劇」。

由表3-24，在行為變數中，大部分「來臺升學主要因素」之組別，啟發自己自由民主等觀念的來源是學校與家庭，但「假日可在校外打工」及「有熱門科系可就讀」兩組，啟發自己自由民主人權等觀念的是學校及大眾傳播媒體；「想獨立」及「父母決定」兩組，啟發自己自由民主人權等觀念的是學校及同學朋友；「家庭因素」這一組，則是學校與書本啟發民主自由觀念。「臺灣是自由民主地區」這一組則是同學朋友及書本啟發其自由民主之觀念。

表 3-24 「啟發自己自由民主人權觀念之來源」與「來臺升學主要因素」卡方分析列聯表

次數 百分比 列百分比 行百分比	家庭	學校	同學朋友	大眾媒體	宗教	政府	書本	戲劇	沒有	合計
僑居地沒有想讀的科系	24 0.93 26.37 5.03	22 0.85 24.18 3.23	15 0.58 16.48 3.56	6 0.23 6.59 1.75	3 0.12 3.30 2.73	6 0.23 6.59 3.59	7 0.27 7.69 3.30	2 0.08 2.20 5.13	6 0.23 6.59 4.44	91 3.52
自己在僑居地不容易升大學	48 1.86 19.75 10.06	65 2.51 26.75 9.54	38 1.47 15.64 9.03	38 1.47 15.64 11.08	9 0.35 3.70 8.18	17 0.66 7.00 10.18	13 0.50 5.35 6.13	3 0.12 1.23 7.69	12 0.46 4.94 8.89	243 9.40
政府的就學、就學機會不平等	44 1.70 18.64 9.22	61 2.36 25.85 8.96	35 1.35 14.83 8.31	35 1.35 14.83 10.20	8 0.31 3.39 7.27	13 0.50 5.51 7.78	25 0.97 10.59 113.	4 0.15 1.69 10.26	11 0.43 4.66 8.15	236 9.13
假日可在校外打工	26 1.01 14.69 5.45	45 1.74 25.42 6.61	33 1.28 18.64 7.84	29 1.12 16.38 8.45	9 0.35 5.08 8.18	13 0.50 7.34 7.78	12 0.46 6.78 5.66	2 0.08 1.13 5.13	8 0.31 4.52 5.93	177 6.85
可申請助學金或學費較便宜	60 2.32 19.42 12.58	86 3.33 27.83 12.63	53 2.05 17.15 12.59	48 1.86 15.53 13.99	12 0.46 3.88 10.91	19 0.74 6.15 11.38	14 0.54 4.53 6.60	4 0.15 1.29 10.26	13 0.50 4.21 9.63	309 11.95
臺灣的大學在專業領域有不錯的研究成果	50 1.93 18.66 10.48	76 2.94 28.36 11.16	36 1.39 13.43 8.55	40 1.55 14.93 11.66	17 0.66 6.34 15.45	14 0.54 5.22 8.38	17 0.66 6.34 8.02	4 0.15 1.49 10.26	14 0.54 5.22 10.37	268 10.37
是華人的環境較易適應	59 2.28 17.40 12.37	89 3.44 26.25 13.07	61 2.36 17.99 14.49	43 1.66 12.68 12.54	13 0.50 3.83 11.82	21 0.81 6.19 12.57	31 1.20 9.14 14.62	4 0.15 1.18 10.26	18 0.70 5.31 13.33	339 13.11
有機會就讀熱門科系	22 0.85 16.06 4.61	39 1.51 28.47 5.73	25 0.97 18.25 5.94	27 1.04 19.71 7.87	6 0.23 4.38 5.45	8 0.31 5.84 4.79	4 0.15 2.92 1.89	1 0.04 0.73 2.56	5 0.19 3.65 3.70	137 5.30

想學習中文	37 1.43 24.67 7.76	45 1.74 30.00 6.61	24 0.93 16.00 5.70	10 0.39 6.67 2.92	5 0.19 3.33 4.55	11 0.43 7.33 6.59	8 0.31 5.33 3.77	0 0.00 0.00 0.00	10 0.39 6.67 7.41	150 5.80
臺灣有親戚或大學中有學長、姐可照顧	36 1.39 23.53 7.55	59 2.28 38.56 8.66	9 0.35 5.88 2.14	12 0.46 7.84 3.50	6 0.23 3.92 5.45	13 0.50 8.50 7.78	12 0.46 7.84 5.66	1 0.04 0.65 2.56	5 0.19 3.27 3.70	153 5.92
想獨立	48 1.86 16.90 10.06	56 2.17 19.72 8.22	53 2.05 18.66 12.59	37 4.43 13.03 10.79	9 0.35 3.17 8.18	20 0.77 7.04 11.98	35 1.35 12.32 16.51	6 0.23 2.11 15.38	20 0.77 7.04 14.81	284 10.99
家庭因素	9 0.35 12.86 1.89	20 0.77 28.57 2.94	7 0.27 10.00 1.66	9 0.35 12.86 2.62	6 0.23 8.57 5.45	2 0.08 2.86 1.20	10 0.39 14.29 4.72	2 0.08 2.86 5.13	5 0.19 7.14 3.70	70 2.71
父母決定	9 0.35 14.29 1.89	10 0.39 15.87 1.47	18 0.70 28.57 4.28	5 0.19 7.94 1.46	7 0.27 11.11 6.36	2 0.08 3.17 1.20	7 0.27 11.11 3.30	2 0.08 3.17 5.13	3 0.12 4.76 2.22	63 2.44
臺灣是自由民主的地區	5 0.19 7.69 1.05	8 0.31 12.31 1.17	14 0.54 21.54 3.33	4 0.15 6.15 1.17	0 0.00 0.00 0.00	8 0.31 12.31 4.79	17 0.66 26.15 8.02	4 0.15 6.15 10.26	5 0.19 7.69 3.70	65 2.51
合計	477 18.45	681 26.34	421 16.29	343 13.27	110 4.26	167 6.46	212 8.20	39 1.51	135 5.22	2585 100.00

表 3-25　「啟發自己自由民主人權等觀念之來源」與「來臺升學主要諮詢對象」卡方分析列聯表

次數 百分比 列百分比 行百分比	師長	父母兄姐	自己決定	同學	僑委會相關單位	合計
家庭	93 5.70 27.60 22.46	121 7.41 35.91 24.25	80 4.90 23.74 17.20	26 1.59 7.72 17.81	17 1.04 5.04 15.60	337 20.64

學校	117	122	109	46	17	411
	7.16	7.47	6.67	2.82	1.04	25.17
	28.47	29.68	26.52	11.19	4.14	
	28.26	24.45	23.44	31.51	15.60	
同學朋友	71	92	87	22	23	295
	4.35	5.63	5.33	1.35	4.41	18.06
	24.07	31.19	29.49	7.46	7.80	
	17.15	18.44	18.71	15.07	21.10	
大眾媒體	53	62	49	19	19	202
	3.25	3.80	3.00	1.16	1.16	12.37
	26.24	30.69	24.26	9.41	9.41	
	12.80	12.42	10.54	13.01	17.43	
宗教	12	27	25	7	4	75
	0.73	1.65	1.53	0.43	0.24	4.59
	16.00	36.00	33.33	9.33	5.33	
	2.90	5.41	5.38	4.79	3.67	
政府	32	24	29	11	11	107
	1.96	1.47	1.78	0.67	0.67	6.55
	29.91	22.43	27.10	10.28	10.28	
	7.73	4.81	6.24	7.53	10.09	
書本	28	39	44	9	13	133
	1.71	2.39	2.69	0.55	0.80	8.14
	21.05	29.32	33.08	6.77	9.77	
	6.76	7.82	9.46	6.16	11.93	
戲劇	2	8	15	1	2	28
	0.12	0.49	0.92	0.06	0.12	1.71
	7.14	28.57	53.57	3.57	7.14	
	0.48	1.60	3.23	0.68	1.83	
沒有	6	4	27	5	3	45
	0.37	0.24	1.65	0.31	0.18	2.76
	13.33	8.89	60.00	11.11	6.67	
	1.45	0.80	5.81	3.42	2.75	
合計	414	499	465	146	109	1633
	25.35	30.56	28.48	8.94	6.67	100.00

由表（表 3-25），來臺升學主要諮詢對象對「師長」、「同學」、「自己決定」各組，「啟發其自由民主人權觀念」的主要是學校；而來臺升學主要諮詢對象的是「父母兄姐」，啟發其自由民主人權觀念的，主要是學校與家庭；另外，會去找僑委相關單位諮詢的，啟發其自由民主人權觀念的則是同學朋友及大眾傳播媒體、網路等。

表（3-26），則顯示大部份組別（無論離開僑居地 1 年內，1-3 年或 3-5 年），啟發其自由民主人權的是學校、家庭，但是離開僑居地時間較久（5 年以上）者，「大眾傳播媒體」取代家庭，在啟發僑生的自由民主人權觀念，扮演較重要的角色。

由表（3-27），無論僑生就讀公立大學、私立大學或僑生先修部，啟發其自由民主人權的主要來源是學校、家庭及同學朋友；但就讀公立大學之學生也有很高比例受到「政府」作為及書本啟發；但僑生先修部學生則有很多同學受到大眾傳播媒體及書本啟發，也有同學「沒有」被啟發，僑生先修部學生大都離開僑居地未滿一年，本研究訪問時，他們才入學二個月，因此若僑居地政府為達到其統治之目的，用教育方式或掌控媒體，強力禁止自由民主人權的觀念被討論，家長為保護兒女安全，也儘量不提起，學生的確可能在僑居地「未」被啟發。

表 3-26　「啟發自己自由民主人權觀念主要來源」與「僑生離開僑居地時間」卡方分析列聯表

次數 百分比 列百分比 行百分比	一年以內	一至三年	三至五年	五年以上	合計
家庭	198 12.12 58.75 22.07	85 5.21 25.22 18.44	47 2.88 13.95 20.43	7 0.43 2.08 15.56	337 20.64
學校	225 13.78 54.74 25.08	109 6.67 26.52 23.64	64 3.92 15.57 27.83	13 0.80 3.16 28.89	411 25.17
同學朋友	148 9.06 50.17 16.50	98 6.00 33.22 21.26	44 2.69 14.92 19.13	5 0.31 1.69 11.11	295 18.06
大眾媒體	119 7.29 58.91 13.27	57 3.49 28.22 12.36	19 1.16 9.41 8.26	7 0.43 3.47 15.56	202 12.37
宗教	31 1.90 41.33 3.46	27 1.65 36.00 5.86	15 0.92 20.00 6.52	2 0.12 2.67 4.44	75 4.59
政府	44 2.69 41.12 4.91	42 2.57 39.25 9.11	17 1.04 15.89 7.39	4 0.24 3.74 8.89	107 6.55
書本	75 4.59 56.39 8.36	34 2.08 25.56 7.38	20 1.22 15.04 8.70	4 0.24 3.01 8.89	133 8.14

戲劇	20 1.22 71.43 2.23	4 0.24 14.29 0.87	3 0.18 10.71 1.30	1 0.06 3.57 2.22	28 1.71
沒有	37 2.27 82.22 4.12	5 0.31 11.11 1.08	1 0.06 2.22 0.43	2 0.12 4.44 4.44	45 2.76
合計	897 54.93	461 28.23	230 14.08	45 2.76	1633 100.00

表 3-27　「啟發自己自由民主人權觀念主要來源」與「僑生就讀學校性質」卡方分析列聯表

次數 百分比 列百分比 行百分比	公立大學	私立大學	僑生先修部	合計
家庭	134 8.21 39.76 20.33	49 3.00 14.54 23.79	154 9.43 45.70 20.05	337 20.64
學校	152 9.31 36.98 23.07	63 3.86 15.33 30.58	196 12.00 47.69 25.52	411 25.17
同學朋友	120 7.35 40.68 18.21	47 2.88 15.93 22.82	128 7.84 43.39 16.67	295 18.06
大眾媒體	62 3.80 30.69 9.41	27 1.65 13.37 13.11	113 6.92 55.94 14.71	202 12.37
宗教	25 1.53	19 1.16	31 1.90	75 4.59

	33.33	25.33	41.33	
	3.79	9.22	4.04	
政府	87	1	19	107
	5.33	0.06	1.16	6.55
	81.31	0.93	17.76	
	13.20	0.49	2.47	
書本	74	0	59	133
	4.53	0.00	3.61	8.14
	55.64	0.00	44.36	
	11.23	0.00	7.68	
戲劇	5	0	23	28
	0.31	0.00	1.41	1.71
	17.86	0.00	82.14	
	0.76	0.00	2.99	
沒有	0	0	45	45
	0.00	0.00	2.76	2.76
	0.00	0.00	100.00	
	0.00	0.00	5.86	
合計	659	206	768	1633
	40.36	12.61	47.03	100.00

表 3-28　「啟發自己自由民主人權觀念主要來源」與「僑生主修科目」卡方分析列聯表

次數 百分比 列百分比 行百分比	文法商教育藝術	理工	醫農生物科技	中文特別輔導班	合計
家庭	201	76	42	18	337
	12.31	4.65	2.57	1.10	20.64
	59.64	22.55	12.46	5.34	
	21.14	19.34	17.80	33.96	
學校	247	78	55	31	411
	15.13	4.78	3.37	1.90	25.17
	60.10	18.98	13.38	7.54	

	25.97	19.85	23.31	58.49	
同學朋友	189	71	33	2	295
	11.57	4.35	2.02	0.12	18.06
	64.07	24.07	11.19	0.68	
	19.87	18.07	13.98	3.77	
大眾媒體	120	50	31	1	202
	7.35	3.06	1.90	0.06	12.37
	59.41	24.75	15.35	0.50	
	12.62	12.72	13.14	1.89	
宗教	48	19	8	0	75
	2.94	1.16	0.49	0.00	4.59
	64.00	25.33	10.67	0.00	
	5.05	4.83	3.39	0.00	
政府	50	29	28	0	107
	3.06	1.78	1.71	0.00	6.55
	46.73	27.10	26.17	0.00	
	5.26	7.38	11.86	0.00	
書本	66	39	28	0	133
	4.04	2.39	1.71	0.00	8.14
	49.62	29.32	21.05	0.00	
	6.94	9.92	11.86	0.00	
戲劇	13	11	3	1	28
	0.80	0.67	0.18	0.06	1.71
	46.43	39.29	10.71	3.57	
	1.37	2.80	1.27	1.89	
沒有	17	20	8	0	45
	1.04	1.22	0.49	0.00	2.76
	37.78	44.44	17.78	0.00	
	1.79	5.09	3.39	0.00	
合計	951	393	236	53	1633
	58.24	24.07	14.45	3.25	100.00

由表 3-28，無論主修文法商、理工或醫農之僑生，啟發其自由民主人權觀念之來源大都是學校、家庭為主，其次為同學朋友及大眾傳播媒體，但就讀僑生先修部中文特別輔導班之同學（主要是印尼同學就讀），則完全由學校、家庭啟發自由民主人權之觀念，因此，印尼學生極尊重家長、師長的意見，此處更獲得印證。

（表 3-29）到（表 3-31）也是檢定另一個「政治社會化」的題目：「影響自己政治態度之主要來源」與人文變數、地理變數、行為變數間之獨立性的結果：其中「僑居地」、「來臺升學主要因素及主要諮詢對象」、「離開僑居地時間」、「就讀學校性質」及「主修科目」不同的僑生，在影響自己政治態度之主要來源也有顯著差異。

表 3-29　影響自己政治態度之主要來源與人文變數之卡方檢定結果

變異來源	自由度	χ^2 統計量	P 值	是否顯著
性別	7	8.9441	0.2567	不顯著
家長職業	70	45.3408	0.9903	不顯著
家中經濟狀況	28	37.5660	0.1069	不顯著
就讀學校性質	14	172.5740	<.0001*	顯著
主修科目	21	89.4505	<.0001*	顯著

表 3-30　影響自己政治態度的主要來源與地理變數之卡方檢定結果

變異來源	自由度	χ^2 統計量	P 值	是否顯著
僑居地	14	57.3061	<.0001*	顯著

表 3-31　影響自己政治態度之主要來源與行為變數之卡方檢定結果

變異來源	自由度	χ^2統計量	P 值	是否顯著
來臺升學主要因素	91	155.1529	<.0001*	顯著
來臺升學主要諮詢對象	28	73.7322	<.0001*	顯著
離開僑居地時間	21	54.6928	<.0001*	顯著

進一步分析，由（表 3-32）看出：離開僑居時間在五年之內的僑生，影響其政治態度的是家庭、學校、同學朋友等。但離開僑居地時間在五年以上的這一組，「大眾傳播媒體」是影響其政治態度的主要因素，可能是僑生離開僑居地後，到其他國家生活，大部分的國家都較其原來僑居國家，有更民主化的政治或制度，對這些僑生而言，就像呂亞力教授之研究，「某些人在成年後的政治社會化——尤其是與實際政治接觸後的經驗，的確對其政治態度與行為更具決定性。」[31]因此他們會關心大眾傳播媒體的報導，藉由這些媒介來強化或影響自己的政治觀念。

表 3-32　「影響自己政治態度之來源」與「離開僑居地時間」卡方分析列聯表

次數 百分比 列百分比 行百分比	一年之內	一～三年	三～五年	五年以上	合計
家庭	208 12.71 58.10 22.29	91 5.56 25.42 21.16	53 3.24 14.80 23.25	6 0.37 1.68 13.33	358 21.88
學校	162 9.90 50.31 17.36	96 5.87 29.81 22.33	58 3.55 18.01 25.44	6 0.37 1.86 13.33	322 19.68

[31] 呂亞力，「政治學」，臺北：三民，頁 369。

同學朋友	151 9.23 49.67 16.18	91 5.56 29.93 21.16	52 3.18 17.11 22.81	10 0.61 3.29 22.22	304 18.58
家族中的親戚	71 4.34 53.79 7.61	37 2.26 28.03 8.60	18 1.10 13.64 7.89	6 0.37 4.55 13.33	132 8.07
宗教	35 2.14 50.72 3.75	18 1.10 26.09 4.19	13 0.79 18.84 5.70	3 0.18 4.35 6.67	69 4.22
大眾媒體	154 9.41 68.75 16.51	44 2.69 19.64 10.23	16 0.98 7.14 7.02	10 0.61 4.46 22.22	224 13.69
政府	126 7.70 64.95 13.50	48 2.93 24.74 11.16	16 0.98 8.25 7.02	4 0.24 2.06 8.89	194 11.86
沒有	26 1.59 78.79 2.79	5 0.31 15.15 1.16	2 0.12 6.06 0.88	0 0.00 0.00 0.00	33 2.02
合計	933 57.03	430 26.28	228 13.94	45 2.75	1636 100.00

表 3-33　「影響自己政治態度之來源」與「僑居地」卡方分析列聯表

次數 百分比 列百分比 行百分比	馬來西亞	印尼	緬甸	合計
家庭	201 12.29 56.15	77 4.71 21.51	80 4.89 22.35	358 21.88

	22.28	32.63	16.06	
學校	171 10.45 53.11 18.96	45 2.75 13.98 19.07	106 6.48 32.92 21.29	322 19.68
同學朋友	161 9.84 52.96 17.85	51 3.12 16.78 21.61	92 5.62 30.26 18.47	304 18.58
家族中的親戚	81 4.95 61.36 8.98	10 0.61 7.58 4.24	41 2.51 31.06 8.23	132 8.07
宗教	26 1.59 37.68 2.88	14 0.86 20.29 5.93	29 1.77 42.03 5.82	69 4.22
大眾媒體	140 8.56 62.50 15.52	17 1.04 7.59 7.20	67 4.10 29.91 13.45	224 13.69
政府	109 6.66 56.19 12.08	15 0.92 7.73 6.36	70 4.28 36.08 14.06	194 11.86
沒有	13 0.79 39.39 1.44	7 0.43 21.21 2.97	13 0.79 39.39 2.61	33 2.02
合計	902 55.13	236 14.43	498 30.44	1636 100.00

表 3-34 「影響自己政治態度之來源」與「來臺升學主要諮詢對象」卡方分析列聯表

次數 百分比 列百分比 行百分比	師長	父母兄姐	自己決定	同學	僑委會相關單位	合計
家庭	90 5.50 25.14 21.74	143 8.74 39.94 29.36	70 4.28 19.55 15.09	36 2.20 10.06 21.95	19 1.16 5.31 17.76	358 21.88
學校	95 5.81 29.50 22.95	86 5.26 26.71 17.66	89 5.44 27.64 19.18	36 2.20 11.18 21.95	16 0.98 4.97 14.95	322 19.68
同學朋友	75 4.58 24.67 18.12	93 5.68 30.59 19.10	84 5.13 27.63 18.10	37 2.26 12.17 22.56	15 0.92 4.93 14.02	304 18.58
家族中的親戚	42 2.57 31.82 10.14	30 1.83 22.73 6.16	31 1.89 23.48 6.68	16 0.98 12.12 9.76	13 0.79 9.85 12.15	132 8.07
宗教	11 0.67 15.94 2.66	22 1.34 31.88 4.52	24 1.47 34.78 5.17	5 0.31 7.25 3.05	7 0.43 10.14 6.54	69 4.22
大眾媒體	56 3.42 25.00 13.53	55 3.36 24.55 11.29	77 4.71 34.38 16.59	19 1.16 8.48 11.59	17 1.04 7.59 15.89	224 13.69
政府	41 2.51 21.13 9.90	52 3.18 26.80 10.68	71 4.34 36.60 15.30	12 0.73 6.19 7.32	18 1.10 9.28 16.82	194 11.86

沒有	4	6	18	3	2	33
	0.24	0.37	1.10	0.18	0.12	2.02
	12.12	18.18	54.55	9.09	6.06	
	0.97	1.23	3.88	1.83	1.87	
合計	414	487	464	164	107	1636
	25.31	29.77	28.36	10.02	6.54	100.00

表 3-35　「影響自己政治態度之來源」與「主修科目」卡方分析列聯表

次數 百分比 列百分比 行百分比	文法商教育藝術	理工	醫農生物科技	中文特別輔導班	合計
家庭	199	76	57	26	358
	12.16	4.65	3.48	1.59	21.88
	55.59	21.23	15.92	7.26	
	20.64	19.00	25.91	50.00	
學校	185	81	48	8	322
	11.31	4.95	2.93	0.49	19.68
	57.45	25.16	14.91	2.48	
	19.19	20.25	21.82	15.38	
同學朋友	178	80	41	5	304
	10.88	4.89	2.51	0.31	18.58
	58.55	26.32	13.49	1.64	
	18.46	20.00	18.64	9.62	
家族中的親戚	74	34	24	0	132
	4.52	2.08	1.47	0.00	8.07
	56.06	25.76	18.18	0.00	
	7.68	8.50	10.91	0.00	
宗教	51	14	3	1	69
	3.12	0.86	0.18	0.06	4.22
	73.91	20.29	4.35	1.45	
	5.29	3.50	1.36	1.92	
大眾媒體	132	48	37	7	224
	8.07	2.93	2.26	0.43	13.69
	58.93	21.43	16.52	3.13	

	13.69	12.00	16.82	13.46	
政府	136 8.31 70.10 14.11	52 3.18 26.80 13.00	5 0.31 2.58 2.27	1 0.06 0.52 1.92	194 11.86
沒有	9 0.55 27.27 0.93	15 0.92 45.45 3.75	5 0.31 15.15 2.27	4 0.24 12.12 7.69	33 2.02
合計	964 58.92	400 24.45	220 13.45	52 3.18	1636 100.00

表 3-36　「影響自己政治態度來源」與「就讀學校性質」卡方分析列聯表

次數 百分比 列百分比 行百分比	公立大學	私立大學	僑生先修部	合計
家庭	145 8.86 40.50 22.62	52 3.18 14.53 25.87	161 9.84 44.97 20.28	358 21.88
學校	172 10.51 53.42 26.83	46 2.81 14.29 22.89	104 6.36 32.30 13.10	322 19.68
同學朋友	132 8.07 43.42 20.59	45 2.75 14.80 22.39	127 7.76 41.78 15.99	304 18.58
家族中的親戚	78 4.77 59.09 12.17	8 0.49 6.06 3.98	46 2.81 34.85 5.79	132 8.07

宗教	23 1.41 33.33 3.59	11 0.67 15.94 5.47	35 2.14 50.72 4.41	69 4.22
大眾媒體	46 2.81 20.54 7.18	15 0.92 6.70 7.46	163 9.96 72.77 20.53	224 13.69
政府	44 2.69 22.68 6.86	23 1.41 11.86 11.44	127 7.76 65.46 15.99	194 11.86
沒有	1 0.06 3.03 0.16	1 0.06 3.03 0.50	31 1.89 93.94 3.90	33 2.02
合計	641 39.18	201 12.29	794 48.53	1636 100.00

由（表 3-33），影響馬來西亞與緬甸僑生政治態度之來源，主要是家庭、學校、同學朋友，其次是大眾傳播媒體及政府政策；但影響印尼僑生政治態度之來源，除了家庭、學校、同學外，「政府」扮演的角色較薄弱，因此，印尼學生可能是因為較認同政府政策，「政府」的措施並不是影響其政治態度的重要因素。

由（表 3-34）「來臺升學主要諮詢對象」的各組，主要影響自己政治態度的也都是家庭、學校、同學朋友，但在「自己決定」及向「僑委會相關單位」諮詢者，「大眾傳播媒體」及「政府」也是影響其政治態度的重要因素。

由（表 3-35）在「主修科目」別方面，除了「中文特別輔導班」外，影響其餘各組政治態度之主要來源是家庭、學校、同學朋友，但「中文特別輔導班」（來自印尼）學生則大部分受到「家庭」的影響；另外主修「文法商藝術教育」者，「大眾傳播媒體」及「政府」也是影響其政治態度之重要因素；而主修「醫農生物科技」者，「大眾傳播媒體」是影響其政治態度的重要來源。

由（表 3-36）以「就讀學校之性質而言」，就讀「公立大學」或「私立大學」者，影響其政治態度之主要來源是學校、家庭、同學等，但影響「僑生先修部」同學政治態度之主要來源，除了家庭，另一個因素是大眾傳播媒體，因為東南亞各國政府在學校教育並不鼓勵（甚至禁止）傳授政治方面的課題，因此，在僑居地，同學之間也較少討論，只能藉網路或不完全開放的大眾傳播媒體來瞭解。

五、僑生政治態度實證分析

（一）因素分析

本節共開列五個政治態度變數，用多變量統計分析的「因素分析」方法，以臺灣師範大學僑生先修部學生及各大學大一僑生為抽樣標的，得到 865 個有效樣本資料，用 SAS 統計分析軟體，衡量來臺升學僑生政治態度之型態。

在應用因素分析萃取僑生政治態度型態因素之過程是：

首先，先決定潛伏因素個數，根據 Kaiser 法，五個政治態度變數可以縮減為二個政治態度因素（其中特徵值＞1 者有二個），第一個政治態度因素之特徵值為 1.8224，第二個政治態度因素之特徵值為 1.0506，其他三個政治態度型態因素之特徵值皆小於 1，因此，潛伏因素個數擇定為二個；

其次，依據因素結構矩陣（表 3-37），分別為二個潛伏因素命名為：因素一：信任政府因素，因素二：公民義務感因素。

表 3-37　僑生政治態度因素分析（因素結構矩陣）

政治態度變數	政治態度因素	
	信任政府因素	公民義務感因素
A1 僑居地政府之政策有效率	0.64167*	0.08727
A2 相信自己有能力影響政府決策	0.77403*	0.21173
A3 僑居地政府之官員廉能守法	0.79339*	0.20017
A4 任何族群都是自己的同胞	0.23568	0.75403*
A5 關心、參與政治事物是國民應盡的義務	0.11819	0.80618*

* 表示潛伏因素與原始變數間之相關係數絕對值大於 0.4，可視為關係顯著。關係顯著之政治態度變數，即是因素命名之依據。

(1)信任政府因素

第一個政治態度之特質有：政府官員廉能守法，相信自己有能力影響政府政策，也認同僑居地政府政策有效率，具有這些政治態度特質的人，認同政府的作為，對政府施政有效能感，故可命名為「信任政府因素」。

(2)公民義務感因素

第二個政治態度之特質有：對政治很關心、認為參與公共事務是國民應盡的義務，願意去投票表達意見，也信任其他族群，故可命名為「公民義務感因素」。

根據這二個政治態度因素，可大致掌握僑生之政治態度的型式，經由以下的潛伏結構分析，可更深入瞭解政治態度因素與政治態度變數間的迴歸關係。

第三，依據組型矩陣（Pattern Matrix）（表 3-38），進行潛伏結構分析，並畫出潛伏因素結構圖（圖 3-4），由表 3-38 可看出，所有行為變數之共同性都在 0.43 以上，且共同性之總和為

2.8718，佔總變異的 57.44%（2.8718÷5＝0.5744）。由此可知，二個政治文化因素之解釋力中等，可大致代表僑生之政治態度變數。

表 3-38　因素組型矩陣與獨特性係數

政治態度變數	政治態度因素			
	信任政府因素	公民義務感因素	共同性	獨特性係數
A1 僑居地政府之政策有效率	0.65541*	-0.06080	0.43333	0.75279
A2 相信自己有能力影響政府決策	0.76526*	0.03884	0.58711	0.64257
A3 僑居地政府之官員廉能守法	0.78840*	-0.02205	0.62206	0.61477
A4 任何族群都是自己的同胞	0.06885	0.73847*	0.55008	0.67076
A5 關心、參與政治事物是國民應盡的義務	-0.06738	0.82140*	0.67924	0.56636
總和			2.87179	

由（圖 3-5）潛伏因素結構圖可進一步看出政治態度變數如何受政治態度因素之影響，在圖的左半部，信任政府因素主要是來自僑居地政府之官員廉能守法及相信自己有能力影響政府決策，前者迴歸係數是 0.78840，即僑居地政府之官員廉能守法增加一單位，信任政府因素增加 0.78840 單位，後者迴歸係數是 0.76526，即相信自己有能力影響政府決策增加一單位，信任政府因素增加 0.76526 單位。

公民義務感因素主要是來自關心、參與政治事物是國民應盡的義務，迴歸係數是 0.82140，即關心、參與政治事物是國民應盡的義務增加一單位，公民義務感因素增加 0.82140 單位。在圖的右半部可看出政治態度變數之獨特性，以關心、參與政治事物是國民應盡的義務最低，僅有 0.56636，與其他政治態度變數最具同質性，代表此變數最能被兩個政治態度因素所解釋，適合用來衡量僑生政治態度之情形。

政治態度因素之間的相關程度取決於轉軸後的因素相關矩陣，（表 3-39）是兩個政治態度因素之相關係數矩陣。絕對值都未大於 0.4，可知因素間的相關不顯著，個別潛伏因素都有獨立的策略涵意。

表 3-39　政治態度因素相關矩陣

政治態度因素	信任政府因素	公民義務感因素
信任政府因素	1.00000	0.22592
公民義務感因素	0.22592	1.00000

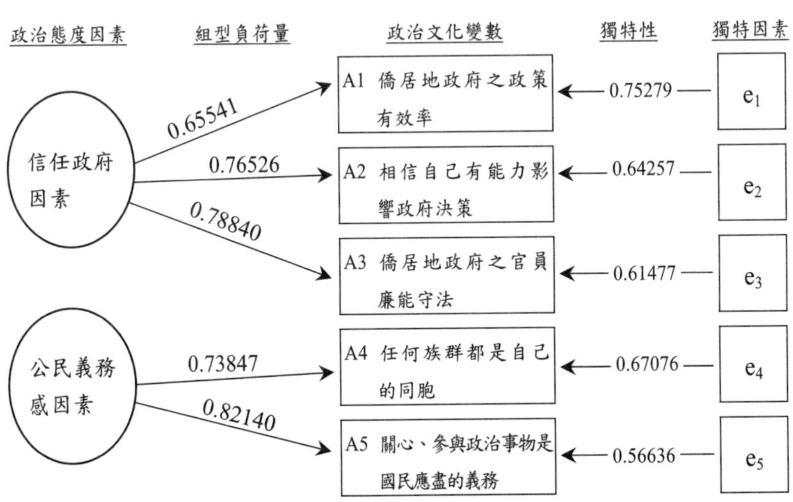

圖 3-5　政治態度潛伏因素結構圖

（表 3-40）是僑生政治態度因素分析之結果，本節最後要以此「因素分數產生矩陣」，做為集群分析的投入資料以萃取出有意義的集群，以發現僑生政治態度之類型。

表 3-40 僑生政治態度因素分數產生矩陣

問卷編號	信任政府因素	公民義務感因素
1	-0.51637	0.96631
2	1.17773	-1.47065
3	1.08243	1.07119
4	-1.44628	0.41217
7	-1.40087	-0.93583
8	0.38866	0.01443
9	1.35185	0.10202
10	-0.08946	0.61823
11	0.83964	1.12137
12	0.11711	-0.00552
1112	0.80130	-0.44132
1113	-2.16712	-1.03679
1114	0.87212	0.60380
1115	-0.19086	-0.41521
1116	-2.13171	-0.51423
1117	-0.54821	-2.06306
1118	-0.46883	0.60743
1119	-2.16172	-1.94656
1120	-0.02721	0.03798
1121	-0.53211	-0.35835

（二）集群分析

為瞭解僑生在政治態度的差異，本節以上一節因素分析結果的信任政府因素及公民義務感因素等二個潛伏因素當作集群分析的準則變數，首先，依據 ccc 準則決定群數，並以 one way MANOVA 進行集群穩定性檢定，在（圖 3-6）顯示群數為 2，所對應的 ccc 值（+1.78）最高，故最適相對群數為二群。

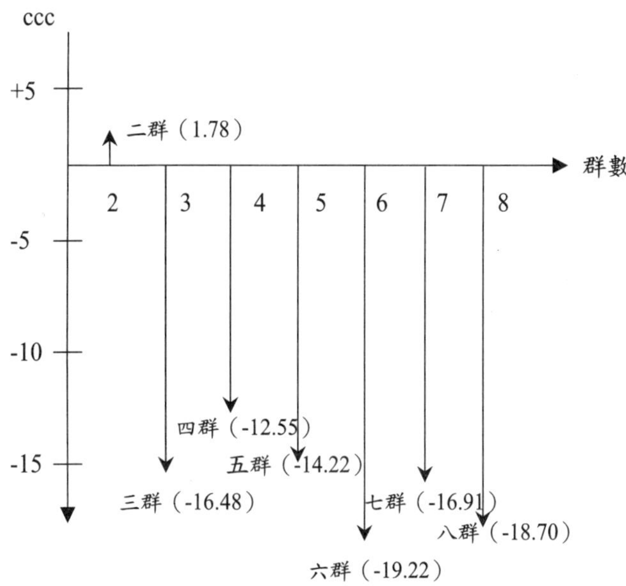

圖 3-6　最適相對群數

集群穩定性檢定係應用 1-WAY MANOVA 進行分析，函數關係如下：

$$[S_1, S_2] = f(T)$$

其中

S_1＝信任政府因素;

S_2＝公民義務感因素;

T＝政治態度群別，X＝1,2。

實證結果顯示，總檢定 Wilks'Lambda 統計量所對應的 P 值＜.0001，代表群別在二個集群準則變數上有顯著差異，可以宣稱集群有效，並且值得進一步根據政治態度因素為群別命名。

個別政治態度因素之邊際檢定結果，如表 5-41 所示，群別在二個準則變數上，皆具有顯著差異，所以可以根據此準則來為群別命名。

表 3-41　邊際檢定結果

反應變量	F 統計量	P 值
信任政府因素（S_1）	728.65	＜.0001*
公民義務感因素（S_2）	420.92	＜.0001*

註：* 表示顯著。

成偶檢定是群別命名之依據，由圖 5-7 可看出，群二有較高的信任政府因素分數及公民義務感因素分數，可命名為「政治發展意識群」。

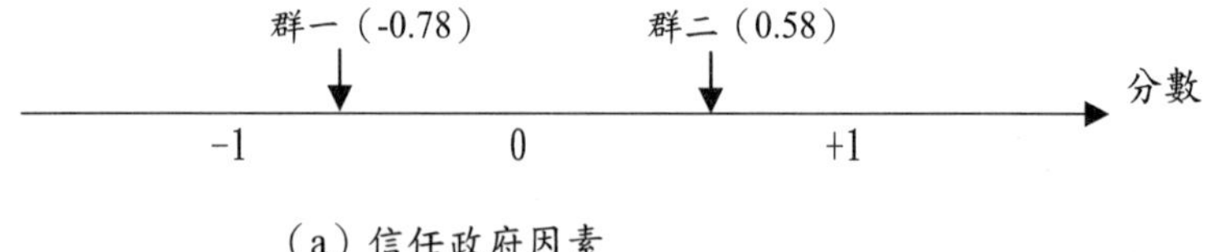

（a）信任政府因素

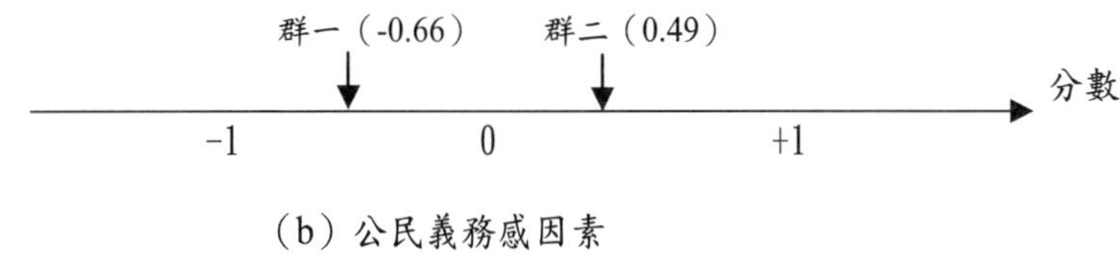

（b）公民義務感因素

圖 3-7　政治態度型態成偶檢定

小結：本節之研究目的是建構僑生政治態度群別，作為探討僑生政治態度之變數，實證結果顯示，865 位受訪僑生可集成二群，其中群二在信任政府因素及公民義務感因素這兩個準則變數有較高的分數，故可命名為「政治發展意識群」；群一在信任政府因素及公民義務感因素這兩個準則變數有負面的分數，表示不信任政府的施政，也不認為自己有義務去參與公共事務，故可命名為「政治疏離群」；（表 3-42）顯示出集群分析的結果，以下將此結果進一步與人文變數、地理變數與行為變數作交叉分析，以進一步認識僑生政治態度之特色。

表 3-42　集群分析結果

編號	信任政府因素	公民參與感因素	群別
1	-0.51637	0.96631	2
2	1.17773	-1.47065	2
3	1.08243	1.07119	2
4	-1.44628	0.41217	1
7	-1.40087	-0.93583	1
8	0.38866	0.01443	2
9	1.35185	0.10202	2
10	-0.08946	0.61823	2
11	0.83964	1.12137	2
12	0.11711	-0.00552	2
1112	0.80130	-0.44132	2
1113	-2.16712	-1.03679	1

1114	0.87212	0.60380	2
1115	-0.19086	-0.41521	1
1116	-2.13171	-0.51423	1
1117	-0.54821	-2.06306	1
1118	-0.46883	0.60743	2
1119	-2.16172	-1.94656	1
1120	-0.02721	0.03798	2
1121	-0.53211	-0.35835	1

* 865 位受訪者屬於「政治發展意識群」(群別 2) 有 370 位，屬於「政治疏離群」(群別 1) 有 495 位。

** 政治態度群別之總檢定，P<.0001，達顯著水準。

（三）卡方分析

由上一節「集群分析」的結果，得到其政治態度之型態（C_2）有「政治發展意識群」及「政治疏離群」兩種。本節將此二個群別分別與人文變數（性別、家長職業、家中經濟狀況、就讀學校性質、主修科目）、地理變數（僑居地）、行為變數（來臺升學因素、來臺升學諮詢對象、離開僑居地時間）等以卡方檢定進行交叉分析。

其中 C_2 是反應變數，代表政治態度群別，有「政治發展意識群」及「政治疏離群」兩種。

另外，A_6 是解釋變數，代表僑生對僑居地政府政策之看法，可分成「保護大企業」、「注意環保」、「照顧大眾的生活」、「偏重某些族群」、「偏袒某些地區的人」、「只注意少數人的權益」、「我不瞭解」、「政府很腐敗」等八種。

其餘之變數，其意義與上一節相同。

(1)研究假說如下：

研究議題	研究假說
人文變數是否可以解釋政治態度群別之差異？	㉚對立假說：性別（P_1）與政治態度群別（C_2）不獨立 ㉛對立假說：家長職業別（P_2）與政治態度群別（C_2）不獨立 ㉜對立假說：家中經濟狀況不同（P_3）與政治態度群別（C_2）不獨立 ㉝對立假說：就讀學校性質不同（P_4）與政治態度群別（C_2）不獨立 ㉞對立假說：主修科目不同（P_5）與政治態度群別（C_2）不獨立
地理變數是否可以解釋政治態度群別之差異？	㉟對立假說：僑居地別（B）與政治態度群別（C_2）不獨立
行為變數是否可以解釋政治態度群別之差異？	㊱對立假說：來臺升學主要因素不同（D_1）與政治態度群別（C_2）不獨立 ㊲對立假說：來臺升學主要諮詢對象不同（D_2）與政治態度群別（C_2）不獨立 ㊳對立假說：離開僑居地時間不同（D_3）與政治態度群別（C_2）不獨立 ㊴對立假說：僑生對僑居地政策之看法不同（A_6）與政治態度群別（C_2）不獨立
人文變數是否可以解釋「僑生對僑居地政府政策之不同看法」之差異？	㊵對立假說：性別（P_1）與僑生對僑居地政府政策看法不同（A_6）不獨立 ㊶對立假說：家長職業別（P_2）與僑生對僑居地政府政策看法不同（A_6）不獨立 ㊷對立假說：家中經濟狀況不同（P_3）與僑生對僑居地政府政策看法不同（A_6）不獨立 ㊸對立假說：就讀學校性質不同（P_4）與僑生對僑居地政府政策看法不同（A_6）不獨立 ㊹對立假說：主修科目不同（P_5）與僑生對僑居地政府政策看法不同（A_6）不獨立
地理變數是否可以解釋「僑生對僑居地政府政策之不同看	㊺對立假說：僑居地別（B）與僑生對僑居地政府政策之不同看法（A_6）不獨立

法」之差異？	
行為變數是否可以解釋「僑生對僑居地政府政策之不同看法」之差異？	㊻對立假說：來臺升學主要因素不同（D_1）與僑生對僑居地政府政策之不同看法（A_6）不獨立 ㊼對立假說：來臺升學主要諮詢對象不同（D_2）與僑生對僑居地政府政策之不同看法（A_6）不獨立 ㊽對立假說：離開僑居地時間不同（D_3）與僑生對僑居地政府政策之不同看法（A_6）不獨立

(2)其函數關係如下：

㉚ $C_2=f(P_1)$
㉛ $C_2=f(P_2)$
㉜ $C_2=f(P_3)$ 〔分析結果請看表 3-43〕
㉝ $C_2=f(P_4)$
㉞ $C_2=f(P_5)$
㉟ $C_2=f(B)$ 〔分析結果請看表 3-44〕
㊱ $C_2=f(D_1)$
㊲ $C_2=f(D_2)$ 〔分析結果請看表 3-45〕
㊳ $C_2=f(D_3)$
㊴ $C_2=f(A_6)$
㊵ $A_6=f(P_1)$
㊶ $A_6=f(P_2)$
㊷ $A_6=f(P_3)$ 〔分析結果請看表 2-46〕
㊸ $A_6=f(P_4)$
㊹ $A_6=f(P_5)$
㊺ $A_6=f(B)$ 〔分析結果請看表 2-47〕
㊻ $A_6=f(D_1)$
㊼ $A_6=f(D_2)$ 〔分析結果請看表 2-48〕
㊽ $A_6=f(D_3)$

（表 3-43）到（表 3-45）是僑生政治態度之群別與人文變數、地理變數、行為變數之卡方檢定，結果：只有不同「僑居地」，在政治態度上的群別有顯著的差異。從（表 3-46）可看出馬來西亞僑生大約平均分布在「政治疏離群」與「政治發展意識群」，而印尼僑生大都是屬「政治發展意識群」，但緬甸學生竟有將近五分之三的學生是政治發展意識群，可能這是一種「兩面人」[32] 的現象，或在「軍政府」的獨裁專制統治下，緬甸僑生有極強烈的政治參與意識。相對而言，印尼學生在印尼政府走向民主自由政體下較能接受、信任政府體制。

表 3-43　僑生政治態度群別與人文變數之卡方分析結果

變異來源	自由度	χ^2 統計量	P 值	是否顯著
性別	1	0.0001	0.9943	不顯著
家長職業	10	8.8012	0.5511	不顯著
家中經濟狀況	4	2.2218	0.6950	不顯著
就讀學校性質	2	2.3549	0.3081	不顯著
主修科目	3	5.3895	0.1454	不顯著

表 3-44　僑生政治態度群別與地理變數之卡方分析結果

變異來源	自由度	χ^2 統計量	P 值	是否顯著
僑居地	2	14.2311	0.0008*	顯著

表 3-45　僑生政治態度群別與行為變數之卡方分析結果

變異來源	自由度	χ^2 統計量	P 值	是否顯著
來臺升學主要因素	13	13.8510	0.3844	不顯著

[32] 依據范宏偉先生之研究，當緬甸 1976 年「6‧26 排華事件」發生後，緬甸華人就隱藏自己的身份，因此，在政治態度的反應，也有可能表現「真實的」態度與「表面的」態度不一致的現象。

來臺升學主要諮詢對象	4	6.2412	0.1818	不顯著
離開僑居地時間	4	3.3429	0.5022	不顯著
僑生對政府政策之看法	7	4.2696	0.7483	不顯著

表 3-46 僑生政治態度群別與僑居地之卡方分析列聯表

次數 百分比 列百分比 行百分比	馬來西亞	印尼	緬甸	合計
政治疏離群	218 25.20 58.92 48.88	53 6.13 14.32 37.86	99 11.45 26.76 35.48	370 42.77
政治發展 意識群	228 26.36 46.06 51.12	87 10.06 17.58 62.14	180 20.81 36.36 64.52	495 57.23
合計	446 51.56	140 16.18	279 32.25	865 100.00

另外，「僑生對政府政策之看法」（A_6）在問卷中受訪者任選最多兩種，以下將用「精簡無序」的資料處理方法將（A_6）視為「分類性變數」，分別與人文變數、地理變數、行為變數進行交叉分析，以瞭解僑生對政府政策之看法是否有差異？（表 3-47）是受訪者對本題項之次數分配。

表 3-47 僑生對僑居地政府政策看法之次數分配表

A_6	次數	百分比	累積次數	累積百分比
保護大企業	63	4.80	63	4.80
注重環保	34	2.59	97	7.39
照顧大眾生活	77	5.87	174	13.26

偏重某些族群	487	37.12	661	50.38
偏袒某些地區的人	76	5.79	737	56.17
只注重少數人的權益	222	16.92	959	73.09
我不瞭解	70	5.34	1029	78.43
政府很腐敗	283	21.57	1312	100.00

*　受訪者最少選一種看法，最多選二種看法，因此累積次數不限於 865。

** A_6 卡方總檢定，P 值<.0001，達到顯著水準。

（表 3-48）到（表 3-50）是僑生對政府政策之看法與人文變數、地理變數、行為變數之卡方檢定，結果是：不同「僑居地」及不同的「家庭經濟狀況」、不同的「來臺升學因素」、不同的「離開僑居地時間」、不同的「主修科目」及不同的「就讀學校性質」的僑生，其對政府政策的看法有顯著的差異。

表 3-48　僑生對政府政策之看法與人文變數之卡方分析結果

變異來源	自由度	χ^2 統計量	P 值	是否顯著
性別	7	9.2527	0.2350	不顯著
家長職業	70	80.2043	0.1896	不顯著
家中經濟狀況	28	52.5991	0.0033*	顯著
就讀學校性質	21	198.4224	<.0001*	顯著
主修科目	14	138.1499	<.0001*	顯著

表 3-49　僑生對政府政策之看法與地理變數之卡方分析結果

變異來源	自由度	χ^2 統計量	P 值	是否顯著
僑居地	14	284.5860	<.0001*	顯著

表 3-50　僑生對政府政策之看法與行為變數之卡方分析結果

變異來源	自由度	χ^2統計量	P 值	是否顯著
來臺升學主要因素	91	253.0020	<.0001*	顯著
來臺升學主要諮詢對象	28	49.7981	0.0068	不顯著
離開僑居地時間	21	58.0567	<.0001*	顯著

進一步分析，在（表 3-51），大多數馬來西亞僑生認為「政府的政策偏重某些族群」；印尼學生則認為政府的政策有「照顧大家的生活」及「只注重少數人的權益」佔較多數；緬甸僑生則認為政府政策是「偏重某些族群」及「政府很腐敗」。

在（表 3-52）僑生離開僑居地時間在「一年之內」及「一～三年」認為政府的政策是「偏重某些族群」，而離開僑居地時間在「三～五年」者，認為政府的政策是偏重某些族群及政府很腐敗，但離開僑居地五年以上者，則認為政府很腐敗佔最多數。

表 3-51　「僑生對僑居地政府政策的看法」與「僑居地」卡方分析列聯表

次數 百分比 列百分比 行百分比	馬來西亞	印尼	緬甸	合計
保護大企業	33 2.52 52.38 4.56	12 0.91 19.05 6.94	18 1.37 28.57 4.33	63 4.80
注重環保	15 1.14 44.12 2.07	15 1.14 44.12 8.67	4 0.30 11.76 0.96	34 2.59

照顧大眾生活	34 2.59 44.16 4.70	37 2.82 48.05 21.39	6 0.46 7.79 1.44	77 5.87
偏重某些族群	356 27.13 73.10 49.24	29 2.21 5.95 16.76	102 7.77 20.94 24.52	487 37.12
偏袒某些地區的人	45 3.43 59.21 6.22	9 0.69 11.84 5.20	22 1.68 28.95 5.29	76 5.79
只注重少數人的權益	105 8.00 47.30 14.52	31 2.36 13.96 17.92	86 6.55 38.74 20.67	222 16.92
我不瞭解	20 1.52 28.57 2.77	23 1.75 32.86 13.29	27 2.06 38.57 6.49	70 5.34
政府很腐敗	115 8.77 40.64 15.91	17 1.30 6.01 9.83	151 11.51 53.36 36.30	283 21.57
合計	723 55.11	173 13.19	416 31.71	1312 100.00

表 3-52　「僑生對僑居地政府的政策」與「離開僑居地時間」卡方分析列聯表

次數 百分比 列百分比 行百分比	一年之內	一～三年	三～五年	五年以上	合計
保護大企業	35 2.67 55.56 4.67	18 1.37 28.57 4.89	8 0.61 12.70 5.00	2 0.15 3.17 5.71	63 4.80
注重環保	18 1.37 52.94 2.40	9 0.69 26.47 2.45	7 0.53 20.59 4.38	0 0.00 0.00 0.00	34 2.59
照顧大眾生活	52 3.96 67.53 6.94	10 0.76 12.99 2.72	13 0.99 16.88 8.13	2 0.15 2.60 5.71	77 5.87
偏重某些族群	324 24.70 66.53 43.26	116 8.84 23.82 31.52	38 2.90 7.80 23.75	9 0.69 1.85 25.71	487 37.12
偏袒某些地區的人	43 3.28 56.58 5.74	22 1.68 28.95 5.98	11 0.84 14.47 6.88	0 0.00 0.00 0.00	76 5.79
只注重少數人的權益	114 8.69 51.35 15.22	67 5.11 30.18 18.21	34 2.59 15.32 21.25	7 0.53 3.15 20.00	222 16.92
我不瞭解	36 2.74 51.43 4.81	23 1.75 32.86 6.25	9 0.69 12.86 5.63	2 0.15 2.86 5.71	70 5.34

政府很腐敗	127 9.68 44.88 16.96	103 7.85 36.40 27.99	40 3.05 14.13 25.00	13 0.99 4.59 37.14	283 21.57
合計	749 57.09	368 28.05	160 12.20	35 2.67	1312 100.00

表 3-53　「僑生對僑居地政府的政策」與「家中經濟狀況」卡方分析列聯表

次數 百分比 列百分比 行百分比	高收入	中高收入	中等收入	中低收入	低收入	合計
保護大企業	1 0.08 1.59 7.69	10 0.76 15.87 12.99	31 2.36 49.21 4.53	14 1.07 22.22 3.94	7 0.53 11.11 3.83	63 4.80
注重環保	2 0.15 5.88 15.38	3 0.23 8.82 3.90	17 1.30 50.00 2.49	6 0.46 17.65 1.69	6 0.46 17.65 3.28	34 2.59
照顧大眾生活	1 0.08 1.30 7.69	5 0.38 6.49 6.49	53 4.04 68.83 7.75	14 1.07 18.18 3.94	4 0.30 5.19 2.19	77 5.87
偏重某些族群	4 0.30 0.82 30.77	29 2.21 5.95 37.66	258 19.66 52.98 37.72	131 9.98 26.90 36.90	65 4.95 13.35 35.52	487 37.12
偏袒某些地區的人	0 0.00 0.00 0.00	1 0.08 1.32 1.30	41 3.13 53.95 5.99	23 1.75 30.26 6.48	11 0.84 14.47 6.01	76 5.79
只注重少數人的權益	2 0.15	17 1.30	112 8.54	66 5.03	25 1.91	222 16.92

	0.90 15.38	7.66 22.08	50.45 16.37	29.73 18.59	11.26 13.66	
我不瞭解	0 0.00 0.00 0.00	4 0.30 5.71 5.19	34 2.59 48.57 4.97	17 1.30 24.29 4.79	15 1.14 21.43 8.20	70 5.34
政府很腐敗	3 0.23 1.06 23.08	8 0.61 2.83 10.39	138 10.52 48.76 20.18	84 6.40 29.68 23.66	50 3.81 17.67 27.32	283 21.57
合計	13 0.99	77 5.87	684 52.13	355 27.06	183 13.95	1312 100.00

由（表 3-53）無論家中經濟狀況是那一類，都以政府政策較偏重某些族群為最多數，但「中低收入」及「低收入」較別的經濟狀況組別，有較高的比率認為「政府很腐敗」。

由（表 3-54）大部分僑生來臺升學因素的組別都認為政府政策偏重某些族群，但來臺升學是「想學習中文」這一組認為政府政策大約平均分佈在「只注重少數人權益」、「我不瞭解」、「政府很腐敗」、「偏重某些族群」及「照顧大家的生活」等。而來臺升學因素是「想獨立」、「家庭因素」、「父母決定」及「臺灣是自由民主地區」的各組則認為政府是偏重某些族群及政府很腐敗。

表 3-54　「僑生對僑居地政府政策之看法」與「來臺升學主要因素」卡方分析列聯表

次數 百分比 列百分比 行百分比	保護大企業	注重環保	照顧大眾生活	偏重某些族群	偏袒某些地區的人	只注重少數人的權益	我不瞭解	政府很腐敗	合計
僑居地沒有想讀的科系	3 0.12 3.30 3.16	4 0.15 4.40 6.25	2 0.08 2.20 1.06	37 1.43 40.66 4.32	5 0.19 5.49 3.76	13 0.50 14.29 2.96	5 0.19 5.49 2.58	22 0.85 24.18 3.53	91 3.51
自己在僑居地不容易升大學	13 0.50 5.31 13.68	6 0.23 2.45 9.38	11 0.42 4.49 5.82	106 4.09 43.27 12.37	9 0.35 3.67 6.77	39 1.50 15.92 8.88	15 0.58 6.12 7.73	46 1.77 18.78 7.38	245 9.44
政府的就學、就學機會不平等	10 0.39 4.24 10.53	2 0.08 0.85 3.13	7 0.27 2.97 3.70	92 3.55 38.98 10.74	14 0.54 5.93 10.53	41 1.58 17.37 9.34	15 0.58 6.36 7.73	55 2.12 23.31 8.83	236 9.10
假日可在校外打工	6 0.23 3.37 6.32	4 0.15 2.25 6.25	16 0.62 8.99 8.47	51 1.97 28.65 5.95	11 0.42 6.18 8.27	32 1.23 17.98 7.29	7 0.27 3.93 3.61	51 1.97 28.65 8.19	178 6.86
可申請助學金或學費較便宜	4 0.15 1.28 4.21	6 0.23 1.92 9.38	24 0.93 7.69 12.70	122 4.70 39.10 14.24	15 0.58 4.81 11.28	59 2.27 18.91 13.44	22 0.85 7.05 11.34	60 2.31 19.23 9.63	312 12.03
臺灣的大學在專業領域有不錯的研究成果	10 0.39 3.70 10.53	3 0.12 1.11 4.69	17 0.66 6.30 8.99	108 4.16 40.00 12.60	10 0.39 3.70 7.52	43 1.66 15.93 9.79	18 0.69 6.67 9.28	61 2.35 22.59 9.79	270 10.41
是華人的環境較易適應	9 0.35 2.65 9.47	13 0.50 3.83 20.31	28 1.08 8.26 14.81	116 4.47 34.22 13.54	16 0.62 4.72 12.03	52 2.00 15.34 11.85	17 0.66 5.01 8.76	88 3.39 25.96 14.13	339 13.07

有機會就讀熱門科系	5	5	13	43	10	23	11	27	137
	0.19	0.19	0.50	1.66	0.39	0.89	0.42	1.04	5.28
	3.65	3.65	9.49	31.39	7.30	16.79	8.03	19.71	
	5.26	7.81	6.88	5.02	7.52	5.24	5.67	4.33	
想學習中文	8	6	21	24	6	31	27	27	150
	0.31	0.23	0.81	0.93	0.23	1.20	1.04	1.04	5.78
	5.33	4.00	14.00	16.00	4.00	20.67	18.00	18.00	
	8.42	9,38	11.11	2.80	4.51	7.06	13.92	4.33	
臺灣有親戚或大學中有學長、姐可照顧	5	5	33	48	6	26	7	24	154
	0.19	0.19	1.27	1.85	0.23	1.00	0.27	0.93	5.94
	3.25	3.25	21.43	31.17	3.90	16.88	4.55	15.58	
	5.26	7.81	17.46	5.60	4.51	5.92	3.61	3.85	
想獨立	10	4	10	78	18	44	30	90	284
	0.39	0.15	0.39	3.01	0.69	1.70	1.16	3.47	10.95
	3.52	1.41	3.52	27.46	6.34	15.49	10.56	31.69	
	10.53	6.25	5.29	9.10	13.53	10.02	15.46	14.45	
家庭因素	5	3	1	9	5	12	5	30	70
	0.19	0.12	0.04	0.35	0.19	0.46	0.19	1.16	2.70
	7.14	4.29	1.43	12.86	7.14	17.14	7.14	42.86	
	5.26	4.69	0.53	1.05	3.76	2.73	2.58	4.82	
父母決定	4	2	6	11	3	10	10	17	63
	0.15	0.08	0.23	0.42	0.12	0.39	0.39	0.66	2.43
	6.35	3.17	9.52	17.46	4.76	15.87	15.87	26.98	
	4.21	3.13	3.17	1.28	2.26	2.28	5.15	2.73	
臺灣是自由民主的地區	3	1	0	12	5	14	5	25	65
	0.12	0.04	0.00	0.46	0.19	0.54	0.19	0.96	2.51
	4.62	1.54	0.00	18.46	7.69	21.54	7.69	38.46	
	3.16	1.56	0.00	1.40	3.76	3.19	2.58	4.01	
合計	95	64	189	857	133	439	194	623	2594
	3.66	2.47	7.29	33.04	5.13	16.92	7.48	24.02	100.00

表 3-55　「僑生對僑居地政府的政策」與「主修科目」卡方分析列聯表

次數 百分比 列百分比 行百分比	文法商教育藝術	理工	醫農生物科技	中文特別輔導班	合計
保護大企業	36 2.74 57.14 4.73	17 1.30 26.98 5.56	8 0.61 12.70 4.15	2 0.15 3.17 3.85	63 4.80
注重環保	21 1.60 61.76 2.76	5 0.38 14.71 1.63	2 0.15 5.88 1.04	6 0.46 17.65 11.54	34 2.59
照顧大眾生活	30 2.29 38.96 3.94	14 1.07 18.18 4.58	11 0.84 14.29 5.70	22 1.68 28.57 42.31	77 5.87
偏重某些族群	271 20.66 55.65 35.61	104 7.93 21.36 33.99	104 7.93 21.36 53.89	8 0.61 1.64 15.38	487 37.12
偏袒某些地區的人	45 3.43 59.21 5.91	19 1.45 25.00 6.21	8 0.61 10.53 4.15	4 0.30 5.26 7.69	76 5.79
只注重少數人的權益	145 11.05 65.32 19.05	42 3.20 18.92 13.73	27 2.06 12.16 13.99	8 0.61 3.60 15.38	222 16.92
我不瞭解	40 3.05 57.14 5.26	24 1.83 34.29 7.84	4 0.30 5.71 2.07	2 0.15 2.86 3.85	70 5.34
政府很腐敗	173 13.19	81 6.17	29 2.21	0 0.00	283 21.57

	61.13	28.62	10.25	0.00	
	22.73	26.47	15.03	0.00	
合計	761	306	193	52	1312
	58.00	23.32	14.71	3.96	100.00

由（表 3-55）可看出，除了「中文特別輔導班」的僑生（受訪者全部來自印尼）外，其餘不論主修科目是什麼，僑生對僑居地政府政策的看法皆是以「偏重某些族群」最多，以「政府很腐敗」是其次；但「中文特別輔導班」同學認為政府的政策「照顧大眾生活」最多。

表 3-56　「僑生對僑居地政府之看法」與「就讀學校性質」卡方分析列聯表

次數 百分比 列百分比 行百分比	公立大學	私立大學	僑生先修部	合計
保護大企業	23	11	29	63
	1.75	0.84	2.21	4.80
	36.51	17.46	46.03	
	4.36	7.91	4.49	
注重環保	3	11	20	34
	0.23	0.84	1.52	2.59
	8.82	32.35	58.82	
	0.57	7.91	3.10	
照顧大眾生活	7	21	49	77
	0.53	1.60	3.73	5.87
	9.09	27.27	63.64	
	1.33	15.11	7.59	
偏重某些族群	181	32	274	487
	13.80	2.44	20.88	37.12
	37.17	6.57	56.26	
	34.35	23.02	42.41	

偏袒某些地區的人	25 1.91 32.89 4.74	10 0.76 13.16 7.19	41 3.13 53.95 6.35	76 5.79
只注重少數人的權益	108 8.23 48.65 20.49	28 2.13 12.61 20.14	86 6.55 38.74 13.31	222 16.92
我不瞭解	17 1.30 24.29 3.23	8 0.61 11.43 5.76	45 3.43 64.29 6.97	70 5.34
政府很腐敗	163 12.42 57.60 30.93	18 1.37 6.36 12.95	102 7.77 36.04 15.79	283 21.57
合計	527 40.17	139 10.59	646 49.24	1312 100.00

由（表 3-56），公立大學僑生認為僑居地政府的政策主要是「偏重某些族群」及「政府很腐敗」其次是「只注重少數人的權益」；私立大學的學生則認為以「偏重少數族群」及「只注重少數人權益」最多，其次是「照顧大眾生活」次之；僑生先修部學生則有將近一半的學生認為僑居地政府政策是「偏重某些族群」。

六、政治社會化群別與政治態度群別之關係

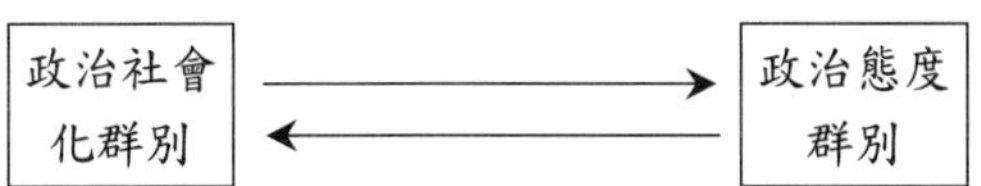

本節想進一步瞭解，經由因素分析、集群分析所產生之政治

社會化群別與政治態度群別是否隱含某些關係？

由表 3-57 可看出，僑生之政治社會化群別影響政治態度群別，政治態度群別也影響政治社會化群別，其結果，與第三章比柏爾金圖（圖 3-1）的結論類似，即宗教、語言、歷史、生活經驗等文化會形成特定的政治文化；而僑生在僑居地會因學校、家庭、同學、政府、大眾傳播媒體等政治社會化途徑逐漸形成特定的政治態度、政治文化。

表 3-57 僑生政治態度群別與政治社會化群別之卡方分析結果

變異來源	自由度	χ^2 統計量	P 值	是否顯著
政治社會化群別	1	282.3554	<.0001*	顯著

表 3-58 僑生政治社會化群別與政治態度群別卡方分析列聯表

次數 百分比 列百分比 行百分比	政治疏離群	政治發展意識群	合計
族群意識群	240 27.75 82.47 64.86	51 5.90 17.53 10.30	291 33.64
長輩威權群	130 15.03 22.65 35.14	444 51.33 77.35 89.70	574 66.36
合計	370 42.77	495 57.23	865 100.00

由（表 3-58）政治態度屬「政治疏離群」者，主要來自政治社會化屬「族群意識群」；而政治態度屬「政治發展意識群」者，主要是來自政治社會化屬「長輩威權群」者。

七、印尼、馬來西亞、緬甸僑生分組之政治社會化、政治態度實證分析

本章上一節以因素分析法、集群分析法萃取出所有受訪僑生的政治社會化集群可分成：「長輩威權群」及「族群意識群」等二個集群；政治態度集群可分成；「政治疏離群」及「政治發展意識群」二群；再以人文變數、地理變數、行為變數等與上述二種集群別進行卡方分析，結果「僑居地」（地理變數）此變項在每次分析都具統計上顯著水準，本研究認為它是形成僑生政治社會化及政治態度不同集群之主要變因；因此，本節將再根據不同的「僑居地」，沿用前面的分析方法分別對印尼、馬來西亞、緬甸僑生進行政治社會化集群、政治態度集群，再以人文變數、行為變數與集群之結果做卡方分析。[33]

（一）印尼：

①在政治社會化方面：

若僅就印尼僑生進行政治社會化因素分析，其潛伏因素個數是四個，分別命名為家庭因素、長輩威權因素、認同政府因素及家族、宗族團體因素（表 3-59）。再依（表 3-60）政治社會化變數中，除了「宗教影響自己的政治傾向」及「贊同政府在大眾傳

[33] 為避免篇幅過於冗長，本節僅列出結果，其實證程序與分析方法與前面相同。

播媒體的宣導內容」外，其他變數的共同性都在 0.4 以上，且共同性之總和為 5.7134，佔總變異的 57.13%，表示四個政治社會化因素之解釋為中等，其中以「瞭解父親的政治傾向」、「不會避開非華人族群的活動」及「認同政府政治制度及領導的正當性」有較低的獨特性，代表此三個政治社會化變數最能被四個政治社會化固來所解釋，適用於衡量印尼僑生之政治社會化現象。而且依據（表 3-61），任兩個政治社會化因素之相關係數絕對值都沒有大於 0.4，個別潛伏因素都有其獨立的策略涵意。

表 3-59　印尼僑生政治社會化因素分析

政治社會化變數	政治社會化因素			
	家庭因素	長輩威權因素	認同政府因素	家族宗族團體因素
X1 與常往來的同學的政治意見相同	0.59110*	0.19990	-0.10468	-0.01324
X2 瞭解父親政治傾向	0.61624*	-0.53982*	0.25585	0.31184
X3 父母親政治意見一樣	0.79859*	-0.26884	-0.07489	-0.07015
X4 常參加家族宗族團體的活動	0.05967	-0.01316	-0.02644	0.79203*
X5 宗教影響自己的政治傾向	0.47915*	0.09888	-0.06079	0.17619
X6 認同政府在大眾媒體的宣導內容	0.25082	0.16821	0.30762	-0.06493
X7 避開非華人族群的的活動	0.18767	-0.03922	-0.71526*	0.39213
X8 對政治不關心	0.21700	0.65368*	0.15628	-0.21039
X9 長輩的意見很權威	-0.09005	0.75200*	0.12486	0.30472
X10 認同政府政治制度及領導的正當性	-0.11368	0.13037	0.73726*	0.44899*

表 3-60　印尼僑生政治社會化因素組型矩陣與獨特性係數

政治社會化變數	政治社會化因素					
	家庭因素	長輩威構因素	認同政府因素	家族宗群團體因素	共同性	獨特性係數
X1 與常往來同學的政治理念相同	0.62955*	0.28585	-0.09869	-0.02706	0.43996	0.74836
X2 瞭解父親政治傾向	0.54543*	-0.46239*	0.25481	0.25251	0.72966	0.51994

X3 父母親政治意見相同	0.78063*	-0.16606	-0.05265	-0.10948	0.67968	0.56597
X4 常參加家族宗族團體的活動	0.02261	0.01793	-0.08197	0.79725*	0.63472	0.60438
X5 宗教影響自己的政治傾向	0.49358*	0.17223	-0.06797	0.16296	0.28638	0.84476
X6 贊同政府在大眾媒體的宣導內容	0.28676	0.19806	0.31480*	-0.09403	0.20818	0.88984
X7 避開非華人族群的的活動	0.15705	0.01015	-0.74354*	0.43673*	0.73216	0.51753
X8 對政治完全不關心	0.32254	0.68713*	0.16342	-0.21438	0.58980	0.64047
X9 長輩的意見很權威	-0.00149	0.76097*	0.08834	0.32397	0.68213	0.56380
X10 認同政府的正當性	-0.10710	0.11661	0.70505*	0.40890*	0.73077	0.51887
總和					5.7134	

表 3-61　印尼僑生政治社會化因素相關矩陣

政治社會化因素	家庭因素	長輩威權因素	認同政府因素	家族宗族宗族團體因素
家庭因素	1.00000	-0.13510	-0.01483	0.04800
長輩威權因素	-0.13510	1.00000	0.01830	-0.03329
認同政府因素	-0.01483	0.01830	1.00000	0.06966
家族宗族團體因素	0.04800	-0.03329	0.06966	1.00000

再依據上述的四個政治社會化潛伏因素做為集群分析的準則變數，依據 CCC 準則決定適當之集群數為四群，並且通過 one way MANOVA 集群穩定性檢定，總檢定 Wilk's Lambda 統計量所對應之 p 值<.0001，也通過邊際檢定；（表 3-62）顯示邊際檢定結果。（圖 3-7）是印尼僑生政治社會化型態成偶檢定之情形。由（圖 3-7）可看出：群一在家庭因素有較高的分數，可命名為「家庭因素群」；依此類推，群二可命名為「長輩威權群」；群三可命名為「家族宗族團體因素群」。是印尼僑生政治社化集群之結果。

表 3-62　邊際檢定結果

反應變量	F 統計量	P 值
家庭因素	20.54	<.0001*
長輩威權因素	10.68	<.0001*
認同政府因素	13.79	<.0001*
家族宗族團體因素	39.44	<.0001*

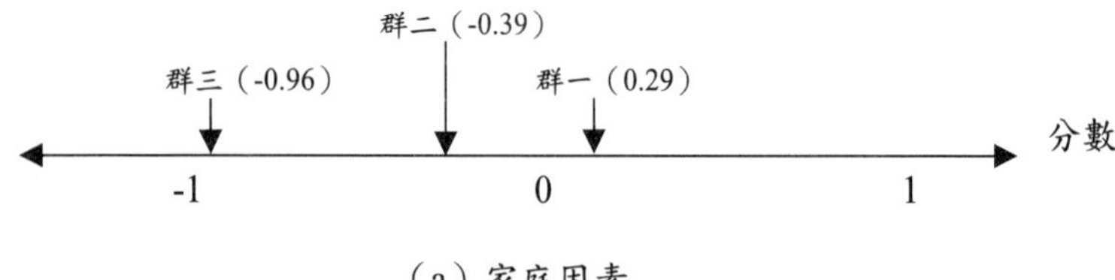

（a）家庭因素

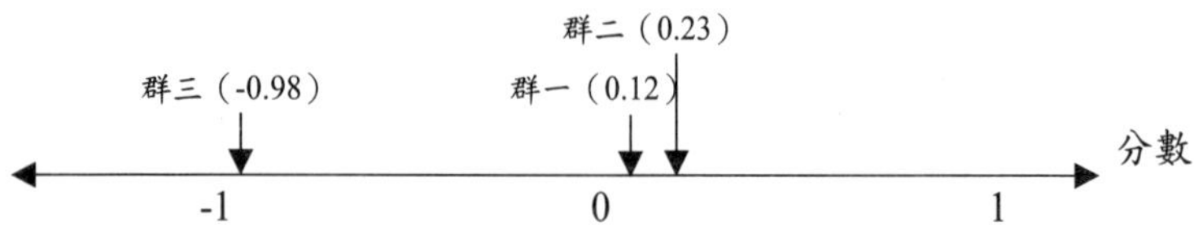

（b）長輩威權因素

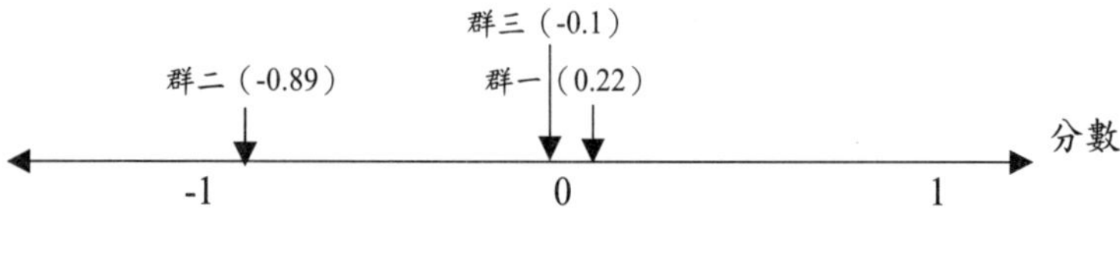

（c）認同政府因素

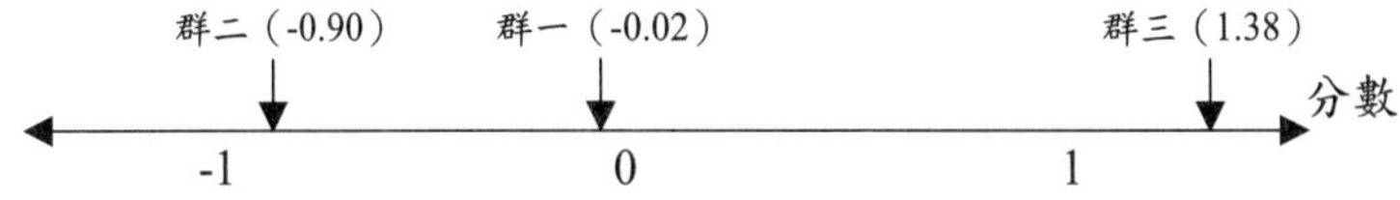

（d）家族宗群團體因素

圖 3-8　印尼僑生政治社會化型態成偶檢定

另外，將印尼僑生政治社會化集群與「政治社會化途徑」（即問卷 X_{11} 題及 X_{12} 題）進行卡方檢定，結果全部「不顯著」，表示無論屬於政治社會化群別之任何一群其政治社會化途徑並沒有顯著之差異（表 3-64）。也將印尼僑生政治社會化集群與「對政府政策的看法」（問卷 A_6 題）卡方檢定，結果也是「不顯著」，也就是無論任一政治社會化群別對政府政策的看法，沒有顯著的差異。（表 3-65）

表 3-63　印尼僑生政治社會化集群之結果

群別	次數	百分比	累積次數	累積百分比
家庭因素群	100	71.43	100	71.43
長輩威權群	23	16.43	123	87.86
家族宗族團體群	17	12.14	140	100.00

表 3-64　印尼僑生「政治社會化群別」與「政治社會化途徑」之卡方檢定結果

變異來源	自由度	χ^2 統計量	P 值	是否顯著
啟發自己自由民主人權觀念之主要來源（X_{11}）	16	12.2727	0.7250	不顯著
影響自己政治態度之主要來源（X_{12}）	14	17.5237	0.2293	不顯著

表 3-65　印尼僑生「政治社會化群別」與「對政府政策看法」之卡方檢定結果

變異來源	自由度	χ^2統計量	P 值	是否顯著
對政府政策的看法（A_6）	14	14.5953	0.4064	不顯著

再將印尼僑生政治社會化集群與人文變數、行為變數進行卡方檢定，結果只有「性別」具有顯著的差異（表 3-66）。其中男生絕大多數（八成）是「家庭因素群」，女生有六成是「家庭因素群」，但也有四成是分散在「長輩威權群」及「家族宗族團體群」。（表 3-67）

表 3-66　印尼僑生「政治社會化群別」與「人文變數、行為變數」之卡方檢定結果

變異來源	自由度	χ^2統計量	P 值	是否顯著
主修科目	6	4.9596	0.5490	不顯著
性別	1	6.1640	0.0459*	顯著
家中經濟狀況	8	8.2856	0.4061	不顯著
家長職業	12	16.3350	0.1764	不顯著
就讀學校性質	4	2.9646	0.5638	不顯著
來臺升學主要因素	26	8.6062	0.9995	不顯著
來臺升學主要諮詢對象	8	6.4362	0.5985	不顯著
離開僑居地時間	6	3.1720	0.7870	不顯著

表 3-67　印尼僑生「政治社會化群別」與「性別」卡方分析列聯表

次數 百分比 列百分比 行百分比	男生	女生	合計
家庭因素群	63 45.00 63.00	37 26.43 37.00	100 71.43

	79.75	60.66	
長輩威權群	9 6.43 39.13 11.39	14 10.00 60.87 22.95	23 16.43
家族、宗族團體因素群	7 5.00 41.18 8.86	10 7.14 58.82 16.39	17 12.14
合計	79 56.43	61 43.57	140 100.0

②政治態度方面：

就印尼僑生進行政治態度因素分析，其潛伏因素個數是二個，分別命名為「政府正當性因素」及「信任同胞因素」(表 3-68)。再依（表 3-69）政治態度變數中，除了「僑居地政府政策有效率」及「參與公共事務是國民的義務」外，其他的共同性都在 0.4 以上，且共同性之總和為 2.7352，佔總變異的 54.70%，表示二個政治態度因素之解釋為中等，其中以「相信僑居地的任何族群都是同胞」有最低的獨特性，代表這個政治態度變數最能被二個政治態度因素所解釋，適於衡量印尼僑生政治態度之現象。(表 3-70）政治態度因素相關矩陣中，任何二個政治態度因素相關係數：絕對值都沒有大於 0.4，顯示個別潛伏因素都有獨立的策略涵意。

表 3-68 印尼僑生政治態度因素分析

政治態度變數	政治態度因素	
	政府正當性因素	信任同胞因素
A1 僑居地政府政策有效率	0.56953*	0.02831
A2 相信自己有能力影響政府政策	0.69443*	0.31403
A3 僑居地政府之官員廉能守法	0.77954*	0.07962
A4 相信僑居地的任何族群都是同胞	0.08366	0.93736*
A5 參與公共事務是國民的義務	0.53287*	-0.25670

表 3-69 印尼僑生政治態度因素組型矩陣與獨特性係數

政治態度變數	政治態度因素			
	政府正當性因素	信任同胞因素	共同性	獨特性因素
A1 僑居地政府政策有效率	0.57234	-0.02837	0.3252	0.82146
A2 相信自己有能力影響政府政策	0.66990	0.24769	0.5430	0.67602
A3 僑居地政府之官員廉能守法	0.77930	0.00244	0.6077	0.62634
A4 相信僑居地的任何族群都是同胞	-0.00926	0.93827	0.8787	0.34828
A5 參與公共事務是國民的義務	0.56382	-0.31254	0.3807	0.78695
合計			2.7353	

表 3-70 印尼僑生政治態度相關矩陣

政治態度因素	政府正當性因素	信任同胞因素
政府正當性因素	1.00000	0.09903
信任同胞因素	0.09903	1.00000

再以上述兩個政治態度潛伏因素做為集群分析的準則變數，依據 CCC 準則決定適當之集群數為二群，並且通過 one way MANOVA 之集群穩定性檢定，其總檢定 Wilk's Lambda 統計量所對應之 P 值<.0001，也通過邊際檢定（表 3-71）。（圖 3-8）是印尼僑生政治態度型態成偶檢定之情形。由（圖 3-8）可看出：群二在「政府正當性因素」及「信任同胞因素」都有較高的分數，

可命名為「信任政府群」，但群一在二個因素都有負的分數，表示群一的印尼僑生既不認為政府有正當性，也不認為（相信）其他族群是自己的同胞，是「政治疏離群」。（表 3-72）是集群的結果。

表 3-71　邊際檢定結果

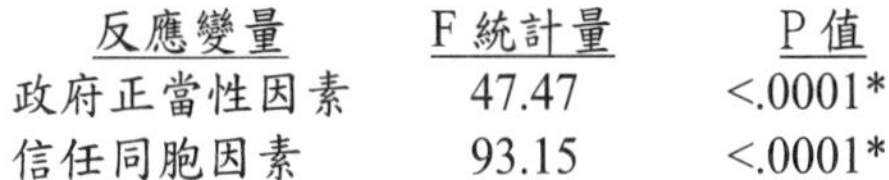

反應變量	F 統計量	P 值
政府正當性因素	47.47	<.0001*
信任同胞因素	93.15	<.0001*

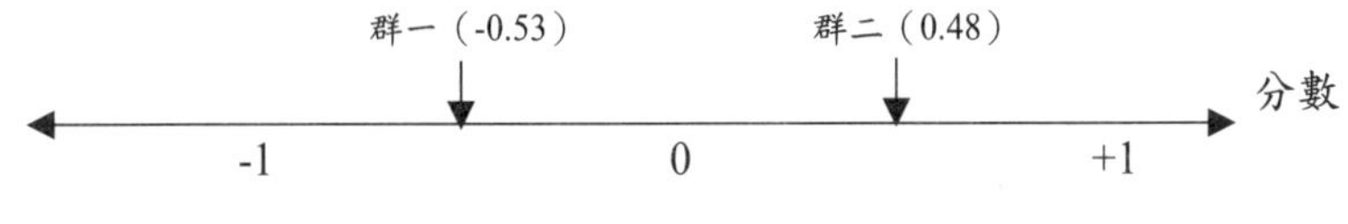

（a）政府正當性因素

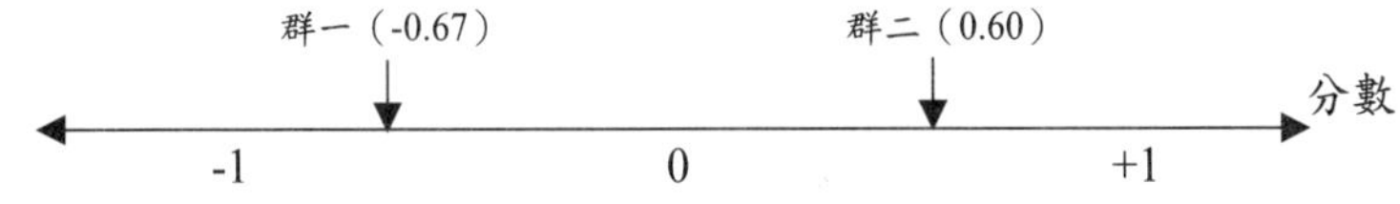

（b）信任同胞因素

圖 3-9　印尼僑生政治態度型態成偶檢定

表 3-72　印尼僑生政治態度集群之結果

群別	次數	百分比	累積次數	累積百分比
政治疏離群	66	47.14	66	47.14
信任政府群	74	52.86	140	100.00

將印尼僑生之政治態度集群與「政治社會化途徑」（問卷 X_{11} 及 X_{12}）進行卡方檢定，結果也都「不顯著」，表示無論任一政治

態度群別之政治社會化途徑沒有顯著的差異（表 3-73）。另外，再將政治態度集群與「對政府政策的看法」（問卷 A_6）進行卡方檢定，結果也是「不顯著」。（表 3-74）

表 3-73　印尼僑生「政治態度群別」與「政治社會化途徑」卡方檢定結果

變異來源	自由度	χ^2 統計量	P 值	是否顯著
啟發自己自由民主人權觀念之主要來源	8	7.8586	0.4474	不顯著
影響自己政治態度之主要來源	7	3.9857	0.7814	不顯著

表 3-74　印尼僑生「政治態度群別」與「對政府政策之看法」卡方檢定結果

變異來源	自由度	χ^2 統計量	P 值	是否顯著
對政府政策之看法	7	4.2535	0.7502	不顯著

再將印尼僑生政治態度集群與人文變數、行為變數進行卡方檢定，結果也是全都「不顯著」。（表 3-75）

表 3-75　印尼僑生「政治態度群別」與「人文變數、行為變數」卡方檢定結果

變異來源	自由度	χ^2 統計量	P 值	是否顯著
主修科目	3	2.9199	0.4041	不顯著
性別	1	0.0069	0.9339	不顯著
家中經濟狀況	4	4.6246	0.3280	不顯著
家長職業	6	7.3502	0.2897	不顯著
就讀學校性質	2	2.5729	0.2763	不顯著
來臺升學主要因素	13	5.5362	0.9614	不顯著
來臺升學主要諮詢對象	4	4.5996	0.3309	不顯著
離開僑居地時間	3	1.1705	0.7601	不顯著

最後，將印尼僑生之「政治社化會群別」與「政治態度群別」

進行卡方檢定，發現達到統計上之顯著水準（P 值<.0001）且從（表 3-76）可看出，政治社會化是「家庭因素群」（群一）者最多數，其政治態度是大約平均分布在「政治疏離群」與「信任政府群」。而政治社會化群別屬「長輩威權群」者，其政治態度被歸類為「政治疏離群」較多；另外政治社會化群別屬「家族宗族因素」者，其政治態度群別是「信任政府群」較多。

表 3-76　印尼僑生「政治社會化群別」與「政治態度群別」卡方分析列聯表

次數 百分比 列百分比 行百分比	政治疏離群	信任政府群	合計
家庭因素群	43 30.71 43.00 65.15	57 40.71 57.00 77.03	100 71.43
長輩威權群	20 14.29 86.96 30.30	3 2.14 13.04 4.05	23 16.43
家族、宗族因素群	3 2.14 17.65 4.55	14 10.00 82.35 18.92	17 12.14
合計	66 47.14	74 52.86	140 100.0

（二）馬來西亞

①在政治社會化方面：

就馬來西亞僑生進行政治社會化因素分析，其潛伏因素個數是四個，分別命名為家庭因素，認同政府因素、宗教因素及長輩威權因素（表 3-77）。再依（表 3-78）政治，社會化變數中，所有變數的共同性都在 0.4 以上，且共同性之總和為 5.6324，佔總變異的 56.32%，表示四個政治社會化因素之解釋力中等，其中「宗教對我的政治傾向有影響」及「我對政治完全不關心」有較低的獨特性，代表此二個政治社會化變數最能被四個政治社會化因素所解釋，適用於衡量馬來西亞僑生之政治社會化現象，而且依據（表 3-79），任兩個政治社會化因素之相關係數絕對值都沒有大於 0.4，個別潛伏因素都有其獨立的策略涵意。

表 3-77　馬來西亞僑生政治社會化因素分析

政治社會化變數	政治社會化因素			
	家庭因素	認同政府因素	宗教因素	長輩威權因素
X1 與常往來的同學的政治意見相同	0.59239*	-0.02920	0.10960	-0.14020
X2 瞭解父親政治傾向	0.71658*	-0.14692	0.14179	-0.21165
X3 父母親政治意見一樣	0.76869*	0.23583	0.11582	0.15693
X4 常參加家族宗族團體的活動	0.35317	0.31778	0.59625*	-0.22110
X5 宗教影響自己的政治傾向	0.09335	0.05164	0.84928*	0.05668
X6 認同政府在大眾媒體的宣導內容	0.07121	0.64163*	0.21493	-0.03351
X7 避開非華人族群的的活動	-0.11065	-0.57286	0.37194	0.40515*
X8 對政治不關心	-0.33030	-0.26312	-0.13879	0.77553*
X9 長輩的意見很權威	0.36960	0.39999	0.14531	0.51127*
X10 認同政府政治制度及領導的正當性	0.11148	0.68258*	0.07250	0.00114

表 3-78　馬來西亞僑生政治社會化因素組型矩陣與獨特性係數

政治社會化變數	政治社會化因素					
	家庭因素	認同政府因素	宗教因素	長輩威權因素	共同性	獨特性係數
X1 與常往來同學的政治理念相同	0.64678*	-0.22781	0.00908	-0.11384	0.40675	0.77022
X2 瞭解父親政治傾向	0.72269*	-0.07962	0.01869	-0.16326	0.54338	0.67574
X3 父母親政治意見相同	0.78480*	0.03960	-0.04824	0.22706	0.64265	0.59778
X4 常參加家族宗族團體的活動	0.17077*	0.20454	0.56021*	-0.21412*	0.50668	0.70236
X5 宗教影響自己的政治傾向	-0.07319	0.01092	0.86206*	0.00669	0.72624	0.52322
X6 贊同政府在大眾媒體的宣導內容	-0.15777	0.67474*	0.19510	-0.01831	0.46302	0.73278
X7 避開非華人族群的的活動	0.00236	-0.56653*	0.39561	0.32176	0.60178	0.63105
X8 對政治完全不關心	-0.21373	-0.10901	-0.12983	0.75306*	0.70132	0.54652
X9 長輩的意見很權威	0.30278	0.37482	0.03033	0.57560*	0.56052	0.66293
X10 認同政府的正當性	-0.09433	0.71494	0.03493*	0.07095	0.48010	0.72104
總和					5.63244	

表 3-79　馬來西亞僑生政治社會化相關矩陣

政治社會化因素	家庭因素	認同政府因素	宗教因素	長輩威權因素
家庭因素	1.00000	0.28656	0.19019	-0.08053
認同政因素	0.28656	1.00000	0.07243	-0.11083
宗教因素	0.19019	0.07243	1.00000	0.05256
長輩威權因素	-0.08053	-0.11083	0.05256	1.00000

再依據上述的四個政治社會化潛伏因素做為集群分析的準則變數，依據 CCC 準則決定適當之集群數為二群，並且通過 one

way MANOVA 集群穩定性檢定，總檢定 Wilk's Lambda 統計量所對應之 P 值<.0001，也通過邊際檢定；（表 3-80）顯示邊際檢定結果。（圖 3-9）是馬來西亞僑生政治社會化型態成偶檢定之情形。由（圖 3-9）可看出：群一在長輩威權因素有較高的分數但其他因素是負的分數，可命名為「長輩威權群」；由於群二在「家庭因素」有較高的分數，且在（表 3-78）家庭因素此政治社會化因素中，X_6 及 X_{10} 都是負的分數，也就不可能是「認同政府群」，因此群二命名為「家庭因素群」。（表 3-81）列出馬來西亞僑生政治社會化集群之結果。

表 3-80　邊際檢定結果

反應變量	F 統計量	P 值
家庭因素	229.32	<.0001*
認同政府因素	192.42	<.0001*
宗教因素	71.23	<.0001*
長輩威權因素	20.30	<.0001*

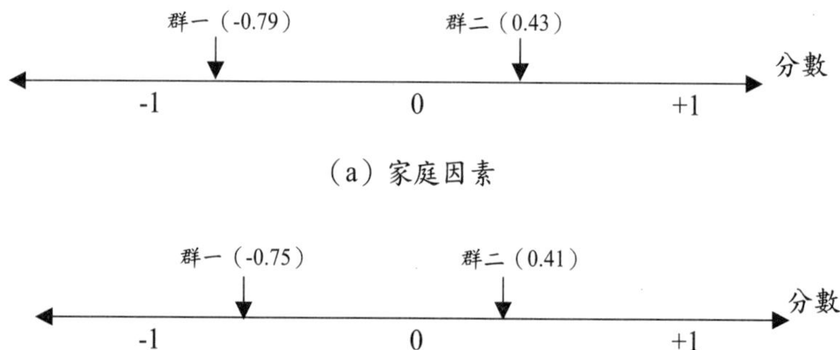

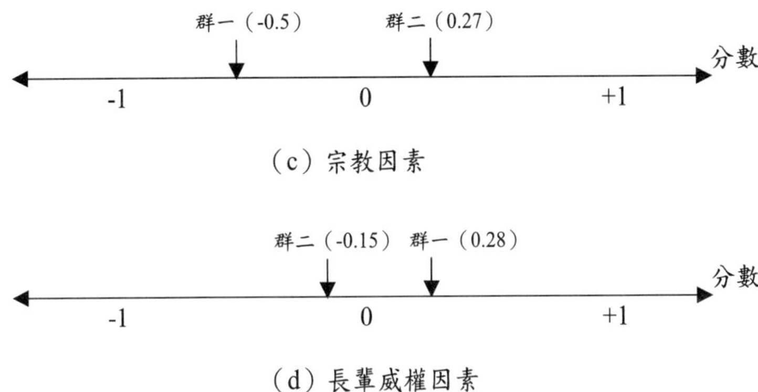

圖 3-10　馬來西亞僑生政治社會化型態成偶檢定

表 3-81　馬來西亞僑生政治社會化集群之結果

群別	次數	百分比	累積次數	累積百分比
長輩威權群	157	35.20	157	35.20
家庭因素群	289	64.80	446	100.00

另外，將馬來西亞僑生的政治社會化集群與「政治社會化途徑」(即問卷 X_{11} 題及 X_{12} 題)進行卡方檢定，結果全部「不顯著」，表示無論屬於政治社會化群別之任何一群其政治社會化途徑並沒有顯著之差異（表 3-82）。再將馬來西亞僑生政治社會化集群與「對政府政策的看法」(問卷 A_6 題）卡方檢定，結果有統計上顯著的差異，其中「長輩威權群」的馬來西亞僑生認為政府政策主要是「偏重某些族群」，其次是「政府很腐敗」；但是，「家庭因素群」認為政府政策主要是「偏重某些族群」，其次是「只注重少數人的權益」。(表 3-84）

表 3-82　馬來西亞僑生「政治社會化群別」與「政治社會化途徑」卡方檢定結果

變異來源	自由度	χ^2 統計量	P 值	是否顯著
啟發自己自由民主人權觀念之主要來源（X_{11}）	8	8.9004	0.3508	不顯著
影響自己政治態度之主要來源（X_{12}）	7	6.8390	0.4458	不顯著

表 3-83　馬來西亞僑生「政治社會化群別」與「對政府政策看法」之卡方檢定結果

變異來源	自由度	χ^2 統計量	P 值	是否顯著
對政府政策的看法（A_6）	7	18.9083	0.085	顯著

表 3-84　馬來西亞僑生「政治社會化群別」與「對政府政策之看法」的卡方分析列聯表

次數 百分比 列百分比 行百分比	長輩威權群	家庭因素群	合計
保護大企業	10 1.38 30.30 4.03	23 3.18 69.70 4.84	33 4.56
注重環保	3 0.41 20.00 1.21	12 1.66 80.00 2.53	15 2.07
照顧大眾生活	10 1.38 29.41 4.03	24 3.32 70.59 5.05	34 4.70
偏重某些族群	118 16.32	238 32.92	356 49.24

	33.15	66.85	
	47.58	50.11	
偏袒某些地區的人	15	30	45
	2.07	4.15	6.22
	33.33	66.67	
	6.05	6.32	
只注重少數人的權益	27	78	105
	3.73	10.79	14.52
	25.71	74.29	
	10.89	16.42	
我不瞭解	7	13	20
	0.97	1.80	2.77
	35.00	65.00	
	2.82	2.74	
政府很腐敗	58	57	115
	8.02	7.88	15.91
	50.43	49.57	
	23.39	12.00	
合計	248	475	723
	34.30	65.70	100.00

再將馬來西亞僑生政治社會化集群與人文變數、行為變數進行卡方檢定，結果只有「家中經濟狀況」具有顯著的差異（表5-85）。其中「長輩威權群」的僑生主要來自中等收入、中低收入及低收入；而「家庭因素群」則主要來自中等收入、中低收入及中高收入。（表3-86）

表3-85　馬來西亞僑生「政治社會化群別」與「人文變數、行為變數群」卡方分析聯表

變異來源	自由度	χ^2 統計量	P 值	是否顯著
主修科目	2	1.8821	0.3902	不顯著
性別	1	0.1674	0.6824	不顯著
家中經濟狀況	4	10.2960	0.0357*	顯著

家長職業	9	9.2258	0.4167	不顯著
就讀學校性質	2	0.3522	0.8385	不顯著
來臺升學主要因素	13	3.4358	0.9958	不顯著
來臺升學主要諮詢對象	4	7.3743	0.1174	不顯著
離開僑居地時間	3	3.8686	0.2760	不顯著

表 3-86　馬來西亞僑生「政治社會化群別」與「家中經濟狀況」卡方分析列聯表

次數 百分比 列百分比 行百分比	高收入	中高收入	中等收入	中低收入	低收入	合計
長輩威權群	3 0.67 1.91 75.00	7 1.57 4.46 21.88	86 19.28 54.78 33.86	39 4.93 14.01 51.16	22 4.93 14.01 51.16	157 35.20
家庭因素群	1 0.22 0.35 25.00	25 5.61 8.65 78.13	168 37.67 58.13 66.14	74 16.59 25.61 65.49	21 4.71 7.27 48.84	289 64.80
合計	4 0.90	32 7.17	254 56.95	113 25.34	43 9.64	446 100.00

②政治態度方面：

就馬來西亞僑生進行政治態度因素分析，其潛伏因素個數是二個，分別命名為「政治效能因素」及「公民義務感因素」（表 3-87）。再依（表 3-88）政治態度變數中，除了「僑居地政府政策有效率」外，其他的共同性都在 0.4 以上，且共同性之總和為 2.8432，佔總變異的 56.86%，表示二個政治態度因素之解釋為中等，其中以「參與公共事務是國民應盡的義務」有最低的獨特性，代表這個政治態度變數最能被二個政治態度因素所解釋，適於衡量馬來西亞僑生政治態度之現象。（表 3-89）政治態度因素相關矩陣中，任何二個政治態度因素相關係數：絕對值都沒有大於0.4，顯示個別潛伏因素都有獨立的策略涵意。

表 3-87　馬來西亞僑生政治態度因素分析

政治態度變數	政治態度因素	
	政治效能因素	公民義務感因素
A1 僑居地政府政策有效率	0.57075*	0.13329
A2 相信自己有能力影響政府政策	0.75442*	0.14099
A3 僑居地政府之官員廉能守法	0.80132*	0.14610
A4 相信僑居地的任何族群都是同胞	0.33548	0.72759*
A5 參與公共事務是國民的義務	0.03455*	0.84796*

表 3-88　馬來西亞僑生政治態度因素組型矩陣與獨特性係數

政治態度變數	政治態度因素			
	政治效能因素	公民義務感因素	共同性	獨特性因素
A1 僑居地政府政策有效率	0.56579*	0.02619	0.3264	0.82073
A2 相信自己有能力影響政府政策	0.75477*	-0.00188	0.5691	0.65643
A3 僑居地政府之官員廉能守法	0.80242*	-0.00579	0.6422	0.59816
A4 相信僑居地的任何族群都是同胞	0.20510	0.68877*	0.5700	0.65574
A5 參與公共事務是國民的義務	-0.13063	0.87268*	0.7355	0.51430
合計			2.8432	

表 3-89　馬來西亞僑生政治態度相關矩陣

政治態度因素	政治效能因素	公民義務感因素
政治效能因素	1.00000	0.18928
公民義務感因素	0.18928	1.00000

再以上述兩個政治態度潛伏因素做為集群分析的準則變

數，依據 CCC 準則決定適當之集群數為二群，並且通過 one way MANOVA 之集群穩定性檢定，其總檢定 Wilk's Lambda 統計量所對應之 P 值<.0001，也通過邊際檢定（表 3-90）。（圖 3-10）是馬來西亞僑生政治態度型態成偶檢定之情形。由（圖 3-10）可看出：群二在「政治效能因素」及「公民義務感因素」都有較高的分數，可命名為「政治發展意識」，但群一在二個因素都有負的分數，表示群一的馬來西亞僑生既不信任政府，也不相信其他族群是自己的同胞，也不認為自己有能力影響政府政策，是「政治疏離群」。（表 3-91）是集群的結果。

表 3-90　邊際檢定結果

反應變量	F 統計量	P 值
政治效能因素	408.19	<.0001*
公民義務感因素	159.36	<.0001*

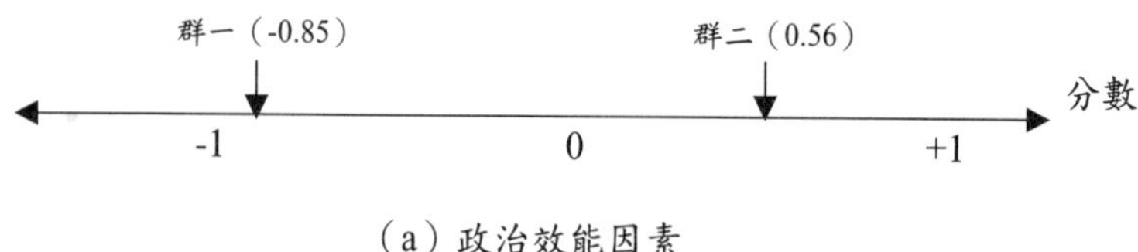

（a）政治效能因素

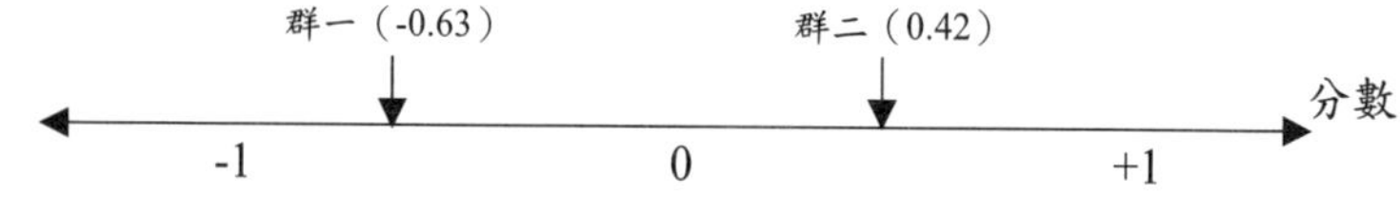

（b）公民義務感因素

圖 3-11　馬來西亞僑生政治態度型態成偶檢定

表 3-91　馬來西亞僑生政治態度集群之結果

群別	次數	百分比	累積次數	累積百分比
政治疏離群	177	39.69	177	39.69
政治發展意識群	269	60.31	446	100.0

將馬來西亞僑生之政治態度集群與「政治社會化途徑」（問卷 X_{11} 及 X_{12}）進行卡方檢定，結果也都「不顯著」，表示無論任一政治態度群別之政治社會化途徑沒有顯著的差異（表 3-92）。另外，再將政治態度集群與「對政府政策的看法」（問卷 A_6）進行卡方檢定，結果也是「不顯著」。（表 3-93）表示無論政治態度是哪一群，對政府政策之看法未達統計上之差異。

再將馬來西亞僑生政治態度集群與人文變數、行為變數進行卡方檢定，結果也是全都「不顯著」。（表 3-94）

表 3-92　馬來西亞僑生「政治態度群別」與「政治社會化途徑」卡方檢定結果

變異來源	自由度	χ^2 統計量	P 值	是否顯著
啟發自己自由民主人權觀念之主要來源	8	8.0754	0.4261	不顯著
影響自己政治態度之主要來源	7	5.0943	0.6485	不顯著

表 3-93　馬來西亞僑生「政治態度群別」與「對政府政策之看法」之卡方檢定結果

變異來源	自由度	χ^2 統計量	P 值	是否顯著
對政府政策的看法	7	8.1171	0.3224	不顯著

表 3-94　馬來西亞僑生「政治態度群別」與「人文變數、行為變數」之卡方檢定結果

變異來源	自由度	χ^2 統計量	P 值	是否顯著
主修科目	2	1.9398	0.3791	不顯著
性別	1	0.1479	0.7005	不顯著
家中經濟狀況	4	2.9842	0.5605	不顯著
家長職業	9	6.0124	0.7387	不顯著
就讀學校性質	2	3.1303	0.2091	不顯著
來臺升學主要因素	13	2.4899	0.9992	不顯著
來臺升學主要諮詢對象	4	3.2655	0.5144	不顯著
離開僑居地時間	3	1.4980	0.6827	不顯著

最後，將馬來西亞僑生之「政治社化會群別」與「政治態度群別」進行卡方檢定，達到統計上之顯著水準（P 值<.0001）即政治態度是「政治疏離群」（群一）者，其政治社會化群別大都是「長輩威權群」。

而政治態度群別屬「政治發展意識群」者，其政治社會化大都是「家庭因素群」。（表 3-95）

表 3-95　馬來西亞「政治社會化群別」與「政治態度群別」卡方分析列聯表

次數 百分比 列百分比 行百分比	政治疏離群	政治發展意識群	合計
長輩威權群	119 26.68 75.80 67.23	38 8.52 24.20 14.13	157 35.20

家庭因素群	58 13.00 20.07 32.77	231 51.79 79.93 85.87	289 64.80
合計	177 39.69	269 60.31	446 100.00

（三）緬甸

①在政治社會化方面：

緬甸僑生之政治社會化因素分析，其潛伏因素個數是四個，分別命名為家庭因素，認同政府因素、宗教因素及家族、長輩威權因素（表 3-96）。在（表 3-97）中，政治社會化變數中，除了「我會避開非華人族群的活動」外，其他變數的共同性都在 0.4 以上，且共同性之總和為 5.7843，佔總變異的 57.84%，表示四個政治社會化因素之解釋為中等，其中以「長輩的意見很權威」有較低的獨特性，代表此政治社會化變數最能被四個政治社會化因素所解釋，適用於衡量緬甸僑生之政治社會化現象。而且依據（表 3-98），任兩個政治社會化因素之相關係數絕對值都沒有大於 0.4，個別潛伏因素都有其獨立的策略涵意。

表 3-96　緬甸僑生政治社會化因素分析

政治社會化變數	政治社會化因素			
	家庭因素	認同政府因素	宗教因素	長輩威權因素
X1 與常往來的同學的政治意見相同	0.64364*	0.11954	0.08845	0.01775
X2 瞭解父親政治傾向	0.81061*	0.05322	0.11920	0.14399
X3 父母親政治意見一樣	0.81447*	-0.05859	0.08460	0.09457
X4 常參加家族宗族團體的活動	0.22181	0.20077	0.57402*	0.45490*
X5 宗教影響自己的政治傾向	0.19803	0.04752	0.66097*	0.13729
X6 認同政府在大眾媒體的宣導	0.11658	0.82792*	0.04186	0.10805

內容				
X7 避開非華人族群的的活動	0.25692	0.33668	-0.26158	-.0.33061
X8 對政治不關心	0.07369	0.11440	-0.65005*	0.19492
X9 長輩的意見很權威	0.09441	0.07144	-0.00942	0.87869*
X10 認同政府政治制度及領導的正當性	-0.06917	0.80686*	-0.00880	0.02935

表 3-97　緬甸僑生政治社會化因素組型矩陣與獨特性係數

政治社會化變數	政治社會化因素					
	家庭因素	認同政府因素	宗教因素	長輩威構團體因素	共同性	獨特性係數
X1 與常往來同學的政治理念相同	0.64269*	0.06530	0.03674	-0.07101	0.42346	0.75930
X2 瞭解父親政治傾向	0.80427*	-0.02546	0.03634	0.04295	0.66111	0.58214
X3 父母親政治意見相同	0.82632*	-0.13632	0.00429	0.00417	0.68176	0.56413
X4 常參加家族宗族團體的活動	0.11330	0.16335	0.51597*	0.35869	0.51727	0.69479
X5 宗教影響自己的政治傾向	0.12903	0.03587	0.64446*	0.03238	0.45766	0.73643
X6 贊同政府在大眾媒體的宣導內容	0.03195	0.82251*	0.03847	0.03187	0.68975	0.55700
X7 避開非華人族群的的活動	0.29242	0.33767	-0.23955	-0.36185	0.37111	0.79303
X8 對政治完全不關心	0.09988	0.07974	-0.69525*	0.26923	0.52091	0.69216
X9 長輩的意見很權威	-0.00255	-0.00211	-0.12912	0.89645*	0.78852	0.45986
X10 認同政府的正當性	-0.14469	0.82224*	0.01188	-0.02167	0.67270	0.57210
總和					5.78426	

表 3-98　緬甸僑生政治社會化因素相關矩陣

政治社會化因素群別	家庭因素	認同政府因素	宗教因素	長輩威權因素
家庭因素	1.00000	0.09368	0.09572	0.12217
認同政府因素	0.09368	1.00000	-0.00478	0.08162
宗教因素	0.09572	-0.00478	1.00000	0.13378
長輩威權因素	0.12217	0.08162	0.13378	1.00000

再依據上述的四個政治社會化潛伏因素做集群分析的準則變數，依據 CCC 準則決定適當之集群數為三群，以 one way MANOVA 進行集群穩定性檢定，總檢定 Wilk's Lambda 統計量所對應之 p 值<.0001，並且通過邊際檢定；（表 3-99）顯示邊際檢定結果。（圖 3-11）是緬甸僑生政治社會化型態成偶檢定之情形。由（圖 3-11）可看出：群三在認同政府因素、宗教因素、長輩威權因素有較高的分數，可命名為「長輩威權群」；依此類推，群二可命名為「家庭因素群」；群一可命名為「宗教因素群」。（表 3-100）是緬甸僑生政治社會化集群之結果。

表 3-99　邊際檢定結果

反應變量	F 統計量	P 值
家庭因素	126.67	<.0001*
認同政府因素	80.32	<.0001*
宗教因素	38.33	<.0001*
長輩威權因素	19.64	<.0001*

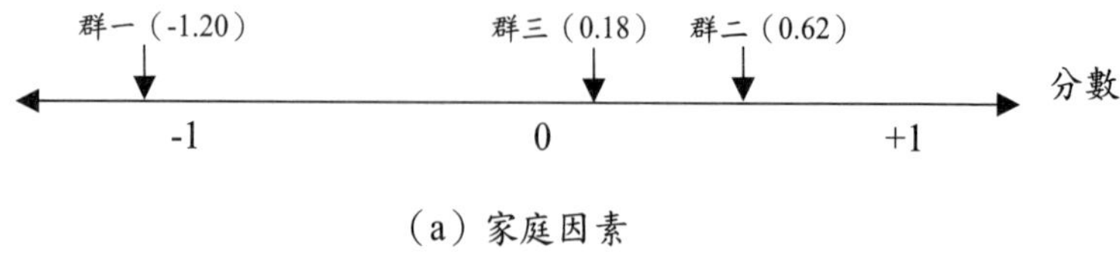

（a）家庭因素

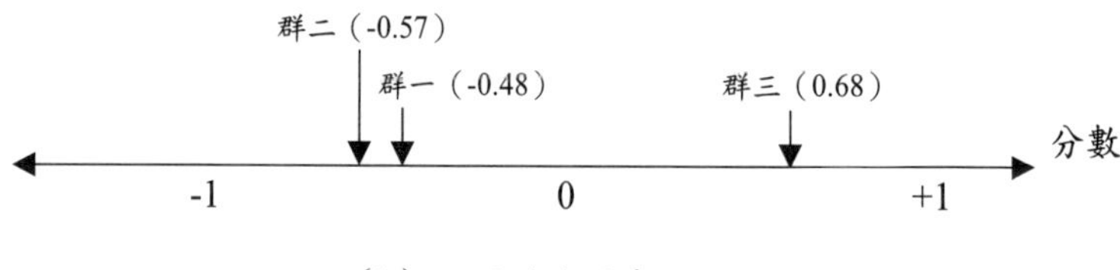

（b）認同政府因素

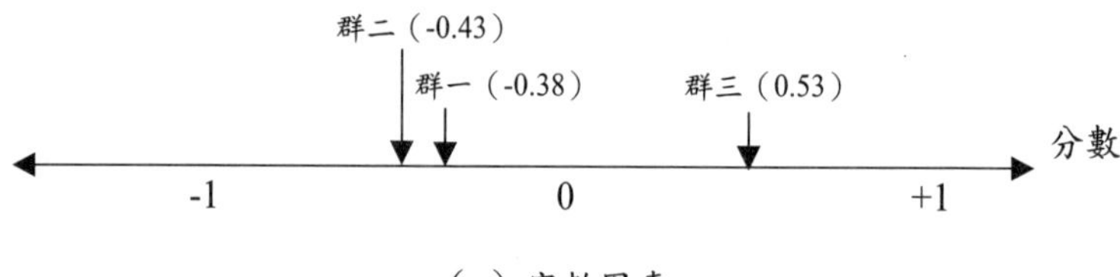

（c）宗教因素

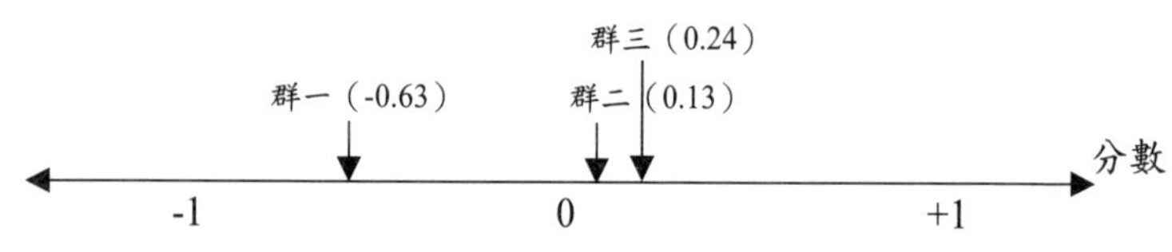

（d）長輩威權因素

圖 3-12　緬甸僑生政治社會化型態成偶檢定

表 3-100　緬甸僑生政治社會化集群之結果

群別	次數	百分比	累積次數	累積百分比
宗教因素群	65	33.30	65	23.30
家庭因素群	92	32.97	157	56.27
長輩威權群	122	43.73	279	100.00

另外，將緬甸的政治社會化集群與「政治社會化途徑」進行卡方檢定，結果全部「不顯著」，表示無論屬於政治社會群別之任何一群其政治社會化途徑並沒有顯著之差異（表 3-101）。也將緬甸僑生政治社會化集群與「對政府政策的看法」進行卡方檢定，結果也是「不顯著」，也就是無論任一政治社會化群別對政府政策的看法，沒有顯著的差異。（表 3-102）

表 3-101　緬甸僑生「政治社會化群別」與「政治社會化途徑」之卡方檢定結果

變異來源	自由度	χ^2 統計量	P 值	是否顯著
啟發自己自由民主人權觀念之主要來源（X_{11}）	16	13.3001	0.6507	不顯著
影響自己政治態度之主要來源（X_{12}）	14	10.3778	0.7341	不顯著

表 3-102　緬甸僑生「政治社會化群別」與「對政府政策看法」之卡方檢定結果

變異來源	自由度	χ^2 統計量	P 值	是否顯著
對政府政策的看法（A_6）	14	13.9011	0.4571	不顯著

再將緬甸僑生政治社會化集群與人文變數、行為變數進行卡方檢定，結果只有「性別」具有顯著的差異（表 3-103）。其中男生有一半是「長輩威權群」，女生則大都分布在「家庭因素群」及「長輩威權群」為最多。（表 3-104）

表 3-103 緬甸僑生「政治社會化群別」與「人文變數、行為變數」之卡方檢定結果

變異來源	自由度	χ^2 統計量	P 值	是否顯著
主修科目	4	3.9426	0.4138	不顯著
性別	2	6.4232	0.0403*	顯著
家中經濟狀況	6	8.0579	0.2339	不顯著
家長職業	18	22.4839	0.2112	不顯著
就讀學校性質	4	8.9485	0.0624	不顯著
來臺升學主要因素	26	5.2963	1.0000	不顯著
來臺升學主要諮詢對象	8	2.6463	0.9546	不顯著
離開僑居地時間	6	9.1721	0.1641	不顯著

表 3-104 緬甸僑生「政治社會化群別」與「性別」卡方分析列聯表

次數 百分比 列百分比 行百分比	男生	女生	合計
宗教因素群	28 10.04 43.08 21.54	37 13.26 56.92 24.83	65 23.30
家庭因素群	35 12.54 38.04 26.92	57 20.43 61.96 38.26	92 32.97
長輩威權群	67 24.01 54.92 51.54	55 19.71 45.08 36.91	122 43.73
合計	130 46.59	149 53.41	279 100.0

（二）政治態度方面：

以緬甸僑生進行政治態度因素分析，其潛伏因素個數是二個，分別命名為「政治效能感因素」及「公民義務感因素」（表 3-102）。在（表 3-103）政治態度變數中，所有變數的共同性都在 0.4 以上，且共同性之總和為 3.0461，佔總變異的 60.92%，表示二個政治態度因素之解釋力為中等，其中以「自己有能力影響政府決策」有最低的獨特性，代表這個政治態度變數最能被二個政治態度因素所解釋，適於衡量印尼僑生政治態度之現象。（表 3-104）政治態度因素相關矩陣中，任何二個政治態度因素相關係數之絕對值都沒有大於 0.4，顯示個別潛伏因素都有獨立的策略涵意。

表 3-102　緬甸僑生政治態度因素分析

政治態度變數	政治態度因素	
	政治效能感	公民義務感因素
A1 僑居地政府政策有效率	0.66529*	0.10368
A2 相信自己有能力影響政府政策	0.83067*	0.16266
A3 僑居地政府之官員廉能守法	0.82181*	0.20246
A4 相信僑居地的任何族群都是同胞	0.16657	0.78036*
A5 參與公共事務是國民的義務	0.14804	0.79149*

表 3-103　緬甸僑生政治態度因素組型矩陣與獨特性係數

政治態度變數	政治態度因素			
	政治效能感	公民義務感因素	共同性	獨特性因素
A1 僑居地政府政策有效率	0.67196*	-0.03283	0.4436	0.74592
A2 相信自己有能力影響政府政策	0.83196*	-0.00635	0.6901	0.55668
A3 僑居地政府之官員廉能守法	0.81429*	0.03704	0.6767	0.56859
A4 相信僑居地的任何族群都是同胞	0.00829	0.77865*	0.6090	0.62530
A5 參與公共事務是國民的義務	-0.01329	0.79419*	0.6266	0.61106
合計			3.0461	

表 3-104　緬甸僑生政治態度相關矩陣

政治態度因素	政治效能感	公民義務感因素
政治效能感因素	1.00000	0.20315
公民義務感因素	0.20315	1.00000

以上述兩個政治態度潛伏因素做集群分析的準則變數，依據 CCC 準則決定適當之集群數為二群，並且通過 one way MANOVA 之集群穩定性檢定，其總檢定 Wilk's Lambda 統計量所對應之 P 值<.0001，也通過邊際檢定（表 3-105）。（圖 3-10）是緬甸僑生政治態度型態成偶檢定之情形。由（圖 3-10）可看出：群一在「政治效能感因素」及「公民義務感因素」都有較高的分數，可命名為「政治發展意識群」，但群二的二個因素都有負的分數，表示群二的緬甸僑生既不認為政府有正當性，也不認為自己有能力影響政策，所以，不覺得自己有公民義務，可以歸為「政治疏離群」。（表 3-106）是集群的結果。

表 3-105　邊際檢定結果

反應變量	F 統計量	P 值
政治效能感因素	170.69	<.0001*
公民義務感因素	180.18	<.0001*

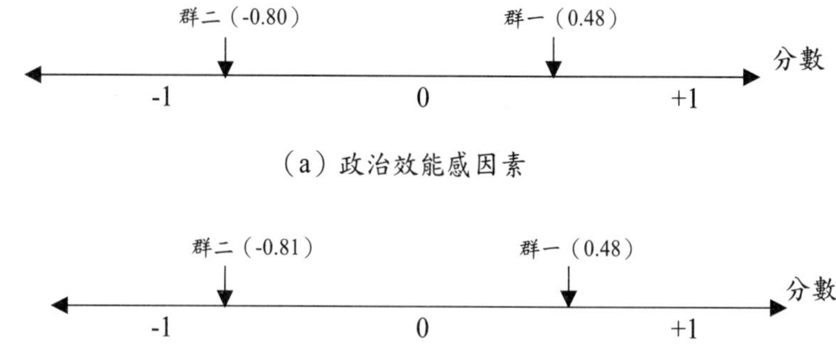

（a）政治效能感因素

（b）公民義務感

圖 3-13　緬甸僑生政治態度型態成偶檢定

表 3-106　緬甸僑生政治態度集群之結果

群別	次數	百分比	累積次數	累積百分比
政治發展意識群	175	62.72	175	62.72
政治疏離群	104	37.28	279	100.00

再將緬甸僑生之政治態度集群與「政治社會化途徑」進行卡方檢定，結果也都「不顯著」，表示無論任一政治態度群別之政治社會化途徑沒有顯著的差異（表 3-107）。另外，再將政治態度集群與「對政府政策的看法」進行卡方檢定，結果也是「不顯著」。表示不同的政治態度集群對政府政策的看法沒有顯著差異。（表 3-108）

另外，緬甸僑生政治態度集群與人文變數、行為變數卡方檢定，結果也是全部「不顯著」。（表 3-109）

表 3-107　緬甸僑生「政治態度群別」與「政治社會化途徑」卡方檢定結果

變異來源	自由度	χ^2統計量	P 值	是否顯著
啟發自己自由民主人權觀念之主要來源	8	5.5716	0.6951	不顯著
影響自己政治態度之主要來源	7	8.7330	0.2724	不顯著

表 3-108　緬甸僑生「政治態度群別」與「對政府政策之看法」卡方檢定結果

變異來源	自由度	χ^2統計量	P 值	是否顯著
對政府政策之看法	7	3.7257	0.8108	不顯著

表 3-109　緬甸僑生「政治態度群別」與「人文變數、行為變數」卡方檢定結果

變異來源	自由度	χ^2統計量	P 值	是否顯著
主修科目	2	0.2057	0.9023	不顯著
性別	1	0.3724	0.5417	不顯著
家中經濟狀況	3	2.1793	0.5360	不顯著
家長職業	9	6.4314	0.6961	不顯著
就讀學校性質	2	2.0668	0.3558	不顯著
來臺升學主要因素	13	1.6528	0.9999	不顯著
來臺升學主要諮詢對象	4	8.1939	0.0847	不顯著
離開僑居地時間	3	1.7137	0.6339	不顯著

最後，緬甸僑生之「政治社化會群別」與「政治態度群別」之卡方檢定，達到統計上顯著水準（P 值<.0001），政治態度是「政治發展意識群」者，其政治社會化來源主要是「長輩威權群」及「家庭因素群」。

而政治態度群別屬「政治疏離群」，其政治社會化來源大都是「宗教因素群」、「政治效能群」較多。（表 3-110）

表 3-110　緬甸僑生「政治社會化群別」與「政治態度群別」卡方分析列聯表

次數 百分比 列百分比 行百分比	政治發展意識群	政治疏離感	合計
宗教因素群	6 2.15 9.23 3.43	59 21.15 90.77 56.73	65 23.30
家庭因素群	66 23.66 71.74 37.71	26 9.32 28.26 25.00	92 32.97
長輩威權群	103 36.92 84.43 58.86	19 6.81 15.57 18.27	122 43.73
合計	175 62.72	104 37.28	279 100.00

最後，將上一節及本小節的實證研究結果，彙總如下表。

研究主題	研究對象	實證分析項目	結果
政治社會化	印尼僑生	因素分析	四個潛伏因素：家庭因素、長輩威權因素、認同政府因素、家族宗族因素
		集群分析	三個集群：家庭因素群、長輩威權群、家族宗族團體群
		集群結果與「政治社化途徑」卡方檢定	不顯著
		集群結果與「對政府政策看法」卡方檢定	不顯著
		集群結果與「人文變數、	不顯著

		行為變數」卡方檢定	
	馬來西亞僑生	因素分析	四個潛伏因素：家庭因素、認同政府因素、宗教因素、長輩威權因素
		集群分析	二個集群：長輩威權群、家庭因素群
		集群結果與「政治社化途徑」卡方檢定	不顯著
		集群結果與「對政府政策看法」卡方檢定	顯著①長輩威權群認為政府政策主要是「偏重某些族群」及「政府很腐敗」②家庭因素群認為政府政策主要是「偏重某些族群」及「只注重少數人的權益」。
		集群結果與「人文變數、行為變數」卡方檢定	「家中經濟狀況」顯著①長輩威權群的學生主要來自中等收入、中低收入及低收入②信任政府群的學生主要來自中等收入、中低收入及中高收入
	緬甸僑生	因素分析	四個潛伏因素：家庭因素、認同政府因素、宗教因素、長輩威權因素
		集群分析	三個集群：宗教因素群、家庭因素群、長輩威權群
		集群結果與「政治社化途徑」卡方檢定	不顯著
		集群結果與「對政府政策看法」卡方檢定	不顯著
		集群結果與「人文變數、行為變數」卡方檢定	「性別」顯著：①男生大約有一半是「長輩威權群，另一半大約平均分布在「家庭因素群」及「宗教因素群」；②女生則大都是分布在「長輩威權群」

			及「家庭因素群」。
	印尼、馬來西亞、緬甸在臺升學受訪僑生	因素分析	四個潛伏因素：家庭因素、長輩威權因素、認同政府因素、族群因素
		集群分析	二個集群：族群意識群、長輩威權群
		集群結果與「政治社化途徑」卡方檢定	顯著①在啟發自己自由、民主、人權觀念途徑方面，「族群意識群」較集中在學校、家庭、同學朋友；但「長輩威權群」則較平均分布在各種來源，除了學校、家庭、同學朋友外，大眾傳播媒體、書本及政府也是重要的途徑。②在影響自己政治態度之因素方面：「族群意識群」，主要來源是同學、朋友、家庭、學校；而「長輩威權群」則是家庭、學校、同學朋友。
		集群結果與「人文變數、地理變數、行為變數」卡方檢定	「僑居地」顯著；三個地區的僑生大都是「長輩威權群」，但馬來西亞僑生也有四成是「族群意識群」，其次是緬甸僑生有三成是「族群意識群」，印尼學生只有二成多是「族群意識群」。
政治	印尼僑生	因素分析	二個潛伏因素：政府正當性因素、信任同胞因素
		集群分析	二個集群：政治疏離群、信任政府群
		集群結果與「政治社化途徑」卡方檢定	不顯著
		集群結果與「對政府政策	不顯著

態 度		看法」卡方檢定	
		集群結果與「人文變數、行為變數」卡方檢定	不顯著
	馬來西亞僑生	因素分析	二個潛伏因素：信任政府因素、公民義務感因素
		集群分析	二個集群：政治發展意識群、政治疏離群
		集群結果與「政治社化途徑」卡方檢定	不顯著
		集群結果與「對政府政策看法」卡方檢定	不顯著
		集群結果與「人文變數、行為變數」卡方檢定	不顯著
	緬甸僑生	因素分析	二個潛伏因素：政治效能感因素、公民義務感因素
		集群分析	二個集群：政治發展意識群、政治疏離群
		集群結果與「政治社化途徑」卡方檢定	不顯著
		集群結果與「對政府政策看法」卡方檢定	不顯著
		集群結果與「人文變數、行為變數」卡方檢定	不顯著
	印尼、馬來西亞、緬甸在臺升學受訪僑生	因素分析	二個潛伏因素：信任政府因素、公民義務感因素
		集群分析	二個集群：政治發展意識、政治疏離群
		集群結果與「政治社化途徑」卡方檢定	不顯著
		集群結果與「人文變數、地理變數、行為變數」卡方檢定	「僑居地」顯著；三個地區的僑生大都是「政治發展意識群」；馬來西亞學生也有接近五成是「政治疏離群」，印尼及緬甸地區學生則有三成七及三成五是「政治疏離群」。

八、形成政治文化解析

我們由上一節之彙總結果，可發現：

（一）在「政治社會化」方面：

1.分別就各僑居地僑生政治社會化集群結果來看：

①印尼僑生有：家庭因素群、長輩威權群及家族宗族因素群。

②馬來西亞僑生有：長輩威權群及家庭因素群。

③緬甸僑生有：宗教因素群、家庭因素群及長輩威權群。

從這些集群結果，不論是任何一個僑居地僑生，他們的政治社會化因素（主要來源）——家庭因素、長輩威權等頗符合儒家文化的倫理價值屬於：強調「忠於權威、忠於家庭、尊敬長者」；在權力層次：強調「尊重威權」；在制度層次：強調「父權制度」等；另外，印尼僑生的政治社會化過程有一個很特殊的因素是「家族宗族因素群」；若回到「因素分析」（表 3-59）去看，命名「家族宗族因素」的（X_1-X_{10}）變數中，其中「認同政府政治制度及領導的正當性」（X_{10}）也有很顯著的水準，可見，「家族宗族因素群」隱含有「認同政府」的因素；我們由華人在印尼的經濟實力來看，依據宋鎮照教授的研究，「華人資本家基本上構成了印尼資本家階級的主體，而且，印尼國家機關一直是在壓制與合作兩頭間搖擺不定，當印尼政府刁難時，華人仍能壯大自己，因為華人有刻苦耐勞的個性而且廣泛地從事經濟活動，不是只專精某一行業，幾乎主控著印尼的大部分行業」，[34]所以，其家族、宗族在商業上甚至生活上常密切的往來。在這過程中，僑生的政治社會化也受到影響。但是「蘇哈托長期執政，軍人及其親信從中

[34] 宋鎮照，《東協國家之政經發展》，臺北：五南，民國 85 年，頁 315-316。

獲得好處，官員與華人勾結，產生許多金融問題，以致印尼社會經常有排華的情緒。」[35]而緬甸僑生來自佛教氣息濃厚的地區，該地區佛教文化深入生活層面，形成一套理道德規範，因此，其政治社會化過程也受「宗教因素」之影響。因此，三個不同僑居地僑生的政治社會化模式並不具同質性，而馬來西亞僑生與其他兩個地區比較，受到僑居地多元異質文化的影響較少，較完整地保有華人傳統文化，這種狀況，也顯現在「政治社會化」的過程。

2.將印尼、馬來西亞、緬甸所有受訪僑生之集群結果來看；可歸納成長輩威權群及族群意識群；除了與前面相同的長輩威權因素受到儒家文化影響外，僑生在政治社會化過程，由長輩、學校轉述過去華人族群曾遭遇到的排華政策（例如：印尼 1950 年代的阿薩排華運動（Assat movement）、1969 年馬來西亞的「5‧13 事件」；1967 年緬甸的「6‧26 排華事件」等）、不公平的經濟政策（例如：印尼在 1959 年的禁止華人在農村經營零售業，1950 年代的「幣值貶值手段」及「產銷劃分」政策及「入籍與非入籍華人企業之差別待遇」；馬來西亞在 1970 年的「新經濟政策」，1975 年的「工業協調法」）等影響，再加上，僑生本身親身經歷在就學、升學或就公職過程之不公平待遇，自然會產生「族群意識」。

（二）在政治態度方面：

1.分別就各僑居地僑生政治態度集群結果來看：

①印尼僑生有：政治疏離群與信任政府群。

②馬來西亞僑生有：政治發展意識群與政治疏離群。

[35] 陳鴻瑜，《臺灣：邁向亞太整合時代的新角色》，臺北：臺灣書店，民國 85 年 10 月，頁 33。

③緬甸僑生有：政治發展意識群與政治疏離群。

雖然每個僑居地僑生之政治態度集群皆有「政治疏離群」，但形成此「政治疏離態度」之政治社會化來源並不相同，我們分別從上一節之（表 3-76）（表 3-95）及（表 3-110）可看出：印尼僑生政治態度屬政治疏離群者，其政治社會化主要來源是「長輩威權群」，馬來西亞也是「長輩威權群」，緬甸則是「宗教因素群」。由於一些印尼、馬來西亞僑生之家長、長輩在過去融入僑居地的過程中，都親身經歷前述的「排華」、「不平等的政策」等，產生極大的恐懼與怨氣，因此，也會告誡自己的子女、晚輩，儘量不要參與政治的各種活動，使這兩個地區的部分僑生也採取「政治疏離」的態度；緬甸僑生對政府政策的看法，大都分是認為「政府很腐敗」，但又無力改變現狀（例如：2007 年 9 月緬甸人民的民主抗爭運動，再次被軍政府以武力鎮壓方式掃除），因此，原本就有宗教信仰或較有出世態度的僑生會採取「政治疏離的態度」。

另外，印尼僑的政治態度屬「信任政府群」者，形成此態度之政治社會化來源主要有家族宗族因素及家庭因素，由此也可看出前述華人資本家在印尼是信任政府的態度。

馬來西亞僑生的政治態度屬「政治發展意識群」者，其「政治效能因素」及「公民義務感因素」之分數都很高，表示他們期望政府仍更往民主政治方向發展，也相信自己有能力、有義務影響政府決策，有些學者認為「真正的民主需要公民有高度的教育水準……」，[36]馬來西亞在臺僑生在各級學校的學習成績是所有僑生最優異的，僑居地家長也極重視子女的教育，因此，形成這

[36] Rosenbaum，《政治文化》，陳鴻瑜譯，臺北：桂冠，頁 208。

樣的政治態度集群不令人意外。緬甸學生的政治態度屬「政治發展意識群」者，意外地也呈現「政治效能感」及「公民義務感」的分數都很高；我們認為在緬甸獨裁的軍事政權控制下，僑生是較不能信任政府，例如：在對政府政策的看法題項，有很高的比例選「政府很腐敗」。而且在緬甸的政治文化中有「懼怕威權、權力」，也怕「官吏報復」，因此，普遍認為「政治」是罪惡、禍害；另外，長輩在過去的歲月也許有一部分是隨著國民政府顛沛流離到此定居，又因一直處於較貧困的環境中，養成堅強的性格，對子女的教育也是屬於較威權的方式，因此，即使僑生在政府政策上的態度是相當不滿意政府，但在長輩的嚴格規範下，也學會隱藏自己，原本對政治是採取較疏離、冷漠的態度。[37]但是2007 年 9 月緬甸人民的民主抗爭運動，再次被軍政府以武力鎮壓方式掃除，依據呂亞力教授之研究：「當新生代的成員經歷經濟或社會重大變遷時，其政治態度會有大幅度的改變。」[38]所以，本研究的訪問時間（2007 年 11 月~12 月）是緬甸僑生或家人剛經歷重大的社會變動後，所以會有較積極的政治態度。或者，有些緬甸學生為了保護自己極不容易才取得離開緬甸之機會，因此在回答問卷時，會有「兩面人」（two person in one body）的現象。也就是「表面的人」與「真實的人」有很大的不同。

2.以印尼、馬來西亞、緬甸所有受訪僑生之集群結果來看：與上

[37] 請參考成秋華，《探討東南亞僑生的政治文化—印尼、馬來西亞、緬甸僑生為例》，臺北：蘭臺，2007 年 3 月，頁 204。在該研究中，緬甸僑生之政治態度有接近七成是「政治疏離群」。但本書的研究（表 5-106），「政治疏離群」僅佔三成七。

[38] 呂亞力，前揭書，頁 369。

一段，將各別僑居地分別統計之結果一樣，「政治態度」群也分成「政治疏離群」與「政治發展意識群」。

若將本文實證研究之結果與 2007 年出版之拙作「探討東南亞僑生之政治文化—以印尼、緬甸、馬來西亞僑生為例」相比較；因為 2007 年之研究僅有進行三個地區所有受訪僑生（全部是臺師大僑生先修部學生）之政治社會化、政治態度因素分析、集群分析、卡方分析，所以下表，顯示的是所有受訪僑生之集群結果：

受訪對象	印尼、馬來西亞、緬甸僑生（含臺師大僑生先修部學生及各大學一年級僑生）	印尼、馬來西亞、緬甸僑生（臺師大僑生先修部學生）
受訪人數	865	355
政治社會化集群	1.長輩威權群 2.族群意識群	1.信任政府群 2.長輩威權群 3.族群意識群
政治態度集群	1.政治疏離群 2.政治發展意識群	1.政治疏離群 2.政治發展意識群

上表顯示出無論是對「臺師大僑生先修部學生及各大學一年級僑生」或僅對「臺師大僑生先修部學生」，其結果大致是一樣；僅是在「政治社會化」集群中，後者有一個「信任政府群」達顯著水準；若從受訪僑生的比例來看（下表），在本文之研究，印尼僑生受訪比例是下降的，因此，屬於「信任政府群」的人數不能達到統計上的顯著水準，而沒有顯現。[39]

---

[39] 在《探討東南亞僑生的政治文化—印尼、馬來西亞、緬甸僑生為例》中，僑生在「政治社會化」群別之分布是：

受訪對象 僑居地	各大學一年級僑生及臺師大僑生先修部學生		臺師大僑生先修部學生	
	人數	比率	人數	比率
印尼	140	16.18	153	23.66
馬來西亞	446	51.56	84	43.10
緬甸	279	32.25	118	32.24
合計	865	100.00	355	100.00

次數 百分比 列百分比 行百分比	馬來西亞	印尼	緬甸	合計
認同政府群	48 13.52 35.82 31.37	50 14.08 37.31 59.52	36 10.14 26.87 30.51	134 37.75
長輩威權群	54 15.21 38.57 35.29	21 5.92 15.00 25.00	65 18.31 46.43 55.08	140 39.44
族群意識群	51 14.37 62.96 33.33	13 3.66 16.05 15.48	17 4.79 20.99 14.41	81 22.82
合計	153 43.10	84 23.66	118 33.24	355 100.00

第四章　結　論

本文以文獻研究法歸納印尼、馬來西亞、緬甸之政治系統，並以「行為研究途徑」來探討印尼、馬來西亞及緬甸地區僑生的政治社會化與政治態度，達到研究目的也得到合理的結論。本章概要整理本文研究發現。及說明後續研究方向建議。

一、研究發現

東南亞各國除了地理位置相鄰外，各國（除泰國外）都曾遭受外來勢力（英國、葡萄牙、西班牙、荷蘭、法國、美國、日本等），因此，在歷史演進、殖民經驗、制度的建立及宗教、種族、風俗、傳統等都有很大的差異；但隨著第三波民主化的潮流，各國老百姓都希望國家政府的功能提升，以滿足人民愈來愈多元的需求與利益。而且「每一個社會也只有國家機關才有政治權威

（authority）可以做成決策來拘束社會的整體，」[1]以達成政治的目標。而且，政府的施政會影響人民的生活，因此，人民也對政府的作為有相應的態度。在 1969 年，Easton & Dennis 就提出「系統持續理論」（systems-persistence theory），該理論的基本模式，認為政治系統為社會系統的一個次級系統，它有其內在的功能關係及外在的環境關係，而且系統的內在與外在之間，具有輸入與輸出的互動作用。「系統的輸入方面包括要求（demands）與支持（supports）兩類。輸出方面則包括決策（decisions）與行動（actions）兩類。輸入與輸出是系統的內在功能與外在環境之間的關係。」[2]輸出在環境中發生影響之後，亦可反饋（feedback）而成為新的輸入成分，使需求與支持（或不支持）和決策與行動之間形成一交互影響的關係。（圖 4-1）

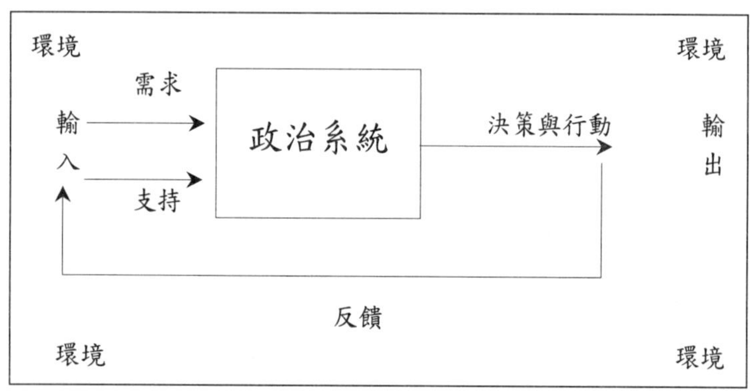

圖 4-1　政治系統型模圖

[1] 彭懷恩，《政治學新論》，臺北：風雲論壇，頁 64。

[2] Easton, D. & Dennis, J. *Children in the political system: origins of political legitimacy*, McGraw-Hill, 1969.

資料來源：Easton, D. & Dennis, J., *Children in the political system：origins of political legitimacy*，引自李文政，〈政治社會化的理論探討〉，新竹師院社會科教育學報2期，民國88年，頁136。

所以，本文以文獻研究方法比較印尼、馬來西亞、緬甸各國在獨立建國後的政治發展、政府體制、國會、政黨的運作及人民的參政概況。發現：

（一）印尼政府體制已由過去的威權體制，改變成自由民主體制；國會由過去行政領袖指派的議員組成，變成人民直選國會議員組成兩院制國會；政黨方面則由過去「戈爾卡」一黨獨大改變成多黨政治；人民的參政也由過去有限制的參與變成直接選舉；在選舉制度的改變後，中央與地方間的關係也逐漸改善中。

（二）馬來西亞的政府體制、國會、政黨運作及人民的參政概況從過去到現在並沒有太大的改變，那是：種族霸權政體；反對黨在國會之席次不足以與執政聯盟抗衡，因此國會功能發揮有限；在政黨方面仍以多黨聯盟的「國民陣線」獨大，其他政黨聯盟並未構成威脅，而且在國民陣線內的各政黨權力並不平等；人民的參政方面，截至目前為止，言論自由及媒體的開放都是受到限制的。

（三）緬甸的政府體制，目前仍然是軍事獨裁政體，只是由一人獨裁變成獨裁軍事執政團（集體領導）；在國會運作方面，由於原來是採用：指定候選人，再由人民選舉的方式，受到很大的抵制，因此，軍政府企圖以修憲的方式取得正當性，但在程序上仍然是指派與會的代表，反對黨因而不願意參加修憲會議，所以，目前緬甸沒有國會運作；在政黨方面，由過去唯一的社會主義綱領黨（BSPP），變成多黨制，也曾辦理選舉，結果執政黨大敗，因此，不承認選舉結果，用各種理由繼續執政。而在人民的參政上，從過去到現在，人民都沒有實質的參政機會。在幾個月前，民眾（含僧侶）的街頭抗議行動，軍政府仍以武力鎮壓、控制國際媒體的方式，企圖掩蓋一切繼續其專制獨裁的做法，引起國際社會的嚴重關切，美國率先對緬甸進行經濟制裁，聯合國及歐洲也持續給與壓力，因此，軍政府已派人持續與民運領袖翁山蘇姬對話，但尚未見到具體的成果。因此，以上述三個國家的政治制度變遷而言，「印尼」是較具有民主政治發展的潛能。

而來自東南亞（馬來西亞、印尼、緬甸）的僑生，在接收僑居地政府政治體系運作的政策後會與外在環境（例如：與其他族群的互動關係、政府政策、全世界民主化的氛圍，自己政治社會化過程……等）交互影響，會形成個人的政治態度與政治行為,那他們的政治社會化及政治態度是否會呈現某些特性？

因此，本文以上述地區的來臺升學僑生為對象，用多變量統計方法（因素分析、集群分析及卡方分析），進行政治社會化及政治態度橫斷面實證研究，結果發現：無論那一個僑居地的生，其政治社會化過程，都受到儒家的倫理價值、權力及家庭制度之影響，即尊重政府威權、長輩威權或父親威權之文化；這樣的結果與白魯恂在「中國政治精神」一書之研究：「就個人而言，其權威之認知主要來自家庭之認知。」是一致的。但在政治社會化過程，印尼僑生的「家族、宗族因素」及緬甸僑生的「宗教因素」則可顯示其僑居地的特殊性。另外在「政治態度」方面，因為各僑居地在獨立建國後並沒有建立成熟的民主憲政制度，因為它們大多數在最近的過去一段期間，都曾經受過西方文化和科技的侵襲，對固有文化與外來文化如何平衡並無一致的看法，也因為政府權威的制度化程度偏低，不知如何運用現有的政治角色和權力來從事國家建設；而且華人在融入各僑居地過程中，並沒有得到平等的對待，但他們在現代科學、工業發展、教育及大眾傳播系統的發展下，相信自己有改變環境的能力，因此，馬來西亞僑生和緬甸僑生都有政治發展意識群；而印尼僑生在政府的政治體制愈來愈趨向民主政治轉變、中央與地方關係改變以及社會反貪污力量的凝聚下，對政府施政較能產生信心；但三個僑居地都有部份僑生認知到在僑居地有不同族群存在的事實，而各族群都擁有不同的政治意識，又體認到自己不是主要族群，體系也欠缺健全的制度可以匯集成協調各族群之間的利益衝突，因此，便採取較消極的政治疏離態度。所以，東南亞在臺升學僑生的政治文化，所呈現的是一種異質性的文化現象。

但是，東南亞華人在各僑居國家是少數民族，其政治態度雖然有「政治發展意識」（例如：馬來西亞、緬甸），但與其僑居地之「主流文化」有顯著的不同，馬來西亞政府為提升馬來人的地位，在政治、經濟上有程度不一的傾斜政策，而緬甸軍事獨裁政府的政策只考慮少數執政團隊的利益。因此，華人的政治文化並不能影響其僑居地政府。就像 Rosenbaum 所說：「假如次級文化體人數過少，……則它在政治上就不太具有重要性。」[3]

二、未來研究方向建議

（一）加強研究架構：本文探討僑生之政治社會化、政治態度等橫斷面現象（即實然面之研究），後續應對僑生的「政治發展意識」、「族群意識」、「政治冷漠」等議題做更深入應然面研究

[3] Water A. Rosenbaum，《政治文化》，陳鴻瑜譯，臺北：桂冠，頁 185。

分析。

（二）增加樣本規模：為使僑生的政治社會化、政治文化、政治態度之衡量能更具精確度，應對各級學校及各僑居地僑生進行訪問調查，以擴大樣本規模。

（三）擴充研究主題：例如：可以比較年齡相近的本地學生與僑生政治文化特性之異同。

附錄：本研究之問卷

親愛的同學：

這是一份關於〔政治文化、政治社會化與政治態度〕的學術用問卷，目的是瞭解僑生政治文化情形。您的寶貴意見對本研究有極大的幫助，感謝您於百忙之中填寫此份問卷，敬助您大考順利，萬事如意！

〔本研究將於民國 96 年 10 月 28 日到貴校進行問卷，謝謝您的協助〕

臺師大僑生先修部講師：成秋華　敬上

民國 96 年 10 月 15 日

壹、以下為瞭解您在「政治文化及政治社會化」的相關議題，請閱讀每句話後，在「非常不同意」到「非常同意」之間，依照您的實際狀況在適當的空格中□做記號（請單選）

X 1.在僑居地，我與常常往來的朋友、同學的政治意見相同

□非常不同意　□不同意　□有時同意　□同意　□非常同意

X 2.在僑居地，我瞭解父親的政治傾向

□非常不同意　□不同意　□有時同意　□同意　□非常同意

X 3.在僑居地，父親與母親的政治意見是一樣的

□非常不同意　□不同意　□有時同意　□同意　□非常同意

X 4.在僑居地，我常參加家族、宗族團體的活動

□非常不同意　□不同意　□有時同意　□同意　□非常同意

X 5.在僑居地，宗教對我的政治傾向有影響

□非常不同意　□不同意　□有時同意　□同意　□非常同意

X 6.在僑居地，我認同政府在大眾媒體（報紙、廣播電臺、網路、傳單等）的宣導內容

□非常不同意　□不同意　□有時同意　□同意　□非常同意

X 7.我會避開「非華人族群」的活動

□非常不同意　□不同意　□有時同意　□同意　□非常同意

X 8.在僑居地，我對政治完全不關心

□非常不同意　□不同意　□有時同意　□同意　□非常同意

X 9.在僑居地，長輩（父母）的意見是很有權威的

□非常不同意　□不同意　□有時同意　□同意　□非常同意

X 10.在僑居地，我認同政府的政治制度及領導地位的正當性

□非常不同意　□不同意　□有時同意　□同意　□非常同意

X 11.在僑居地，啟發我「自由」、「民主」、「人權」等觀念的是：（可複選，最多選三項）

□家庭　□學校　□同學、朋友　□大眾傳播媒體　□宗教

□其他：請說明＿＿＿＿＿

X 12.在僑居地，影響我的政治態度主要來源是：（可複選，最多選三項）

□父母兄姐　□學校　□同學、朋友　□家族中的親戚　□宗教

□政府　□大眾傳播媒體　□其他：請說明＿＿＿＿＿

貳、以下問題是關於「政治態度」的相關議題，請閱讀每句話後，在「非常不同意」到「非常同意」之間，依照您的實際狀況在適當的空格中□做記號（請單選）

A 1.我覺得僑居地政府的政策是有效率的

□非常不同意 □不同意 □有時同意 □同意 □非常同意

A 2.我相信我有能力影響政府的決策

□非常不同意 □不同意 □有時同意 □同意 □非常同意

A 3.在過去的生活經驗中，我認為僑居地的政府官員是廉能守法的

□非常不同意 □不同意 □有時同意 □同意 □非常同意

A 4.在僑居地，我認為任何族群都是我的同胞，我相信他們

□非常不同意 □不同意 □有時同意 □同意 □非常同意

A 5.在僑居地，我認為關心、參與政治事物是國民應盡的義務

□非常不同意 □不同意 □有時同意 □同意 □非常同意

A 6.我認為在僑居地的政府，其政策大都是：（請複選；最多選二項）

□保護大企業 □注重環保 □照顧大眾的生活 □偏重某些族群
□偏袒某些地區的人 □只注重少數人的權益 □我不瞭解
□政府很腐敗

叁、到臺灣來讀書，主要因素是什麼？

1.我選擇到僑生先修部來讀書，原因是（最多選三個，請標上最主要的原因為 **1**，次要的原因為 **2**，再次要的原因為 **3**）

□僑居地沒有想讀的科系
□自己在僑居地不容易有讀大學的機會
□僑居地政府在就學、就業上的機會不平等
□在臺灣讀大學，假日可以在校外打工
□僑生先修部及未來的大學有申請助學金、工讀金的機會且學費較便宜
□臺灣在某些專業的領域，在各大學有很不錯的研究成果
□是華人的環境，自己較能適應
□僑生先修部有熱門科系的名額
□想學習中文
□臺灣有親戚或兄姐可以照料，父母親較放心，或各大學有學長、學姐，可以互相幫忙
□想獨立
□家庭因素
□父母決定
□臺灣地區有自由民主的制度

2.我選擇到僑生先修部來讀書，諮詢的對象，主要是：（請單選）

□師長 □父母親、兄姐 □自己決定
□同學 □僑委會的相關單位

肆、基本資料

1.類組 □文法商教育藝術等 □理工等
□醫藥農生物科技等 □中文特輔班
2.性別 □男 □女

3.僑居地 □馬來西亞 □印尼 □緬甸

4.離開僑居地時間 □1 年以內 □1-3 年 □3-5 年 □5 年以上

5.在僑居地，我認為家中的經濟在僑居地是屬：

□高收入 □中高收入 □中等收入 □中低收入 □低收入

6.家中主要的收入來源，是從事：

□農 □商 □工 □行政管理 □軍公教 □金融服務 □餐飲服務 □營建業 □退休金 □其他：請說明________。

7.目前就讀 □公立大學 □私立大學 □臺師大僑生先修部

參考文獻

一、英文部份

（一）專書

1. Almond & Powwell, *Comparative Politics Today: A World View*, Glenview: Scott Foresman and Company, 1988.
2. Almond & Verba, *The Civic Culture: Political Attitudes and Democracy in Five Nations*, N.T. Priceton University Press, 1963.
3. Easton, D. & Dennis, J. *Children in the political system: origins of political legitimacy*, McGraw-Hill, 1969.
4. Almond, Gabriel A., and Powell, G. Bingham, JR., *Comparative Politics*. Boston: Little, Brown & Co., 2nd ed., 1978.
5. Hyman, Hebert H., *Political Socialiyation: A study in Political Behavior Glencoe*, III: The Free Press, 1959.
6. Eulau, Heinz, *The Behavioral Persuasion in political*, Ramdom House, New York, 1963.
7. Leo, Suryadinata, *Ethnic Chinese as Southeast Asians*, Singapore: Institue of Southeast Asia Studies, 1997.
8. Pye, Lucian W., and Sidney Verba（ends）, *Political Culture and Political Development* N.J.: Princeton University Press, 1965.
9. Pye, Lucian W., *The Spirit of Chinese Politics*, Cambridge: The M.I.T. press, 1965.
10. Pye, Lucian W., *Asian Power and Politics: The Culture Dimension of Authority*, Cambridge: Harvard University Press, 1985
11. Pye, Lucian W., "*Identity and the Political Culture*", in Leonard Binder *et al.*, *Crises and Sequences in Political Development*. New Jersey: Princeton University Press, 1971.
12. Inglehart, Ronald, *Culture Shift in Advanced Industrial Society*, Princeton:

Princeton University Press, 1990
13. Long Samuel L., *The Handbook of Political Behavior*, New York, Plerum, 1981.

（二）期刊

1. Almond, Gabriel A., *Comparative Political Systems*, *Journal of Politics*. Vol. 18, Aug. 1956, P.391-409.

二、中文部份

（一）專書

1. A. R. M. Murray, *An Introduction to political Philosophy*，王兆荃譯，幼獅文化，4 版，民國 77 年。
2. J. Donald Moon，〈政治研究的邏輯〉，郭秋永譯，《政治科學大全》，幼獅文化，民國 77 年，3 版。
3. Water A. Rosenbaum 原著，《政治文化》，陳鴻瑜譯，桂冠，民國 73 年。
4.王樂理，《政治文化導論》，臺北：五南，民國 91 年。
5.成秋華，《探討東南亞僑生的政治文化—印尼、馬來西亞、緬甸僑生為例》，臺北：蘭臺，2007 年 3 月。
6.江炳倫，《政治文化導讀》，臺北：韋伯，2003 年。
7.江炳倫，《南菲律賓摩洛反抗運動研究》，臺北：韋伯，2003 年 1 月。
8.呂亞力，《政治學》，臺北：三民，民國 82 年。
9.宋鎮照，《東協國家之政經發展》，臺北：五南，民國 85 年。
10.周文賢，《多變量統計分析 SAS/STAT 使用方法》，臺北：智勝，民國 91 年。
11.孫中山，《國文全集》，第一冊，中國國民黨黨史會，民國 54 年版。
12.陳鴻瑜，《政治發展理論》，臺北：桂冠，民國 81 年。
13.陳鴻瑜，《東南亞各國的政治與外交政策》，臺北：渤海堂，民國 81 年。
14.陳鴻瑜，《臺灣：邁向亞太整合時代的新角色》，臺灣書店，民國 85 年。
15.陳鴻瑜，《東南亞國家協會之發展》，暨南國際大學東南研究中心，民國 86 年。

16.張錫鎮，《東南亞政府與政治》，臺北：五南，2000 年。
17.黃奏勝，《倫理與政治之整合與運作》，中央文物供應社，民國 71 年。
18.彭懷恩，《政治學新論》，臺北：風雲論壇，民國 93 年。
19.彭懷恩，《比較政治學》，臺北：風雲論壇，民國 90 年。
20.謝長宏，《系統概論》，臺北：華泰，民國 88 年。
21.顧長永，《東南亞政治學》，臺北：巨流，2005 年。
22.《政治科學大全》，幼獅文化，民國 77 年，3 版。

（二）期刊

1. V. Suryanarayan 著，金欣潔譯，〈東南亞海外華人與海外印度人之比較〉，海華與東南亞研究，2 卷 1 期，2002 年 1 月。
2.王宏仁，〈愛他就是要關心他，國立暨南大學專注於臺灣&東南亞關係研究〉高教簡訊，175 期，2005 年 10 月 10 日。
3.王遠嘉，〈印尼政黨制度民主化轉型之困境〉，亞太研究論壇，第 32 期，2006 年 6 月。
4.江浩華，〈政治本質探微—中山先生哲學思想疏證〉，國立僑生大學先修班學報，第七期。
5.李文政，〈政治社會化的理論探討〉新竹師院社會科教育學報，二期，民國 88 年，也見陳義彥，〈臺灣地區大學生政治社會化之研究〉，臺北嘉新水泥文化基金會，民國 67 年。
6.李美賢，〈解析政治文化與印尼政治發展的（無）關連性〉，海華與東南亞研究，1 卷 1 期，民國 90 年 1 月。
7.李隆生，〈以東協為軸心的東亞經濟整合：從區域主義到全球化？〉，亞太研究論壇第三十三期研究論文，2006 年 9 月。
8.吳玲君，〈中國與東亞區域經貿合作：區域主義與霸權主義之間的關係〉，問題與研究，第 44 卷，第 5 期，2005 年。
9.余歌滄，〈總統候選人力爭華人支持，印尼華人是關鍵少數〉，亞洲周刊，18(47)，民國 93 年 11 月。
10.余歌滄，〈印尼首位民選總統誕生，他影響八百萬華人命運〉，亞洲周刊，18(18)，民國 93 年 5 月。
11.林若雩、詹滿容，〈菲律賓、印尼、馬來西亞與新加坡的民主轉型：國家、民間社會與政治社會〉，亞太研究論壇，第 32 期，2006 年 6 月。
12.俞劍鴻，〈半世紀以來大馬華人滄桑史〉，僑協雜誌，107 期，96 年 11 月。
13.范宏偉，〈1976 年緬甸「6・26」排華事件與緬華社會研究〉，臺灣東南亞學刊，3:2，民國 95 年 10 月。
14.陳欣之，〈東亞經濟整合對臺灣政經之影響〉，全球政治評論，第 7 期，2004 年 7 月。
15.陳以令，〈轉型期中的東南亞華僑社會（上）〉，僑協雜誌，第 36 期，81 年 4 月。
16.陳文俊，臺灣地區中學生的政治態度及其形成因素：青少年的政治社會化。臺北：財團法人資教中心出版，1983。
17.張雯勤，〈從難民到移民的跨越—再論泰北前國民黃雲南人遷移模式的轉變〉，海華與東南亞研究，2 卷 1 期，2002 年 1 月。
18.黃秀端，〈我國大學生對政治權利態度分析〉，東吳政治學報，第九期，1998。
19.黃秀端，〈政治文化：過去、現在與未來〉，東吳政治學報，第 8 期，1997。
20.葉祖灝，〈蔣總統政治思想闡微〉，師大學報，21 期，民國 65 年。
21.區鉅龍，〈印尼總統尤多約諾執政一週年政績之評析〉，印尼僑聲，17(6)，頁 24-25。
22.葛永光，〈新國家與政治發展：東亞經驗分析〉，收錄在李炳南主編《政治學與現代社會》，中央大學出版，2005 年 9 月。
23.蔡維民，〈馬來西亞與印尼的宗教與種族〉，亞太研究論壇，第 23 期，2004 年 3 月。
24.蔡石山，〈1911 年革命與海外華人〉，收錄在《辛亥革命與南洋華人研討會論文集》，政大國關中心，民國 75 年 9 月。
25.謝正一，〈東協十國區域經濟與可持續發展未來—本區域社會發展條件之分析比較〉，華人經濟研究，4(1)，2006 年 3 月。
26.謝尚伯，〈貪污研究與印尼的反貪污運動〉，臺灣東南亞學刊，3 卷 2 期，2006 年。
27.戴萬平，〈印尼中央與地方關係的發展與展望〉，亞太研究論壇，27 期，2005 年 3 月，
28.戴萬平，〈鎮壓僧侶，緬甸民主路遙〉，聯合報，96 年 9 月 27 日，A15。

29.魏燕慎，〈中國與東盟十加一自由貿易區與東亞可持續發展〉，收錄在袁鶴齡主編《亞洲地區經濟發展的契機與挑戰》，若水堂股份有限公司，2003年。

30.貿易雜誌，〈尋找東南亞發展的美好經驗〉，第163期，2005年1月。

31.商業週刊，〈東南亞國協各有算盤，經濟難統合〉，872期，2004年8月9日。

32.商業週刊，楊淑智譯自《經濟學人》〈官官相護助長東南貪污風〉，849期，2004年3月1日。

（三）報紙及網路新聞

1.新觀念新聞，2007年12月25日，2008年1月10日及11日。

2.中國時報，93年5月20日。

3.中國時報轉載自〈洛杉磯時報〉，94年12月25日，A11。

4.中國時報，96年1月14日，A12。

5.中國時報，96年10月7日，F1，梁東屏，〈緬甸鐵板一塊，捍衛利益不手軟〉。

6.聯合報，96年1月14日，A14。

7.聯合報，96年9月27日，A15。

8.聯合報，〈女尼加入，緬甸2萬紅衫軍上街頭〉，96年9月24日，A13。

9.聯合報，〈緬甸，公民不服從醞釀中〉，96年10月8日，A14。

國家圖書館出版品預行編目資料

東南亞在臺僑生的政治文化現象：以印尼、馬來西亞、緬甸僑生爲例／成秋華著. -- 初版. --
臺北市：蘭臺, 2008.02；面；　公分. --

ISBN 978-986-7626-60-8（平裝）

1. 僑生　2. 政治文化　3. 東南亞

529.338　　97003810

東南亞研究叢書 03

東南亞在臺僑生的政治文化現象

作　　者：成秋華
出 版 者：蘭臺出版社
地　　址：台北市中正區開封街一段 20 號 4 樓
電　　話：(02)2331-1675　傳真：(02)2382-6225
總 經 銷：蘭臺網路出版商務股份有限公司　劃撥帳號：18995335
網路書店：http://www.5w.com.tw　E-Mail：lt5w.lu@msa.hinet.net
books5w@gmail.com
網路書店：博客來網路書店　http://www.books.com.tw
網路書店：中美書街　http://chung-mei.biz
香港總代理：香港聯合零售有限公司
地　　址：香港新界大蒲汀麗路 36 號中華商務印刷大樓
C&C Building, 36, Ting Lai Road, Tai Po,New Territories
電　　話：(852)2150-2100　傳真：(852)2356-0735
出版日期：2008 年 2 月初版
定　　價：新臺幣 350 元

ISBN 978-986-7626-60-8